U0937223

《中国脱贫攻坚典型案例丛书》
编 委 会

中国脱贫攻坚的区域协作

——东西部扶贫协作

中国扶贫发展中心　组织编写
王小林 吴振磊 冯宇坤 等　著

ZHONGGUO TUOPIN GONGJIAN DE QUYU XIEZUO

人民出版社

编写说明

2021年2月25日，习近平总书记在全国脱贫攻坚总结表彰大会上庄严宣告，经过全党全国各族人民共同努力，在迎来中国共产党成立一百周年的重要时刻，我国脱贫攻坚战取得了全面胜利，现行标准下9899万农村贫困人口全部脱贫，832个贫困县全部摘帽，12.8万个贫困村全部出列，区域性整体贫困得到解决，完成了消除绝对贫困的艰巨任务，创造了又一个彪炳史册的人间奇迹！

党的十八大以来，以习近平同志为核心的党中央把脱贫攻坚摆在治国理政的突出位置，把脱贫攻坚作为全面建成小康社会的底线任务，组织开展了声势浩大的脱贫攻坚人民战争。党和人民披荆斩棘、栉风沐雨，发扬钉钉子精神，敢于啃硬骨头，攻克了一个又一个贫中之贫、坚中之坚，脱贫攻坚取得了重大历史性成就。新时代脱贫攻坚深刻改变了贫困地区落后面貌，有力推动了中国农村的经济社会发展进程，为实现全面建成小康社会目标任务作出了关键性贡献，为全面建设社会主义现代化国家、实现第二个百年奋斗目标奠定了坚实基础。脱贫攻坚，取得了物质上的累累硕果，也取得了精神上的累累硕果，脱贫群众精神风貌焕然一新，增添了自立自强的信心勇气。党在农村的执政基础更加牢固，党群关系、干群关系得到极大巩固和发展。脱贫攻坚伟大斗争，锻造形成了“上下同心、尽锐出战、精准务实、开拓创新、攻坚克难、不负人民”的脱贫攻坚精神。创造了减贫治理的中国样本，为全球减贫事业作出了重大贡献，走出了一条中国特色减贫道路，形成了中国特色反贫困理论，丰富了人类文明新形态的探索。

为贯彻落实习近平总书记“脱贫攻坚不仅要做得好，而且要讲得好”的重要指示精神，各地区各部门全面总结脱贫攻坚经验。为记录好脱贫攻坚这场伟大的人民战争，原国务院扶贫办党组就脱贫攻坚成就和经验总结工作作出专项安排。中国扶贫发展中心在原国务院扶贫办党组的领导指导及各司各单位的配合支持下，具体牵头承办25个典型案例总结工作。发展中心精心组织工作推进，分区域、专题、层次召开了30多次讨论会，编印脱贫攻坚案例总结项目指南和驻扎式调研实施方案及有关规范要求，公开遴选25个机构组成由国内知名专家担纲的团队，深入210多个县，开展进村入户、深入县乡村访谈座谈，累计在基层一线驻扎938天。历时半年，形成了一批符合规范、较高质量的典型案例并通过了党组组织的评审，报告成果累计400多万字、视频成果16个。

西藏、四省涉藏州县、新疆南疆四地州、四川省凉山州、云南省怒江州、甘肃省临夏州、陕西省延安市、贵州省毕节市、宁德赣州湘西定西四市州、河南省兰考县、江西省井冈山市、宁夏回族自治区永宁县闽宁镇、云南省贡山县独龙江乡、河北省阜平县骆驼湾村和顾家台村、湖南省花垣县十八洞村等15个区域案例研究成果，全面呈现了这些典型贫困地区打赢脱贫攻坚战的艰苦历程，结合各地方特色，系统分析了不同地方脱贫攻坚取得的历史性成就、主要做法、遇到的困难问题、产生的经验启示，基于实地观察提出了相关建议，提炼了一批鲜活生动的脱贫故事。这些典型区域脱贫攻坚案例成果，对于巩固拓展脱贫攻坚成果，接续推动脱贫地区发展，进一步推动发展不平衡不充分问题的解决，具有重要理论价值和实践意义。

驻村帮扶、东西部扶贫协作、易地扶贫搬迁、建档立卡、扶贫小额信贷、光伏扶贫、扶贫车间、学前学会普通话、生态扶贫、电商扶贫等10个专题案例研究成果，以不同地方具体个案作为支撑，生动反映国家减贫治理中有特色、有成效的探索创新，在分析专项政策举措带来发展变化的基础上，归纳提炼其特色做法、突出成效、实践经验，分析存在的问题和挑战，提出相关建议。这些专题案例研究成果，为全面展示精准扶贫的顶层设计和生动实践，讲好中国脱贫故事提供了鲜活素材。

脱贫摘帽不是终点，而是新生活新奋斗的起点。脱贫攻坚取得全面胜利后，全面推进乡村振兴，这是“三农”工作重心的历史性转移，其深度、广度、难度不亚于脱贫攻坚。我们相信，本丛书汇集的这批脱贫攻坚典型案例所揭示的方法论意义，对于巩固拓展脱贫攻坚成果、全面推进乡村振兴、加快农业农村现代化、建设农业强国具有重要借鉴价值，对于促进实现人的全面发展和全体人民共同富裕具有重要启示。

在各书稿编写过程中，中国扶贫发展中心邀请文军、田毅鹏、刘学敏、孙久文、杜志雄、李重、吴大华、吴建平、汪向东、张莉琴、陆航、林万龙、荣利颖、胡宜、钟涨宝、贺东航、聂凤英、徐勇、康沛竹、鲁可荣、蒲正学、雷明、潘颖豪、戴焰军（以姓氏笔画排序）等专家给予了精心指导，为丛书出版提供了专业支持。

编委会

2022年6月

目 录

CONTENTS

下篇 地方实践报告

前　言

党的十八大以来，党中央团结带领全党全国各族人民，把脱贫攻坚摆在治国理政突出位置，充分发挥党的领导和我国社会主义制度的政治优势，组织实施了人类历史上规模最大、力度最强的脱贫攻坚战。经过8年持续奋斗，我国如期完成了新时代脱贫攻坚目标任务，现行标准下农村贫困人口全部脱贫，贫困县全部摘帽，消除了绝对贫困和区域性整体贫困，近一亿贫困人口实现脱贫，取得了令全世界刮目相看的重大胜利。

为总结脱贫攻坚波澜壮阔的实践经验，为全面宣传脱贫攻坚的伟大成就，受原国务院扶贫开发领导小组办公室委托，复旦大学六次产业研究院联合西北大学经济管理学院等专家团队，在中国扶贫发展中心的指导下，于2020年9月至12月开展了“东西部扶贫协作案例研究”，在理论研究、实地调研和反复交流讨论的基础上，形成本书稿。全书分上下两篇，上篇为总论，内容包括东西部扶贫协作的理论框架、顶层设计、机制创新、地方实践和经验启示；下篇为地方实践报告，内容包括闽宁协作、粤桂协作和浙川协作。

东西部扶贫协作作为党和国家组织动员东部发达地区与西部贫困地区开展扶贫协作，促进西部贫困地区发展和贫困人口脱贫致富的重大战略，从其提出、发展直至脱贫攻坚期的升华，中国共产党的思想和理论始终发挥着重要的指引作用。毛泽东共同富裕构想、邓小平“共同富裕”和“两个大局”理论是东西部扶贫协作的直接指引，习近平总书记治国理政“两个一百年”奋斗目标和“中国梦”为东西部扶贫协作描绘了长远目标。脱贫攻坚以来，习近平总书记历次关于东西部扶贫协作的重要论述推动新时代东西部扶贫协作打开新局面、形成新格局。习近平总书记强调：“东西部扶贫协作要立足国家区域发展总体战略，深化区域合作，推进东部产业向西部梯度转移，实现产业互补、人员互动、技术互学、观念互通、作风互鉴，共同发展。”①

东西部扶贫协作从1996年创立至今，大致经历3个阶段，即先富帮后富：制度初创阶段（1996—2000年）；区域协作探索：实践发展（2001—2015年）；决胜脱贫攻坚：制度升华（2016—2020年）。围绕各阶段的扶贫目标，东西部扶贫协作的内涵不断丰富，机制不断健全。扶贫协作各地生动的协作实践也丰富了东西协作的模式和内涵。

作为先富带后富的制度初创，“闽宁协作”奠定了“联席推动、结对帮扶、产业带动、互学互助、社会参与”5项机制。每年福建、宁夏两省区的联席会议确定协作内容，层层结对帮扶使协作内容得以落实，产业带动成为协作的主体，互助互学奠定了干部、老师、医生等相互学习的机制，社会参与进一步拓展了协作资源。进入21世纪后，东西部扶贫协作进入实践发展阶段。《中国农村扶贫开发纲要（2001—2010年）》提出扩大协作规模、提高工作水平、增强帮扶力度。东西部扶贫协作由过去政府一元主导逐渐转变为政府、市场和社会多方合作。《中国农村扶贫开发纲要（2011—2020年）》实施后，围绕到2020年实现“两不愁三保障”目标，东西部扶贫协作结对关系进一步拓展和下沉，协作内容进一步丰富和深化。

2016年东西部扶贫协作座谈会后，东西部扶贫协作进一步升华，东部9省（市）14市与西部14省（区）20市（州）建立协作关系，343个东部地

① 习近平：《在决战决胜脱贫攻坚座谈会上的讲话》，人民出版社2020年版，第13页。

区发达县结对帮扶西部县。组织领导、人才支援、资金支持、产业合作、劳务协作、携手奔小康等6项考核评价，压实了东西扶贫协作责任，形成了东西扶贫协作攻坚机制。东西扶贫协作财政援助资金从2015年的14.51亿元，增加到2020年的270.82亿元。市场和社会力量参与强度更大，形成了党政主导、市场驱动、社会广泛参与的脱贫攻坚扶贫协作机制。

党政干部交流为西部贫困地区注入了东部发达地区改革发展的新理念、新机制、新动力。持续选派优秀干部挂职互派，促进了东西部地区干部之间观念互通、思路互动、技术互学、作风互鉴。

经济合作实现了从东部发达地区到西部贫困地区的单向援助向东西部合作共赢转型。大量东部企业到西部投资兴业，推动产业转移、创办产业园区、建立产业基地、运营扶贫车间，西部贫困地区的农产品源源不断地销往东部发达地区，劳务协作不仅为西部贫困人口创造了就业增收发展机会，也为东部劳动密集型企业稳岗作出贡献。多种渠道和模式的经济合作，使得东西部扶贫协作逐步形成合作共赢的新格局。

专业技术人才交流加快了西部贫困地区脱贫攻坚和阻断贫困代际传递的进程。坚持以西部贫困地区本土人才培养为主体，以东部发达地区的人才支援为助推，采取结对支援、订单培训、挂职锻炼、“组团式”帮扶等有效方式，着力为西部贫困地区培养社会经济发展的急需人才，包括教师、医生、农业技术、电商物流等专业技术人员。专业技术人才交流从2015年的1591人，发展到2018年的27874人，之后一直保持较大规模。东部地区的老师、医生助推了西部贫困地区基本公共服务水平的提升，对阻断贫困代际传递发挥了极为重要的作用。

在中央统筹、结对双方不断实践探索下，围绕实现“两不愁三保障”目标，脱贫攻坚期间，东西部扶贫协作呈现出各具特色的地方实践模式。

“闽宁协作”重在制度奠基与不断开拓创新。坚持把建立长效机制作为前提，开展宽领域、多层次、全方位的协作。坚持把解决贫困问题作为核心，围绕贫困人口的发展配置资源；坚持把科教作为重点，提升人的自我发展能力；坚持把产业带动作为关键，从单向援助向发展合作转变；坚持把改善生态环境作为基础，制约西海固人类发展生存的环境得到明显改善。福建的人才、资金、技术、市场要素与宁夏的土地、劳动力、特色农产品有效结合，引进一大批产业，吸引8万闽商赴宁夏。闽宁产业城、闽宁镇、110个闽宁示范村、“四个一生态扶贫工程”成为脱贫攻坚和乡村振兴的典范。

“浙江模式”不断发挥东部发达地区产业、技术、人才、市场和特有的电商平台优势，努力构建产业、就业、社会事业“三业模式”，推进产业转移和产业转型的无缝对接，形成了共建产业合作园区、飞地产业园、特色专业市场、扶贫车间等立体化产业帮扶体系。推动形成消费扶贫育人、育品和育市场的“三育模式”，有效拓展了贫困户增收渠道。依托“互联网＋医疗健康”平台，打通县乡村医疗服务体系，实现优质医疗资源下沉。浙江助力协作地区脱贫攻坚工作，协助四川、贵州、湖北、吉林4省80个贫困县全部实现脱贫摘帽。

“粤桂协作”注重形成强政府、强市场和强社会的扶贫协作合力，以劳务协作、产业合作与动员社会参与为重点，促进脱贫致富与区域协调发展。强政府体现为强化和创新扶贫协作机制、平台与政策支持，高效引导动员市场和社会力量参与扶贫协作。强市场体现在以其要素、产业及需求优势，为东西部劳务、产业和消费扶贫协作提供价值创造与实现的广阔机遇和空间。强社会则体现为以企业和慈善公益为代表的社会组织积极主动参与全方位扶贫协作，衔接政府与市场，以技术、人才、创意、市场渠道等专长赋能扶贫协作。

“沪滇协作”发挥大市场、大平台、大流通优势，积极探索常态化紧密型合作机制。上海探索形成“五大模式”：一是完善产业链、价值链、利益链“三链联动”，不断提升贫困地区产业链供应链现代化水平。二是打造职业教育联盟，提升劳动力技能和就业水平。三是持续加大产销对接力度，利用政府、市场、平台等多种渠道，推进产销对接，休闲农业和乡村旅游宣传推介。四是“组团式”教育健康扶贫，促进基本公共服务能力提升，探索“互联网＋教育”“互联网＋医疗”的新模式。五是建立前后方工作互动的社会动员机制，确保社会组织精准提供项目资助。

北京以首善标准助力协作地区全面打赢脱贫攻坚战。脱贫攻坚期间，北京持续加大对内蒙古、河北等协作地区的干部挂职、财政援助、产业合作、消费扶贫、就业扶贫和人才支持力度，并积极探索建立针对残疾人脱贫“一个不落”的有效模式。结合协作地区资源禀赋，支持发展特色产业，形成一批成熟的产业合作模式。发挥政府职能，引导市场参与，有力推动消费，以首都消费市场驱动协作地区贫困人口增收。天津、江苏、山东、辽宁等东部发达地区都结合各自的优势，紧盯脱贫攻坚目标，为打赢脱贫攻坚战作出积极贡献。

东西部扶贫协作为消除绝对贫困，区域协同协调发展，迈向共同富裕目标积累了富贵的经验。“十四五”期间，巩固拓展脱贫攻坚成果同乡村振兴有效衔接，需做好四个衔接：一是对象衔接，东西部协作的对象要瞄准农村低收入人口和欠发达地区。二是机制衔接，从脱贫攻坚机制向乡村振兴长效机制转型。三是理念衔接，从东西部扶贫协作向东西部发展协作转型，推动形成更大范围内的区域协同协调发展机制。四是发展格局衔接，从全面建成小康社会东西扶贫协作格局向“双循环”新发展格局下的东西部协作转型。

接续深化东西部协作需重点关注六个领域：一是产业协作，提升欠发达地区产业链、供应链现代化水平。二是就业协作，统筹东西部就业需求，提升就业服务水平。三是消费协作，欠发达地区融通国内大循环，按照短期落实、中期谋划、长期布局的战略性判断，有序推进消费扶贫与“双循环”平稳对接。四是人才支持，促进欠发达地区基本公共服务均等化水平明显提高，全民受教育程度不断提升，多层次社会保障体系更加健全，卫生健康体系更加完善。五是生态扶贫，贯彻新发展理念，与欠发达地区共同构建绿色发展新机制。六是乡村建设，在脱贫攻坚已经完成贫困村基础设施、公共服务基本建设的基础上，进一步推进欠发达地区数字乡村建设和乡村社会治理。

上篇

总论

第一章　东西部扶贫协作理论框架

2020年中国如期完成消除绝对贫困的历史任务，创造了世界反贫困史上的奇迹。东西部扶贫协作作为党和国家组织动员东部发达地区对西部贫困地区开展扶贫协作、促进西部贫困地区发展和贫困人口脱贫致富的重大战略，是先富帮后富、逐步实现共同富裕的新途径新方式。

东西部扶贫协作是推动区域协调发展、协同发展、共同发展的大战略，是加强区域合作、优化产业布局、拓展对内对外开放新空间的大布局，是实现先富帮后富、最终实现共同富裕目标的大举措，是我国扶贫开发进程中的重要制度创新，彰显了中国贫困治理的政治制度优势。东西部扶贫协作的本质，是一套以消除贫困为直接目标的区域协调合作政策。通过这套政策落实先富帮后富，推动区域协调、协同和共同发展，最终实现共同富裕目标。本章旨在回顾总结东西部扶贫协作的理论源起、实践历程和重大意义，全景勾勒东西部扶贫协作。

第一节　理论源起

东西部扶贫协作的提出和发展具有深厚的理论渊源。从其提出、发展直至在新时代形成脱贫攻坚扶贫协作新局面，始终坚持马克思主义指导，历代中国共产党领导集体，结合各时代反贫困实际，因地制宜开展了形式多样的东西部协作扶贫的生动实践，形成了中国特色协作扶贫思想和理论。

一、毛泽东区域协调发展思想是东西部扶贫协作的方法论基础

新中国成立初期，毛泽东等党和国家领导人以全局、辩证和统筹兼顾等方法和原则谋划区域协调发展的思想，是东西部扶贫协作提出的思想和方法论基础。在对沿海工业和内地工业的关系分析上，毛泽东不仅指出“为了平衡工业发展的布局，内地工业必须大力发展”，更深刻地分析了沿海和内地发展的辩证关系：“好好地利用和发展沿海的工业老底子，可以使我们更有力量来发展和支持内地工业。如果采取消极态度，就会妨碍内地工业的迅速发展。……发展内地工业是真想还是假想的问题。如果是真想，不是假想，就必须更多地利用和发展沿海工业……”① 显然，这种以全局、辩证和统筹兼顾的方法和原则看待沿海与内地协调发展的思路，深刻影响了后续党的区域协调发展战略，为之后邓小平关于“两个大局”和“先富带后富”等思想的提出奠定了基础。

二、邓小平“共同富裕”和“两个大局”理论是东西部扶贫协作的直接指引

1978 年改革开放后，中国通过农村土地制度、市场化改革以及对外开放等一系列重大经济制度变革，国民经济高速增长，农民收入持续提高，贫困人口逐年下降。但是，到 1992 年仍有 8800 万贫困人口生活极其困难，且难以通过市场化改革实现脱贫。这些贫困人口主要集中在国家重点扶持的 592 个贫困县，分布在中西部的深山区、石山区、荒漠区、高寒山区、黄土

① 《毛泽东文集》第七卷，人民出版社 1999 年版，第 25、26 页。

高原区、地方病高发区以及水库区，共同特征是：地域偏远、交通不便、生态失调、经济发展缓慢、文化教育落后、人畜饮水困难、生产生活条件极为恶劣。这就客观上要求采取必要的政策措施，帮扶贫困地区发展。

针对改革开放后东部地区先快速发展起来了，但西部地区 592 个贫困县却十分贫困的局面，邓小平在毛泽东共同富裕设想的基础上，构建了实现路径。"走社会主义道路，就是要逐步实现共同富裕。共同富裕的构想是这样提出的：一部分地区有条件先发展起来，一部分地区发展慢点，先发展起来的地区带动后发展的地区，最终达到共同富裕。"① 对于东部地区如何先富、富了之后如何带动西部地区发展，邓小平又提出了"两个大局"的伟大构想："沿海地区要加快对外开放，使这个拥有两亿人口的广大地带较快地先发展起来，从而带动内地更好地发展，这是一个事关大局的问题。内地要顾全这个大局。反过来，发展到一定的时候，又要求沿海拿出更多力量来帮助内地发展，这也是个大局。"② 在"共同富裕"和"两个大局"理论的直接指引下，1994 年《国家八七扶贫攻坚计划》提出，东部发达地区对口帮助西部地区发展经济；1996 年中央扶贫开发工作会议决定，在全国开展东西部扶贫协作，确定经济较发达的东部 9 个省市和 4 个副省级计划单列市对口帮扶经济欠发达的西部 10 个省区；同年，全国扶贫协作工作会议上作出了具体安排。东西部扶贫协作是对邓小平共同富裕伟大构想的积极探索和成功实践。

三、江泽民、胡锦涛协同推进思想是东西部扶贫协作的深化探索

随着《国家八七扶贫攻坚计划》的实施，中央把扶贫开发工作置于更重要的位置，也为东西部扶贫协作提供了更明确的政策思路和平台。江泽民在 1996 年中央扶贫开发工作会议上提出："发达地区对口支援贫困地区，是动

---

① 《邓小平文选》第三卷，人民出版社 1993 年版，第 373—374 页。

② 《邓小平文选》第三卷，人民出版社 1993 年版，第 277—278 页。

员全社会力量扶贫的重要举措。……这是逐步缩小东西部发展差距、促进区域经济协调发展的一项战略性举措。"[①]因此，各发达省市要将此项工作视为一项政治任务，贫困地区则要充分发挥主观能动性，做到"东西互助、优势互补"。

国家八七扶贫攻坚计划期间，中央要求东西部扶贫协作做到几个坚持：一是把东西部扶贫协作摆在党委和政府的重要议事日程。要求主要领导要从社会稳定、民族团结、国民经济发展的大局看待东西部扶贫协作工作，增强做好对口帮扶工作的自觉性。确保"四个到位"，即思想到位、组织到位、资金到位、措施到位。这一点确定了东西部扶贫协作是一项政治责任。二是党政机关带头，社会各界广泛参与。这就要求发挥党政机关的组织领导作用和党员干部的模范带头作用，广泛深入地动员全社会力量参与扶贫。可见，东西部扶贫协作从其诞生就注入了中国共产党在我国贫困治理中的组织领导作用，也奠定了社会动员基础。三是结对帮扶，落实责任。既明确对象目标，也将责任具体落到实处。四是把解决和巩固温饱作为重点。东西部扶贫协作把基本解决农村贫困人口的温饱问题作为重点，集中力量支持贫困地区改善贫困户基本生产生活条件，支持贫困户发展能够直接解决温饱的种植业、养殖业项目。五是按照经济规律办事，优势互补、互惠互利。发达地区合理利用西部资源丰富、劳动力成本低、市场潜力大的优势，贫困地区充分利用东西发达地区的资金、技术、人才优势，采取积极政策，吸引发达地区投资建设。六是抓住有利时机，扩大协作领域。充分利用扩大内需和东部发达地区一些产品、产业逐步向中西部梯次转移的有利时机，把东西部扶贫协作推向一个新阶段。

在2001年中央扶贫开发工作会议上，江泽民进一步提出"扶贫开发

① 《江泽民文选》第一卷，人民出版社2006年版，第556页。

是贯穿社会主义初级阶段全过程的历史任务”①，把实施西部大开发战略作为东西部扶贫协作和开展多层次、多渠道、多形式的经济技术合作的重要平台。

科学发展观的提出，更加强调发展要以人为本，强调协调发展观和统筹兼顾的根本方法，为深化东西部扶贫协作、统筹和促进区域协调发展以及实现共同富裕提供了更具针对性的思想指导。

四、习近平治国理政“两个一百年”奋斗目标和“中国梦”为东西部扶贫协作描绘了长远目标

2012年11月29日，在国家博物馆参观《复兴之路》展览时，习近平总书记表示：“我坚信，到中国共产党成立100年时全面建成小康社会的目标一定能实现，到新中国成立100年时建成富强民主文明和谐的社会主义现代化国家的目标一定能实现，中华民族伟大复兴的梦想一定能实现。”②党的十八大以来，习近平总书记反复强调：“人民对美好生活的向往，就是我们的奋斗目标。”③“让广大人民群众共享改革发展成果，是社会主义的本质要求，是社会主义制度优越性的集中体现，是我们党坚持全心全意为人民服务根本宗旨的重要体现。”④“深入开展脱贫攻坚，保证全体人民在共建共享发展中有更多获得感，不断促进人的全面发展、全体人民共同富裕。”⑤在中国特色社会主义新时代，我们党把逐步实现共同富裕作为发展的目标和归宿，体现了以人民为中心的发展思想，体现了全心全意为人民服务的根本宗旨，体现了中国特色社会主义的本质要求。

---

① 《江泽民文选》第三卷，人民出版社2006年版，第247页。

② 《习近平谈治国理政》第一卷，外文出版社2018年版，第36页。

③ 《习近平谈治国理政》第一卷，外文出版社2018年版，第4页。

④ 《习近平谈治国理政》第二卷，外文出版社2017年版，第200页。

⑤ 《习近平谈治国理政》第三卷，外文出版社2020年版，第18—19页。

“两个一百年”奋斗目标和“中国梦”为东西部扶贫协作描绘了长远目标，而东西部扶贫协作也是我们国家实现共同富裕目标的一项重要制度创新。脱贫攻坚期间，东西部扶贫协作强调坚持精准扶贫、精准脱贫基本方略，进一步强化东西部之间扶贫协作责任落实、优化结对关系、深化结对帮扶、聚焦脱贫攻坚，实现对西部民族地区和深度贫困地区全覆盖，这正是落实第一个百年奋斗目标的重要举措。同时，在东西部扶贫协作中，尊重市场规则和产业发展规律，重点采取产业合作、劳务协作、互学互助、社会参与，这正是要助力西部地区培育内生动力和造血能力，为迈向第二个百年目标奋斗之路奠定基础。

五、习近平关于东西部扶贫协作的重要论述推动新时代东西部扶贫协作打开新局面、形成新格局

2016 年 7 月 20 日，习近平总书记在银川组织召开东西部扶贫协作座谈会（以下简称“银川座谈会”），对东西部扶贫协作 20 年的成就进行了总结。他指出，组织东部地区支援西部地区 20 年来，党中央不断加大工作力度，形成了多层次、多形式、全方位的扶贫协作和对口支援格局，使区域发展差距扩大的趋势得到逐步扭转，西部贫困地区、革命老区扶贫开发取得重大进展。在西部地区城乡居民收入大幅提高、基础设施显著改善、综合实力明显增强的同时，国家区域发展总体战略得到有效实施，区域发展协调性增强，开创了优势互补、长期合作、聚焦扶贫、实现共赢的良好局面。这在世界上只有我们党和国家能够做到，充分彰显了我们的政治优势和制度优势。东西部扶贫协作和对口支援必须长期坚持下去。

习近平总书记对东西部扶贫协作和对口支援的时代价值作出了重要判断，东西部扶贫协作和对口支援，是推动区域协调发展、协同发展、共同发展的大战略，是加强区域合作、优化产业布局、拓展对内对外开放新空间的大布局，是实现先富帮后富、最终实现共同富裕目标的大举措，必须长期坚

持下去。在 2020 年 3 月召开的决战决胜脱贫攻坚座谈会上，习近平总书记强调："东西部扶贫协作要立足国家区域发展总体战略，深化区域合作，推进东部产业向西部梯度转移，实现产业互补、人员互动、技术互学、观念互通、作风互鉴，共同发展。"①

第二节　实践历程

一、先富帮后富：制度初创（1996—2000 年）

东西部扶贫协作的实践，起源于改革开放初期中央动员东部沿海发达地区对口支援少数民族地区发展的相关政策。《国家八七扶贫攻坚计划》首次提出沿海较为发达的省，都要对口帮助西部的一两个贫困省、区发展经济。《中共中央关于制定国民经济和社会发展"九五"计划和 2010 年远景目标的建议》明确建议沿海发达地区对口帮扶中西部的 10 个省区，开展东西对口扶贫协作。在此基础上，国务院扶贫开发领导小组于 1996 年 2 月向国务院提交《关于组织经济较发达地区与经济欠发达地区开展扶贫协作的报告》，明确了省份间结对关系，标志东西部扶贫协作的制度创立和全面启动。

（一）结对关系

东西部扶贫协作机制初创时的结对关系，见表 1-1。

表 1-1　东西部扶贫协作省际结对关系（1996—2000 年）统计

支援省市	受援省区	支援省市	受援省区
北京市	内蒙古自治区	浙江省	四川省

① 习近平：《在决战决胜脱贫攻坚座谈会上的讲话》，人民出版社 2020 年版，第 13 页。

续表

支援省市	受援省区	支援省市	受援省区
天津市	甘肃省	山东省	新疆维吾尔自治区
上海市	云南省	辽宁省	青海省
广东省	广西壮族自治区	福建省	宁夏回族自治区
江苏省	陕西省	大连、w 青岛、深圳、宁波市	贵州省

资料来源：国务院扶贫开发领导小组：《关于组织经济较发达地区与欠发达地区开展扶贫协作的报告》。

（二）协作原则

协作原则是：引导区域经济协调发展，加强东西部地区互助合作，帮助贫困地区尽快解决群众温饱问题，逐步缩小地区之间的差距。经济较发达地区与经济欠发达地区开展扶贫协作，对于推动地区间的优势互补，推进社会生产力的解放和发展，加快贫困地区脱贫致富步伐，实现共同富裕，增强民族团结，维护国家的长治久安，都具有重要的意义。以党的基本理论和基本路线为指导，坚持东西部地区“优势互补、互利互惠、共同发展”的原则，加大对贫困地区的扶贫开发力度，如期实现《国家八七扶贫攻坚计划》确定的目标。

（三）协作内容

协作内容涉及五个方面：一是帮助贫困地区培训和引进人才，引进技术和资金，传递信息，沟通商品流通渠道，促进物资交流。二是开展经济技术合作。帮助贫困地区发展有利于尽快解决群众温饱的种植业、养殖业和相关的加工业，帮助贫困地区发展劳动密集型和资源开发型产品的生产。三是组织经济较发达地区的经济效益较好的企业，带动和帮助贫困地区生产同类产品的经济效益较差的企业发展生产。四是开展劳务合作。根据实际需要，合理、有序地组织贫困地区的剩余劳动力到经济较发达地区从业。五是发动社会力量，在自愿的前提下，开展为贫困地区捐赠衣被、资金、药品、医疗器械、文化教育用品和其他生活用品的活动。

二、区域协作探索：实践发展（2001—2015 年）

进入 21 世纪后，东西部扶贫协作进入实践发展阶段。《中国农村扶贫开发纲要（2001—2010 年）》提出扩大协作规模、提高工作水平、增强帮扶力度。东西部扶贫协作由过去政府一元主导逐渐转变为政府、市场和社会多方合作。围绕《中国农村扶贫开发纲要(2011—2020 年)》关于到 2020 年实现“两不愁三保障”的目标，这一时期东西部扶贫协作转入加快脱贫致富的新阶段，强调规划引领，结对帮扶关系进一步拓展和下沉，结对帮扶内容进一步丰富和深化。

（一）结对关系

2010 年，按照国务院部署，在大部分结对关系维持不变的基础上，对部分结对关系进行了调整，其中由厦门市对口帮扶甘肃省临夏回族自治州。贵州是我国西部多民族聚居的省份，也是贫困问题最突出的欠发达省份。贫困和落后是贵州的主要矛盾。贵州尽快实现富裕，是西部和欠发达地区与全国缩小差距的一个重要象征，是扶贫开发工作有效推进的一个重要标志。开展对口帮扶贵州工作，促进贵州经济持续健康发展，是先富帮后富、逐步实现共同富裕的重要举措和典型示范。因此，国务院办公厅于 2013 年印发《关于开展对口帮扶贵州工作的指导意见》。综合考虑原有东西协作扶贫关系、帮扶方财力状况、受帮扶地区困难程度以及双方合作基础等因素，确定对口帮扶工作由辽宁、上海、江苏、浙江、山东、广东等 6 个省(直辖市）的 8 个城市，分别对口帮扶贵州的 8 个市(州)(详见表 1–2)。

表 1-2 贵州省对口支援结对关系统计

支援城市	受援市州	支援城市	受援市州
上海市	遵义市	宁波市	黔西南州
大连市	六盘水市	青岛市	安顺市
苏州市	铜仁市	广州市	黔南州
杭州市	黔东南州	深圳市	毕节市

资料来源：国务院办公厅：《关于开展对口帮扶贵州工作的指导意见》。

（二）协作内容

《中国农村扶贫开发纲要（2001—2010年）》要求东西部扶贫协作工作要更加注重开发式扶贫。在政府援助的基础上，东西部扶贫协作进一步加大市场协作与社会参与力度。到2011年，《中国农村扶贫开发纲要（2011—2020年）》的实施，已经要求东西部扶贫协作从过去的以助力协作地区解决温饱问题为主转向实现“两不愁三保障”脱贫目标、加快脱贫致富步伐。按照“优势互补、互惠互利、共同发展”的原则，东西部扶贫协作工作紧密结合各省区实际，积极适应不同阶段的发展变化，注重发挥优势、创新机制、提高实效，突出扶贫开发、经济技术协作等。

由于协作目标与任务发生了深刻变化，协作内容逐步趋于多元全面。一个显著的变化是，过去的协作虽然也涉及学校、卫生院（室）援建和教师、医生等专业技术人才交流，但随着《中国农村扶贫开发纲要(2011—2020年)》“两不愁三保障”脱贫目标的提出，以及对贫困地区基本公共服务均等化的要求，东西部扶贫协作工作的核心内容已经转向兼顾经济增长和社会发展两大目标。具体协作内容，在加强培育壮大区域特色产业、劳动力转移就业等经济协作领域协作的基础上，明显地向拓宽教育、卫生领域合作发展。《中国农村扶贫开发纲要（2001—2010年）》明确提出：对口帮扶双方的政府要积极倡导和组织学校结对帮扶工作。

（三）协作平台

这一时期，扶贫协作工作逐渐形成“政府+市场+社会”多方协作的良好格局，注重西部地区经济、社会、生态等综合效益的提升。在中央关于探索东西部扶贫协作长效机制的精神指导下，各地也在积极探索能够形成长效机制的协作。例如，2006年闽宁对口扶贫协作第十次联席会议提出，应建立“八大平台”，具体包括：坚持政府主导，着力构建对口帮扶平台；拓宽人才培训交流渠道，着力构建人才提升平台；以农村劳动力技能培训为突破口，着力构建劳务合作平台；努力扩大经济协作规模，着力构建企业创业平台；以科技入户为切入点，着力构建科技进步平台；以完善教育对口帮扶为主线，着力构建教育协作平台；积极开展卫生互学互助活动，着力构建卫生帮扶平台；引导更多的部门和民间组织参与协作，着力构建社会参与平台。

三、决胜脱贫攻坚：制度升华（2016—2020年）

2016年7月20日，习近平总书记在银川座谈会上指出，推动东西部扶贫协作进入全面打赢脱贫攻坚战、全面建成小康社会的新时期。在新时期，东西部扶贫协作在主要目标、工作机制、资金投入、结对关系、主要任务以及考核评价等方面实现整体跃升和优化。银川座谈会后，东西部扶贫协作制度升华，构成中国大扶贫格局的重要支撑，为决胜脱贫攻坚作出重要贡献。

（一）主要目标

这一阶段东西部扶贫协作的主要目标是助力协作地区实现2020年消除绝对贫困目标。即经过帮扶双方不懈努力，推进东西部扶贫协作和对口支援工作机制不断健全，合作领域不断拓展，综合效益得到充分发挥，确保西部地区现行国家扶贫标准下的农村贫困人口到2020年实现脱贫，贫困县全部摘帽，解决区域性整体贫困。

（二）工作机制

在工作机制上，主要坚持以下四个原则：一是坚持党的领导，社会广泛参与。要求帮扶双方党委和政府加强对东西部扶贫协作和对口支援工作的领导，将工作纳入重要议事日程，科学编制帮扶规划并认真部署实施，建立完善机制，广泛动员党政机关、企事业单位和社会力量参与，形成帮扶合力。二是坚持精准聚焦，提高帮扶实效。把被帮扶地区建档立卡贫困人口稳定脱贫作为工作重点，帮扶资金和项目瞄准贫困村、贫困户，真正帮到点上、扶到根上。三是坚持优势互补，鼓励改革创新。立足帮扶双方实际情况，因地制宜、因人施策开展扶贫协作和对口支援，实现帮扶双方优势互补、长期合作、聚焦扶贫、实现共赢，努力探索先富帮后富、逐步实现共同富裕的新途径新方式。四是坚持群众主体，激发内生动力。充分调动贫困地区干部群众积极性创造性，不断激发脱贫致富的内生动力，帮助和带动贫困人口苦干实干，实现光荣脱贫、勤劳致富。

（三）资金投入

习近平总书记在银川座谈会上要求，要加大投入力度，东部地区根据财力增长情况，逐步增加对口帮扶财政投入；西部地区整合用好扶贫协作和对口支援等各类资源，聚焦脱贫攻坚。以财政资金投入为例，2016 年以来，东部地区对西部协作地区的财政援助规模逐年增长，2017 年援助资金为 58.76 亿元，2018 年为 177.61 亿元，到 2020 年则高达 270.82 亿元，是 2015 年 14.5 亿元的 18 倍之多。东部地区对西部地区的财政援助包括省级、地级和县级财政援助。东西部扶贫协作财政援助资金的显著增长，为协作地区取得脱贫攻坚伟大胜利提供坚实的资金保障。

（四）结对关系

2016年底，国家调整了东西部扶贫协作结对关系，对原有结对关系进行适当调整，在完善省际结对关系的同时，实现对民族自治州和西部贫困程度深的市州全覆盖，落实北京市、天津市与河北省扶贫协作任务。调整后的结对关系见表1–3。

表1–3　2016年调整后的东西部扶贫协作结对关系

支援省市	受援省（区）市（州）
北京市	内蒙古自治区
	河北省张家口市和保定市
天津市	甘肃省
	河北省承德市
大连市	贵州省六盘水市
上海市	云南省
	贵州省遵义市
江苏省	陕西省
	青海省西宁市和海东市
苏州市	贵州省铜仁市
浙江省	四川省
杭州市	湖北省恩施土家族苗族自治州
	贵州省黔东南苗族侗族自治州
宁波市	吉林省延边朝鲜族自治州
	贵州省黔西南布依族苗族自治州

支援省市	受援省（区）市（州）
福建省	宁夏回族自治区
福州市	甘肃省定西市
厦门市	甘肃省临夏回族自治州
山东省	重庆市
济南市	湖南省湘西土家族苗族自治州
青岛市	贵州省安顺市、
	甘肃省陇南市
广东省	广西壮族自治区
	四川省甘孜藏族自治州
广州市	贵州省黔南布依族苗族自治州
	贵州省毕节市
佛山市	四川省凉山彝族自治州
中山市	云南省昭通市
东莞市	
珠海市	云南省怒江傈僳族自治州

资料来源：作者自制。

（五）主要任务

脱贫攻坚期间，东西部扶贫协作在聚焦西部贫困地区“两不愁三保障”的同时，着力在产业合作、劳务协作、人才支援、资金支持、动员社会参与等五个方面开展深度合作，弥补贫困地区脱贫与发展短板。为完成上述五个方面的主要任务，还在加强组织领导、完善政策支持、开展考核评估等方面建立了保障措施。

在产业协作方面，东部地区良好的技术、管理水平等优势与西部地区丰富的土地、劳动力等资源相融合，既促进了西部地区产业发展（产业链有效延伸、产品附加值提升等），又提供了一定数量的工作岗位。在人才支援方面，教育、医疗“组团式”帮扶不仅促进了西部贫困地区教学、医疗水平的提升，而且为西部地区人力资源的积累贡献了东部力量。在组织领导方面，东部地区援派干部在西部贫困地区常态化开展帮扶工作，为东西部比较优势相结合发挥了重要的桥梁作用。考虑到东西部扶贫协作工作在脱贫攻坚期间进行了系统性、全面性推进，详细描述将在后续章节予以呈现，本部分不做过多表述。

第三节　重大意义

一、彰显了中国政治制度优势

大规模、长时间开展东西部扶贫协作，并取得巨大成就，彰显了中国共产党集中统一领导的制度优势，彰显了积极发挥有为政府和有效市场协同作用的制度优势。一方面，通过政府干预，最大限度避免市场配置资源中出现不利于贫困人口发展的现象，使西部贫困人口能分享发展带来的好处；最大限度突破发展条件的约束，以吸引东部企业和投资，加快西部脱贫步伐。另一方面，在扶贫协作特别是产业帮扶、劳动协作、消费扶贫过程中，尊重市场规律、注重发挥市场作用，以培育西部地区内生动力，构建长效脱贫机制。

二、体现了国家治理效能提升

东西部扶贫协作不仅是扶贫和区域协调发展战略，更是一场国家治理革命。区域间的干部交流、互学互助，央地之间、地方之间的良性互动，提升了西部地区的治理能力。东西部扶贫协作实现了大规模、制度化的财政横向转移支付，提升了国家财政治理能力。县级、乡镇级、村级结对帮扶，帮助不少西部贫困地区提升了基层治理能力。

三、为共同富裕探索了治理路径

东西部扶贫协作瞄准西部薄弱环节、开展精准施策，极大缓解了新时代中国区域发展不平衡、西部发展不充分的矛盾。东西部扶贫协作推进东部产业向西部梯度转移，高效整合西部地区资源禀赋，实现产业互补、人员互动，技术互学，观念互通，作风互鉴，实现了东部与西部、发达与落后的协调互补、共同发展。

四、为形成新发展格局奠定了坚实基础

东西部扶贫协作加强了区域合作、促进了要素双向流动、优化了产业布局、提高了西部贫困地区的发展水平和贫困群体的收入水平，并将西部贫困地区更多纳入了国内大循环、提高了对外开放度，为充分发挥中国超大规模市场优势和内需潜力，构建国内国际双循环相互促进的新发展格局奠定了坚实基础。

五、为发展中国家实现 2030 年消除绝对贫困目标提供中国方案

精准扶贫中的东西部扶贫协作为发展中国家实现 2030 年消除绝对贫困目标提供了中国方案，贡献了中国智慧。一方面，它创造了一个国内大规模、体系化、制度化横向转移支付、技术援助、人才交流进行扶贫开发的新模式，为全世界发展中国家提供了消除绝对贫困的新思路。另一方面，结对帮扶、产业带动、劳务协作、消费扶贫、互学互助、社会参与等东西部扶贫协作中的具体措施，也可通过双边多边合作向更多发展中国家推广，形成可扎实推进的南南合作减贫项目。

第二章　东西部扶贫协作顶层设计

自1996年实施以来，东西部扶贫协作开创了优势互补、长期合作、聚焦扶贫、实现共赢的良好局面。2016年银川座谈会是在扶贫开发实施30周年、东西部扶贫协作开展20周年之际召开的一次重要会议，上承扶贫开发伟大实践，下启脱贫攻坚全新征程，为扶贫开发攻克最后堡垒注入了新的思想动力和工作动力，提供了重要遵循，是扶贫开发史上的重要里程碑。银川座谈会后，按照党中央、国务院的要求，聚焦2020年全面建成小康社会的脱贫目标，进一步完善了顶层设计。本章重点论述脱贫攻坚期东西部扶贫协作的顶层设计，具体包括组织领导机制、结对帮扶机制、精准聚焦机制、考核评价机制。

第一节　组织领导机制

中国特色社会主义的政治优势和制度优势是消除贫困、打赢脱贫攻坚战、全面建成小康社会的重要保障。其中，组织领导机制是东西部扶贫协作顶层设计的基础保障，包括中央统筹、国务院扶贫开发领导小组组织协调、结对双方省级党委政府联席推进、各级结对党委政府部署实施，以及广泛动员社会参与，形成帮扶合力。

一、中央统筹

中央统筹是组织领导机制的基石，解决统一指挥、有效调度、统筹兼顾问题。

习近平总书记在银川座谈会上对进一步提高东西部扶贫协作工作水平提出了四条重要指示：一是要求提高认识，加强领导；二是完善结对，深化帮扶；三是明确重点，精准聚焦；四是加强考核，确保成效。并且要求，西部地区要增强紧迫感和主动性，不以事艰而不为，不以任重而畏缩，倒排工期、落实责任，抓紧施工、强力推进。东部地区要增强责任意识和大局意识，下更大气力帮助西部地区打赢脱贫攻坚战。双方党政主要负责同志要亲力亲为推动工作，把实现西部地区现行标准下的农村贫困人口如期脱贫作为主要目标，加大组织实施力度。

2016 年 12 月 7 日，中共中央办公厅、国务院办公厅印发《关于进一步加强东西部扶贫协作工作的指导意见》（以下简称《指导意见》），其中第一条基本原则是，“坚持党的领导，社会广泛参与”。帮扶双方党委和政府要加强对东西部扶贫协作和对口支援工作的领导，将工作纳入重要议事日程，科学编制帮扶规划并认真部署实施，建立完善机制，广泛动员党政机关、企事业单位和社会力量参与，形成帮扶合力。《指导意见》的保障措施中，强调要“加强组织领导”。

二、组织协调

组织协调是组织领导机制的中枢。国务院扶贫开发领导小组是国务院的议事协调机构，负责包括东西部扶贫协作等中央统筹的组织协调工作。国务院扶贫开发领导小组办公室承担包括东西部扶贫协作在内的政策制定、顶层设计、工作指导、考核评价等工作任务，其中社会扶贫司负责组织协调东西部扶贫协作的具体工作。《指导意见》要求，国务院扶贫开发领导小组要加强东西部扶贫协作的组织协调、工作指导和考核督查。

银川座谈会后，国务院扶贫办组织起草了《指导意见》，完善了东西部扶贫协作结对关系，以及携手奔小康行动结对帮扶名单，加强了东西部扶贫协作统计监测，强化了东西部扶贫协作的社会动员，先后出台《东西部扶贫协作考核办法（试行）》《东西部扶贫协作成效评价办法》。此外，国务院扶贫办加大了东西部扶贫协作宣传、典型案例征集和经验总结、携手奔小康工作会议等工作力度。通过制定指导意见、考核办法、评价办法，加强经验交流、工作指导等一系列措施，强化了脱贫攻坚期的东西部扶贫协作组织协调。

三、联席推进

联席推进是组织领导机制的重要手段，是1996年时任福建省委副书记习近平同志担任对口帮扶宁夏领导小组组长，推动建立闽宁对口扶贫协作的“联席推进、结对帮扶、产业带动、互学互助、社会参与”五项协作机制之一。通过结对双方省委政府领导召开联席会议，确定年度协作重大事项，签发会议纪要，以及签订各类合作协议，以便扶贫协作内容得到贯彻落实。

闽宁协作是党政主导脱贫攻坚的典型例子。福建省和宁夏回族自治区两省区党委和政府按照“两个大局”战略构想和中央决策部署，坚持“优势互补、互惠互利、长期协作、共同发展”的指导原则，发挥党政主导的政治优势，始终把联席推动作为闽宁扶贫协作的有力抓手，紧紧围绕宁夏摆脱贫困这条主线，每年召开一次由两省区党政主要领导参加的联席会议，及时总结交流帮扶经验，研究解决帮扶重大问题，协商制定帮扶举措，督促协商帮扶措施落地见效。

1996年第一次闽宁扶贫协作联席会议，两省区针对当时宁夏发展的突出矛盾，以促进贫困地区经济发展为中心，以解决贫困地区群众温饱问题作为重要任务。协作内容是改善农业生产条件，围绕兴水治旱工程建设，发展有利于尽快解决群众温饱的种植业、养殖业和相关的加工业。

进入“十二五”时期，闽宁扶贫协作将保障和改善民生作为协作的首要任务。2017 年则以银川座谈会精神为指引，协作的重点开始向“携手奔小康”转变。

20 多年来，闽宁扶贫协作联席会议从未间断，每次会议都根据宁夏所需、福建所能进行紧密对接，签订会议纪要和各类合作协议。协作内容涉及经济、科技、教育、文化、卫生、干部培养等方面，扶贫协作内容越来越丰富。联席会议制度的建立和长期坚持，使闽宁扶贫协作的路子越走越宽，帮扶的效果越来越好，群众得到的实惠越来越多。

《指导意见》要求，东西部扶贫协作双方要建立高层联席会议制度，党委或政府主要负责同志每年开展定期互访，确定协作重点，研究部署和协调推进扶贫协作工作。这标志着在中央文件中正式确定联席推动是开展东西部扶贫协作的一项重要工作机制。

四、部署实施

部署实施是组织领导机制的具体落地。在中央政府的统筹安排下，东西部地区的地方政府进行了一系列的部署实施。东西部扶贫协作双方，在脱贫攻坚期内既紧密围绕中央要求，聚焦消除绝对贫困的目标，开展产业协作、劳务协作、人才支援、资金支持和社会动员，也根据结对双方的比较优势，进行扶贫协作创新实践。

（一）坚持党的领导

强化责任意识是扶贫协作开展的根本前提。贫困地区要发展，最根本的就是坚持党的领导。没有党的领导，群众的积极性既不能提高，也不能持久。习近平总书记要求，贫困地区各级党委和政府，对口帮扶地区各级党委和政府，贫困地区各级领导干部、驻村工作组、第一书记等，都要尽心尽责、担当责任，共同把党交给的光荣任务完成好。结对双方在脱贫攻坚阶段，加强党的领导是根本，按照习近平总书记“五级书记一起抓扶贫”的指示要求，充分发挥党委的领导作用，发挥基层党组织在脱贫攻坚中的战斗堡垒作用；切实发挥第一书记抓党建、抓扶贫、抓发展的独特优势和重要作用；驻村工作队作为加强基层扶贫工作的有效组织，协助基层组织贯彻落实党和政府各项强农惠农富农政策，积极参与扶贫开发各项工作，帮助贫困村、贫困户发展。东西部扶贫协作中各级党政机关尽心尽责，严格按照中央统筹、省负总责、市县抓落实的管理体制开展工作。

（二）明晰责任主体

强化责任意识是扶贫协作开展的第一步。协作双方政府各自成立相关责任部门，组织机关各部门、动员社会各方面力量从产业、劳务、人才、资金、技术等方面开展合作帮扶。东部地区主要是由各地合作交流办负责贯彻落实党中央关于东西部扶贫协作方针政策、决策部署。合作交流办负责编制相关发展规划和年度计划，提供信息服务，综合协调、组织推动东西部扶贫协作工作，会同相关部门安排对口支援资金，指导协调各区各部门和企业，组织动员社会力量，开展双方跨地区经济联合与协作工作。西部地区主要部署单位为当地各级扶贫开发办公室以及基层政府。

（三）加强部门协作

加强部门协作是扶贫协作开展重要路径。习近平总书记在2015年中央扶贫开发工作会议上指出，中央和国家机关各部门要把脱贫攻坚作为分内职责，加强对本部门本行业脱贫攻坚的组织领导，运用部门职能和行业资源做好工作，做到扶贫项目优先安排、扶贫资金优先保障、扶贫工作优先对接、扶贫措施优先落实。结对双方政府相关职能部门，也是落实部署扶贫协作的重要机构。例如，教育、卫生部门分别负责教师、医生人才交流工作。各相关部门的有效配合是扶贫协作取得成效的重要抓手。按照联席推进会议纪要的精神以及协作协议的约定，由合作交流办 / 扶贫办联合各相关部门单位开展具体工作，如联合教育部门负责教育扶贫协作有关事宜、联合卫健委负责健康扶贫协作有关事宜等。各级各部门经过沟通对接，强化工作协同机制，推动帮扶工作顺利开展。

此外，广泛的社会动员也是组织领导机制中的重要内容，为避免重复，关于社会动员的内容在本章第三节中结合脱贫攻坚内容进行论述。

第二节　结对帮扶机制

结对帮扶机制是指以区域协调合作实现共同发展和共同富裕的帮扶机制。表现在东部发达地区对西部贫困地区的一对一的帮扶。

2016年《关于进一步加强东西部扶贫协作工作的指导意见》，对原有结对关系进行适当调整。这次结对帮扶机制的强化，一是在完善省际结对关系的同时，实现对民族自治州和西部贫困程度深的市州全覆盖；二是围绕脱贫攻坚目标，开展了携手奔小康行动，结对关系进一步下沉；三是针对还没有摘帽的深度贫困县，开展了挂牌督战。

一、携手奔小康

携手奔小康是结对帮扶机制的目标蓝图。习近平总书记在银川座谈会上指出，在完善省际结对关系的基础上，帮扶双方要着力推动县与县精准对接，组织辖区内经济较发达县（市、区）同对口帮扶省份贫困县结对帮扶，实施携手奔小康行动。贫困县是落实脱贫政策的关键环节，经济较发达县（市、区）在搞活经济、发展产业上有经验，在动员整合资源上有效率，县帮县更能帮上忙、扶到位、出实效。2017年，国务院扶贫开发领导小组办公室印发《携手奔小康行动结对帮扶名单》，明确东部地区267个经济较发达县（市、区）与西部地区 390 个贫困县开展“携手奔小康”行动（详见表 2-1）。

表 2-1　携手奔小康行动结对帮扶统计表

东部地区		西部地区	
省市	县（市、区）	省区市	县（市、区）
北京市	16	内蒙古自治区	16
		河北省	15
		西藏自治区	4
		新疆维吾尔自治区	4
		青海省	6
天津市	16	甘肃省	9
		河北省	4
		西藏自治区	4
		新疆维吾尔自治区	3
		青海省	4
辽宁省	7	贵州省	3
		西藏自治区	3
		新疆维吾尔自治区	1
上海市	16	云南省	14
		贵州省	8
		西藏自治区	5
		新疆维吾尔自治区	4
		青海省	6
江苏省	46	陕西省	19
		贵州省	10
		青海省	14
		西藏自治区	4
		新疆维吾尔自治区	5

续表

东部地区		西部地区	
省市	县（市、区）	省区市	县（市、区）
浙江省	58	四川省	16
		贵州省	22
		湖北省	8
		吉林省	4
		西藏自治区	3
		新疆维吾尔自治区	2
		青海省	8
福建省	20	宁夏回族自治区	8
		甘肃省	14
		西藏自治区	4
山东省	42	重庆市	14
		贵州省	6
		湖南省	7
		甘肃省	9
		西藏自治区	5
		新疆维吾尔自治区	4
		青海省	4
广东省	36	广西壮族自治区	17
		四川省	29
		云南省	14
		贵州省	17
		西藏自治区	7
		新疆维吾尔自治区	4

资料来源：国务院扶贫开发领导小组办公室：《携手奔小康行动结对帮扶名单》。考虑到具体名单较为复杂，本表只列出各省市参与“携手奔小康”结对帮扶的县（市、区）数量。

“携手奔小康”是东西部扶贫协作工作的进一步拓展与深化，旨在弥补西部地区基层发展不足的短板。这次完善结对关系，深化帮扶，既着眼于任务的适当平衡，完善省际结对关系，也在此基础上着力推动县与县精准对接，乡镇、行政村之间的结对帮扶。东部发达地区经济强镇、强村、企事业单位、社会组织等与西部贫困地区深度贫困乡镇、乡村、企事业单位、社会组织分别结对，通过考察互访、人员交流、资金支持等工作助力西部地区深度贫困乡村加快脱贫致富的步伐。除了注重经济发展外，“携手奔小康”进一步聚焦西部地区涵盖教学、医疗等社会包容性发展不足问题。通过乡镇医院之间、学校之间的结对帮扶，助力西部地区基层提升医疗、教学水平。综合来看，“携手奔小康”弥补了东西部扶贫协作多注重县级协作的不足，努力构建覆盖县、乡、村三级东西部扶贫协作局面，并加强针对教育、医疗等社会包容性发展的帮扶力度，建立更加广泛的社会动员网络。

以大连市—六盘水市“携手奔小康”详细结对关系为例，对结对帮扶主体进行总结（见表 2–2）。通过这次结对关系调整，进一步动员东部地区各级党政机关、人民团体、企事业单位、社会组织、各界人士等积极参与脱贫攻坚工作。

表 2–2　大连市—六盘水市“携手奔小康”详细结对关系统计表

<table>
<tr><th>东部单位名称</th><th>西部单位名称</th><th>结对关系</th></tr>
<tr><td>大连市甘井子区营城子街道</td><td>六盘水市六枝特区牛场乡</td><td rowspan="2">镇镇结对</td></tr>
<tr><td>大连市甘井子区革镇堡街道</td><td>六盘水市六枝特区关寨镇</td></tr>
<tr><td>大连市甘井子区革镇堡街道棋盘村</td><td>六盘水市六枝特区关寨镇荒田村</td><td rowspan="3">村村结对</td></tr>
<tr><td>大连市甘井子区革镇堡街道后革村</td><td>六盘水市六枝特区新窑镇鸭塘村</td></tr>
<tr><td>大连市甘井子区营城子街道营城子村</td><td>六盘水市六枝特区新窑镇新河村</td></tr>
<tr><td>大连市农业农村局</td><td>新窑镇</td><td rowspan="3">部门镇结对</td></tr>
<tr><td>大连市工信委</td><td>新场乡</td></tr>
<tr><td>大连市发改委</td><td>牂牁镇</td></tr>
<tr><td>大连东兴工业机械</td><td>银壶街道东风村</td><td rowspan="2">村企结对</td></tr>
<tr><td>大连中兴实业总公司</td><td>新场乡新寨村</td></tr>
</table>

续表

东部单位名称	西部单位名称	结对关系
大连市甘井子区实验小学	六枝特区实验小学	学校结对
大连市汇文中学	六枝特区第二中学	
大连轻工业学校	六枝特区职业技术学校	
大连医科大学第二附属医院	六盘水市第二人民医院	医院结对
大连市第三人民医院		
大连医科大学第一附属医院	六枝特区人民医院	
大连市甘井子区妇幼保健院	六枝特区妇幼保健院	

注：考虑到结对关系过多，表中只列出部分结对关系。

二、挂牌督战

挂牌督战是深度贫困地区加强帮扶的有效措施。随着扶贫工作力度逐渐加大，深度贫困地区成为脱贫致富的重点与难点。至2019年底，我国仍有52个贫困县没有脱贫摘帽，52个深度贫困县主要集中在广西、四川、贵州、云南、甘肃、宁夏和新疆7个省区。同时，我国存在一定数量的深度贫困村，主要表现为贫困人口数量大、贫困发生率高。其中，贫困人口超过1000人的深度贫困村共88个，贫困发生率超过10%的深度贫困村共1025个。这1113个深度贫困村集中在上述除宁夏以外的6个省区。这些县和村绝大部分都位于深度贫困地区，脱贫任务重、工作难度大。

2020年1月25日，国务院扶贫开发领导小组印发《关于开展挂牌督战工作的指导意见》，对挂牌督战工作进行了具体的部署和安排，并在中央层面明确了承担东西部扶贫协作任务的相关省市的工作职责。在明确挂牌督战范围是2019年底没有摘帽的52个县以及1113个深度贫困村的基础上，进一步就督战内容提出指导意见，要求围绕“两不愁三保障”、贫困家庭劳动力务工情况、易地扶贫搬迁任务完成情况、不稳定脱贫户和边缘户的动态监测帮扶情况、相关问题整改情况等五项内容展开挂牌督战工作。因此，在涉及挂牌督战的贫困县及贫困村，东西部扶贫协作工作在劳务协作、产业协作等方面持续推进。

第三节　精准聚焦机制

按照《指导意见》的要求，东西部扶贫协作要坚持聚焦脱贫攻坚，按照精准扶贫精准脱贫要求，把被帮扶地区建档立卡贫困人口稳定脱贫作为工作重点，帮扶资金和项目瞄准贫困村、贫困户，真正帮到点上、扶到根上。东西部扶贫协作重点围绕产业合作、劳务协作、人才支援、社会动员等四方面予以落实。

一、产业合作

产业合作立足西部贫困地区资源禀赋和产业基础，激发东部企业投资的积极性，支持建设一批贫困人口参与度高的特色产业基地，促进产业发展带动脱贫。中央在顶层设计中，还突出强调加大产业带动扶贫工作力度，着力增强贫困地区自我发展能力。推进东部产业向西部梯度转移，把握好供需关系，让市场说话，实现互利双赢、共同发展。要求把东西部产业合作、优势互补作为深化供给侧结构性改革的新课题，大胆探索新路。

产业合作相关的措施既有扶贫车间、新型农业经营主体带动，也有扶贫产业园区、资产收益扶贫项目等。作为东西部扶贫协作顶层设计最重要的协作任务，产业合作要求聚集贫困户增收，实现收入脱贫这一目标。对于所有的产业合作项目，都要求完善利益联结机制和带贫机制。2015 年，东西部协作企业仅有 221 个，实际协作投资 2103.6 亿元；2018 年，东西部协作企业 15245 家，实际协作投资 3646.9 亿元；2020 年，尽管受新冠疫情影响，仍有 2691 家东部企业赴协作地区投资，实际到位投资 1420.6 亿元。

二、劳务协作

劳务协作主要是建立和完善西部贫困地区劳务输出到东部地区的对接机制，提高劳务输出脱贫的组织化程度。西部地区准确掌握建档立卡贫困人口的就业信息，与东部地区开展有组织的劳务对接。同时，依托贫困地区产业发展，多渠道开发贫困地区当地就业岗位，支持贫困人口就地就近就业。发展职业教育以促进贫困家庭子女就业。东部省份积极创造就业机会，利用大数据建立信息平台、提供用工信息，动员企业参与，实现人岗对接，保障稳定就业。在劳务协作方面，要求必须通过建档立卡数据库，精准聚集贫困人口就业。2016—2018 年，东西部扶贫协作劳务输出分别达 171.9 万人、192.1 万人、144.2 万人；2020 年，新帮助扶贫协作地区 102.28 万贫困人口实现转移就业。

三、人才支援

人才支援帮扶持续选派优秀干部挂职互派，促进观念互通、思路互动、技术互学、作风互鉴。采取双向挂职、两地培训、委托培养和组团式支教、支医、支农等方式，加大教育、卫生、科技、文化、社会工作等领域的人才支持，把东部地区的先进理念、人才、技术、信息、经验等要素传播到西部地区。

中央在顶层设计中，人才支援精准聚集脱贫攻坚主要体现在三个方面：一是结对双方县（市区）干部互派，互学互助；二是教师、医生人才支援，紧盯“义务教育、基本医疗有保障”目标，实施精准帮扶；三是农业科技人员支援，紧盯扶贫产业发展，增加贫困户收入，实现“不愁吃、不愁穿”这一目标。

银川座谈会召开之前的 2015 年，东西部专业技术人才交流（含教师、医生、农业技术）仅有 1591 人，座谈会之后的 2017 年增加到 12368 人，到

2020年，东部地区选派教师、医生等专业技术人才1.64万人援助西部贫困地区。

四、社会动员

社会动员既是一项组织领导机制，也是精准聚集机制。作为一项组织领导机制，体现东西部扶贫协作的第一条原则就是“坚持党的领导，社会广泛参与”，即通过坚持党的领导，动员社会广泛参与。东西部扶贫协作就是使东部发达地区的发展和西部落后地区的发展处于同一个矛盾统一体中，一方的发展离不开另一方的发展，脱贫致富不仅仅是贫困地区的事，也是全社会的事。要更加广泛、更加有效地动员和凝聚各方面力量，强化东西部扶贫协作。

作为一项精准聚集机制，体现在脱贫攻坚期间的社会扶贫要求聚集“两不愁三保障”脱贫攻坚目标。东部地区不仅要帮钱帮物，更要推动产业层面合作，深化东部地区人才、资金、技术向更加贫困地区流动，实现双方共赢。打赢脱贫攻坚战，巩固脱贫攻坚成果，实现全面小康，帮助贫困地区脱离贫困，东部发达地区有着不可推卸的责任。

社会动员鼓励支持双方民营企业、社会组织、公民个人积极参与。据国务院扶贫办社会扶贫司初步统计，2020年动员社会力量捐助款物92.42亿元；东部省市采购、销售扶贫协作地区带贫农畜牧产品和中西部22个省扶贫产品金额共计973.11亿元。

第四节　考核评价机制

一、考核机制

2015年，习近平总书记在中央扶贫开发工作会议上指出：“要建立年度脱贫攻坚报告和督查制度，加强督查问责，把导向立起来，让规矩严起来。”① 中共中央、国务院印发《关于打赢脱贫攻坚战的决定》，要求严格扶贫考核督查问责，建立年度扶贫开发工作逐级督查制度。2016 年 7 月 17 日，中央办公厅、国务院办公厅印发《脱贫攻坚督查巡查工作办法》，要求督查以促进抓落实为导向。2016 年 7 月 20 日，习近平总书记在银川座谈会上提出，要用严格的制度来要求和监督，抓紧制定考核评价指标。要突出目标导向、结果导向，不仅要看出了多少钱、派了多少人、给了多少支持，更要看脱贫的实际成效。西部地区是脱贫攻坚的责任主体，也要纳入考核范围。

《关于进一步加强东西部扶贫协作工作的指导意见》要求把东西部扶贫协作工作纳入国家脱贫攻坚考核范围，作为国家扶贫督查巡查重要内容，突出目标导向、结果导向，督查巡查和考核内容包括减贫成效、劳务协作、产业合作、人才支援、资金支持五个方面，重点是解决多少建档立卡贫困人口脱贫。2017 年 8 月 8 日，国务院扶贫开发领导小组印发了《东西部扶贫协作考核办法（试行）》（考核指标见表 2–3），2018 年签订东西部扶贫协作协议书。东西部扶贫协作考核工作由国务院扶贫开发领导小组组织实施，考核结果向党中央、国务院报告。

表 2–3　东西部扶贫协作考核指标

考核内容	东部考核指标	中西部考核指标
组织领导	党委政府负责同志到扶贫协作地区调研对接； 建立高层联席会议制度； 编制扶贫协作规划和年度计划。	党委政府负责同志东部调研对接； 建立高层联席会议制度； 研究部署和协调推进工作。
人才支援 / 人才交流	按要求和协商计划完成党政干部选派比例； 按协商计划选派专业技术人才比例； 向深度贫困地区倾斜支持情况。	选派挂职干部和专业技术人才交流学习； 为东部挂职干部和专业技术人才提供必要保障条件。

① 《习近平关于社会主义经济建设论述摘编》，中央文献出版社 2017 年版，第 226 页。

续表

考核内容	东部考核指标	中西部考核指标
资金支持 / 资金使用	财政援助资金数及占财政收入比例； 财政资金投入增长比例； 社会帮扶资金数； 向深度贫困地区倾斜支持情况。	整合扶贫协作和对口支援资金用于脱贫攻坚比例； 管好用好帮扶资金，提高使用效益。
产业合作	引导企业实际投资额； 带动贫困人口脱贫数； 向深度贫困地区倾斜支持情况。	出台落实优惠支持政策或措施； 带动贫困人口脱贫数；
劳务协作	开展贫困人口就业培训数； 开展就业服务提供就业岗位数； 贫困人口就业脱贫数； 向深度贫困地区倾斜支持情况。	提供贫困人口就业意愿和信息； 提供就业服务，开展职业培训； 帮助贫困人口就业脱贫数。
携手奔小康	参与帮扶的东部强县比率； 东部县（市、区）党委政府主要负责同志到贫困县调研对接； 对西部省区市贫困县结对帮扶比率； 结对帮扶贫困乡镇和贫困村数； 向深度贫困地区倾斜支持情况。	贫困县党委政府主要负责同志到东部结对县调研对接； 帮扶资金和项目用于贫困村和贫困户比例。

资料来源：国务院扶贫开发领导小组：《东西部扶贫协作考核办法（试行）》。

二、评价机制

2019 年 6 月 3 日，国务院扶贫开发领导小组印发《东西部扶贫协作成效评价办法》，《东西部扶贫协作考核办法（试行）》废止。评价的主要内容包括：组织领导、资金支持、人才支援、产业合作、劳务协作、携手奔小康，以及东西扶贫协作工作创新（具体评价内容见表 2–4）。成效评价不仅评价东部，还评价西部。随着脱贫攻坚的深入，《东西部扶贫协作成效评价办法》增加了东部扶贫资源向深度贫困地区倾斜方面的指标。

表 2–4　东西部扶贫协作成效评价指标

评价内容		东部地区评价指标	中西部地区评价指标
（一）扶贫协作协议完成情况	组织领导	党委和政府负责同志到中西部调研对接情况； 召开高层联席会议情况； 专题研究部署扶贫协作工作情况。	党委和政府负责同志东部调研对接情况； 召开高层联席会议情况； 专题研究部署扶贫协作工作情况。
	人才支援／人才交流	按要求选派党政挂职干部情况； 按协议选派专业技术人才情况； 开展党政干部和专业技术人才培训情况 。	选派党政挂职干部和专业技术人才交流学习情况； 为东部挂职干部和专业技术人才提供必要保障条件情况； 挂职干部分管（协管）扶贫协作工作等情况
	资金支持／资金使用	财政援助资金数及增长比例； 财政援助资金占一般公共预算收入比例； 县均投入财政援助资金数； 社会帮扶资金数。	制定和执行资金项目管理办法情况； 资金当年使用比例； 用县以下基层情况。
	产业合作	引导企业个数； 引导企业实际投资额； 带动贫困人口脱贫数； 开展消费扶贫情况。	出台落实优惠支持政策或措施； 落地企业数； 企业实际投资额； 带动贫困人口脱贫数；
	劳务协作	帮助贫困人口到东部结对省份就业数； 帮助贫困人口省内就近就业数； 帮助贫困人口到其他地区就业数； 出台优惠政策帮助贫困人口在东部稳定就业情况。	配合东部地区组织贫困人口到省外就业情况； 组织贫困人口在省就业情况。

续表

评价内容		东部地区评价指标	中西部地区评价指标
（一）扶贫协作协议完成情况	携手奔小康	东部县市区党委和政府主要负责同志到贫困县调研对接情况； 东部经济强镇、村、企业、社会组织以及学校、医院与扶贫协作地区乡、贫困村和学校、医院结对帮扶情况； 贫困村创业致富带头人培训等情况；	贫困县党委和政府主要负责同志到东部结对县调研对接； 到县财政援助资金用于产业扶贫和就业扶贫情况； 惠及贫困人口数； 贫困村创业致富带头人培训情况。
（二）工作创新情况		人才支援、资金支持、产业合作、劳务协作和携手奔小康行动向深度贫困地区倾斜支持等情况； 帮助贫困地区解决“两不愁三保障”突出问题情况； 城乡建设用地增减挂钩节余指标跨省域调剂任务完成情况； 帮助贫困残疾人脱贫情况； 在人才支援、产业合作、劳务协作、动员社会力量参与等方面的创新工作情况。	资金使用、产业合作、劳务协作和携手奔小康行动向深度贫困地区倾斜支持等情况； 解决“两不愁三保障”突出问题情况； 城乡建设用地增减挂钩节余指标跨省域调剂任务完成情况； 帮助贫困残疾人脱贫情况； 在产业合作、劳务协作、动员社会力量参与等方面的创新工作情况

资料来源：国务院扶贫开发领导小组：《东西部扶贫协作成效评价办法》。

东西部扶贫协作考核评价的目的是发挥考核评价指挥棒作用，通过考核，激励先进、鞭策后进，推动参与东西部扶贫协作的各省（自治区、直辖市）深入贯彻精准扶贫精准脱贫基本方略，向深度贫困地区倾斜，向乡村基层延伸，进一步加大帮扶力度，提升帮扶工作水平，促进西部贫困地区如期完成脱贫攻坚任务。产业合作是东西部扶贫工作的重心，考核将东部地区在西部投资企业纳入产业扶贫、就业扶贫、资产收益扶贫等方面优惠政策受益范围，兼顾机会和直接收入增加。东西部地区扶贫协作考核办法的有效实施，对深化东西部扶贫协作、提高扶贫协作的质量起到了推动作用。

第三章　东西部扶贫协作机制创新

作为中国特色贫困治理体系的制度安排之一，东西部扶贫协作充分体现出我国社会主义制度先富带后富，最终实现共同富裕的价值理念。银川座谈会后，随着中央关于东西部扶贫协作顶层设计制度的完善，东西部结对的省份和地市州也不断完善工作机制、创新工作模式。本章围绕脱贫攻坚期间东西部扶贫协作的主要任务，即产业合作、消费扶贫、劳务协作、人才支援和社会参与五个方面，总结地方实践与机制创新。

第一节　产业合作引领，夯实增收基础

产业发展是贫困人口增收脱贫的根本之策，产业扶贫资金占东西部扶贫协作资金比例过半。围绕西部地区脱贫，充分发挥东部地区消费市场优势、资金、技术、数据等要素优势，结合西部地区土地、劳动力、资源优势，主要从以下四个方面进行产业合作引领，夯实贫困户增收基础。

一、立足西部土地和劳动力，做好农业产业文章

立足于西部地区丰富的土地和劳动力等资源禀赋，充分利用本地已有的农业产业基础，注入东部先进的技术和管理经验，建立农业基地、农副产品

产业园区，鼓励创新产业协作机制，发展农产品加工、零售业，延长农业产业链；发展农旅融合、文旅融合、生态旅游等特色农业，推进农村一二三产业融合发展，提升农业产业价值链。通过完善新型农业经营主体与贫困户的利益联结机制，带动贫困人口增收脱贫。

以闽宁产业合作为例，产业协作着眼“一县一园区、一园一特色”，采取闽商为主、以商招商，实施“特色产业＋精准扶贫”。到2020年底，在宁夏回族自治区共建成闽宁产业园10个，涉及信息、科技、电商、纺织、菌菇等特色产业，持续增强县域经济发展后劲。其中，一批基于宁夏资源优势的葡萄酒、枸杞、菌菇农业产业成为典型的带贫产业。宁夏贺兰山地区的葡萄酒庄园，将天然地理优势与国际葡萄酒制造工艺结合起来，在闽商的科学高效管理下，正在打造中国北纬38.5度的葡萄酒产业。

二、发挥东部产业梯度转移效应，开辟非农就业机会

东西部地区产业梯度转移，是实现双赢合作的一个有效途径。东部地区的劳动力密集型产业向西部地区梯度转移，可以发挥东西部地区不同的比较优势。东西部扶贫协作鼓励东部地区充分利用西部地区土地和劳动力等成本优势，与西部地区共建产业园区，在符合国家统一的产业布局和本地产业规划前提下，承接东部制造业等产业的梯度转移。通过产业合作，引入东部地区投资以及先进的人才、技术管理等，提升西部地区的产业水平，为贫困人口提供非农就业机会，帮助他们实现增收脱贫。此外，东西部产业合作也带动了本地其他特色优势产业的发展。

以浙江省与四川省产业合作为例，在四川省广元市建立“1 + 6”工业产业园区，“1”即川浙合作园区，“6”即在6个贫困县区共建6个工业产业园区。通过扶贫协作，浙江省把汽车、摩托车配件产业和阀门、眼镜制造产业等转移到广元市，实现合作双方共赢。截至2020年，园区引进企业81家，招引浙江等地企业快速落地，完成实际投资87.5亿元，预计产值500亿元，

帮助建档立卡贫困户6410人实现就近就地就业，带动2.5万余人脱贫。

三、发挥东部地区价值链优势，带动西部地区产业链升级

东部地区在农业生产现代化、食品加工业和服务业现代化、食品安全标准和价值链管理等方面走在全国前列，并且逐步与发达国家接轨。西部贫困地区农产品生产标准、品牌建设、物流水平等相对落后。东西部协作可促进产业链有效延伸，提升产品附加值，完成全产业链升级。

上海市对口帮扶贵州省遵义市，携手联合利华对遵义市茶产业精准对接，建立可持续茶园，通过雨林联盟认证茶园，助力当地茶叶加入茶叶全球供应链，并开发“遵义红茶”。遵义茶叶价值链得到整体提升。

天津市企业天士力在陇西地区投资2.3亿元，通过股权并购成立甘肃中天药业有限公司。甘肃中天药业秉承“一地一品一模式、一乡一特一品种”的建设理念，按照“前期培训、中期投种回收、后期加工销售”的发展思路，探索出“政府+龙头企业+贫困户+基地+合作社+银行+保险”全价值链扶贫、“公司+村集体+合作社+农户”扶贫车间、药源基地中药材收购和精深加工基地建设等多种产业扶贫模式。在贫困地区建设黄芪、党参、当归、大黄、黄芩、板蓝根等药源基地、扶贫车间或中药材产地初加工基地，对农户进行前期培训、中期投种回收，对农户药材企业均按保护价收购，农户还能在年底根据收益情况按照入股比例获得分红。

四、建设“扶贫车间”，促进就地就近就业

扶贫车间是以农产品初加工、手工业、来料加工经营等劳动密集型产业项目为主要内容，建设在乡村的生产经营活动场所。以扶贫车间为载体，在地方政府、企业、村集体、贫困人口等行为体的努力下，形成了“劳动密集型企业—扶贫车间—贫困人口”的就业扶贫机制。东部地区的企业通过运营扶贫车间或者给扶贫车间提供订单的方式，为贫困人口提供了在家门口、弹

性和灵活的就业机会，实现了增收和脱贫。东西部扶贫协作中的扶贫车间是一种典型的产业合作和就业扶贫相结合的扶贫模式。

宁夏隆德县共有残疾人 1.3 万人，占全县总人口的 7.2%，其中农村贫困重度残疾人 6198 人。闽宁协作通过“托养 + 康复 + 就业”模式有效破解了贫困重度残疾人“无业可扶、无力脱贫”的难题。108 名符合条件的建档立卡贫困残疾人进行社区托养，由托养社区提供专业的康复、治疗和训练服务。针对康复后可以劳动的残疾人，搭建残疾人就业、创业致富平台。一是引导有劳动能力的残疾人和照料残疾人的家庭劳动力在扶贫车间就近就业增收；二是搭建电商平台，引导支持青年残疾人创建电商合作社，经营淘宝、微商城等线上店铺以及线下展示体验店。通过“托养 + 康复 + 就业”服务，以及社会保障政策支持，隆德县残疾人实现了脱贫。其中，扶贫车间为残疾人提供了合适的就业条件。

第二节　搭建多种平台，东西消费融通

消费扶贫是指以消费助推扶贫、以扶贫扩大消费，既促进贫困群众脱贫致富，又带动贫困地区经济社会发展的一种精准扶贫创新举措。在 2015 年中央扶贫开发工作会议上，习近平总书记指出：“我国社会不缺少扶贫济困的爱心和力量，缺少的是有效可信的平台和参与渠道。”① 消费扶贫行动为社会参与搭建了有效渠道。2019 年 4 月，习近平总书记在解决“两不愁三保障”突出问题座谈会上指出：“要探索建立稳定脱贫长效机制，强化产业扶贫，组织消费扶贫。”② 明确将消费扶贫作为稳定脱贫的一项长效机制进行强调。2020 年 3 月，习近平总书记在决战决胜脱贫攻坚座谈会上指出：“要切

---

① 《十八大以来重要文献选编》下，中央文献出版社 2018 年版，第 37 页。

② 《十九大以来重要文献选编》中，中央文献出版社 2021 年版，第 8 页。

实解决扶贫农畜牧产品滞销问题，组织好产销对接，开展消费扶贫行动，利用互联网拓宽销售渠道，多渠道解决农产品卖难问题。”①在全国开展的消费扶贫行动中，东西部扶贫协作搭建了消费扶贫协作平台。据原国务院扶贫办社会扶贫司统计，2020年，东部省市采购、销售扶贫协作地区带贫农畜牧产品和中西部22个省扶贫产品金额共计973.11亿元。

一、消费端多方驱动，扩大销售渠道

2019年，为了帮助中西部地区的产品进入东部地区市场，扩大消费市场，国务院扶贫开发领导小组把消费扶贫纳入《东西部扶贫协作成效评价办法》的评价指标中。东部地区积极开拓创新，搭建多种平台，通过消费端多方驱动，帮助中西部地区的产品对接东部地区消费市场。

线上赋能农产品上行，搭建电商平台。在全国搭建了中国社会扶贫网、“扶贫832平台”。东部地区充分发挥线上电商平台在农产品营销方面的优势和动能，设立消费扶贫专区。电商平台助力贫困地区实现从“一二三”供给驱动，即先有农业生产，然后加工处理，再找销售渠道的“线性商业模式”，向“四三二一”需求驱动的“网络商业模式”转型，即由第四产业（“互联网+”产业）的大数据精准驱动，把消费需求传导给三产、二产和一产。②

线下以点带面，搭建实体销售平台。东部地区主要采取的方式包括设立消费扶贫专区，开办消费扶贫专馆，推广消费扶贫专柜，举行消费扶贫节庆活动。此外还通过智能柜、无人售货机等新兴零售方式销售扶贫产品，将其集中设置于商场、地铁站、银行等人流密集的地区，临近消费者的日常生活区域，便于消费者购买。例如，为进一步发挥首都的市场优势、资本优势、产业资源优势和人才智力优势，北京市扶贫协作和支援合作工作领导小组办

① 《十九大以来重要文献选编》中，中央文献出版社2021年版，第462页。

② 王小林：《发挥东西部扶贫协作制度优势 着力打造消费扶贫上海模式》，2020年10月17日，光明思想理论网，见https://theory.gmw.cn/2020-10/17/content_34277064.htm。

公室会同首农食品集团建设了“北京市受援地区消费扶贫产业双创中心”，以消费扶贫为有效抓手，通过协助受援地特色产业发展，直接或间接带动建档立卡贫困户增收脱贫。

通过媒体宣传，动员社会力量。在各种渠道开展扶贫帮困宣传，引领全社会形成关注、支持、参与消费扶贫行动的新潮流新风尚。东部地区积极开展中西部地区农特产品“四进”（即进机关、进商超、进社区、进企业）公益扶贫活动，全面倡导“以购代捐”。各级预算单位优先采购、预留采购贫困地区农副产品，优先采购聘用建档立卡贫困人员的物业服务。以贫困县市、贫困村为重点，以建档立卡贫困户为支持对象，以购买贫困群众农特产品、服务等为主要手段，鼓励民营企业、社会组织积极参与。

二、供给侧全链升级，提升产品品质

要满足东部发达地区对农产品质量的高品质要求，消费扶贫需要解决的一个核心问题就是以需求为导向，助推西部贫困地区农业产业链、供应链在供给侧进行全链升级，满足目标市场的客户需求，围绕农特产品生产标准化、加工标准化、物流标准化等全链条进行服务体系建设。

开发特色产品，提高劳动附加值。东部地区帮助中西部地区通过实地调研，一方面发掘东部地区市场所需，发现市场缺口，生产有市场需求的产品。如东部地区咖啡市场巨大，上海市帮助云南省保山市与拼多多合作，实施“多多农园”项目帮助当地组织成立咖啡种植专业合作社，生产符合东部市场需求的高品质咖啡豆。另一方面针对中西部地区特色，结合当地文化，生产高价值的产品。如沪滇协作中，发现云南地区的少数民族服饰刺绣历史传承久远，并被列入省、市非遗名录。上海组织专家团队对传统工艺产品进行专业设计和改造提升，帮助当地形成了“公司＋合作社＋绣娘＋订单”的产业发展链条，彝绣年产值突破 1.5 亿元。

加大质量管控，严格产品认定。产品是否能得到消费者的认可、是否能够持续发展，关键在于品质的提升。东部地区帮助西部地区夯实品控基础，不断加大农产品品牌认证力度，提高贫困地区农产品的标准化程度，并建立起产品质量监督平台，帮助西部地区农特产品质量对接东部地区市场的高标准。同时，通过与第三方合作，建立专业的质量安全追溯机制。如广东省通过帮助广西大化瑶族自治县提升七百弄鸡养殖、屠宰、冷链物流标准化水平，开展七百弄鸡“圳品”认证。

三、消费扶贫，驱动扶贫产业“三链联动”

消费扶贫驱动贫困地区形成延长产业链、提升价值链、完善利益链的“三链联动”产业扶贫模式。“三链联动”发挥科技优势，促进产业深度融合发展。在产业链的前端，东部地区利用“互联网＋”、大数据等信息技术和平台，精准对接客户个性化需求，帮助贫困地区研发更具针对性和多样性的产品，既延长了产业链，也提升了价值链。“扶贫832平台”以及东部地区打造的一些消费扶贫平台，都要求采购商和消费者通过平台购买贫困地区农特产品，并要求平台上的农产品营销企业、合作社上传对接贫困户、贫困村名单，通过认证强制纳入利益联结机制和带贫机制。

构建利益联结机制，是带动贫困户增收的基础。在消费扶贫的驱动下，利益联结机制有多种表现形式：一是东部地区帮助西部地区引进企业，形成“企业＋合作社＋贫困户”产业组织模式，在生产中形成利益联结机制；二是通过平台的产销对接，要求平台上销售的农特产品必须有一定份额的产品来自贫困户、贫困村，在销售环节形成利益联结机制；三是通过产业链中贫困户务工就业、公益岗位开发等方式，形成利益联结机制。

第三节　多方劳务协作，拓岗就业稳岗

劳务协作是东西部扶贫协作重要领域之一。一人就业，全家脱贫，增加

就业是最有效最直接的脱贫方式，长期坚持还可以有效解决贫困代际传递问题。东西部扶贫协作双方，通过建立和完善劳务输出精准对接机制，提高劳务输出脱贫的组织化程度，积极促进劳务对接、开发就地就业岗位、加强技能培训等措施，推动了西部贫困地区就业增收脱贫。特别是针对湖北贫困劳动力外出务工严重受新冠疫情影响的情况，人力资源和社会保障部办公厅、原国务院扶贫办综合司出台了《关于实施“6 + 1”劳务协作行动支持湖北贫困劳动力外出务工的通知》，组织上海、江苏、浙江、福建、山东、广东六省市集中帮助湖北贫困劳动力外出务工。

一、搭建信息平台，实现劳务精准对接

为帮助西部地区贫困人口快速寻找就业岗位，协作双方积极搭建招聘信息平台，运用互联网等现代信息技术，通过拓展“互联网 +”、移动应用(APP)、自助终端等渠道，面向劳动者和用人单位提供信息服务，多渠道发布岗位信息。如贵州省利用自身数据优势，打造“云就业”信息平台，贫困人口只需输入几项关键词：预期就业地、预期就业岗位性质、预期薪酬等，就可实现人与岗位的精准对接。

根据西部务工需求，东部发达地区基于用工量、生产经营、工资福利、劳动强度、后勤保障等方面遴选招工企业，整理相关招聘信息，努力打造西部贫困人口直达用工企业的直通车。如广东省佛山市结对帮扶四川省凉山彝族自治州，实现两地劳务供需精准对接。2018—2019 年间，佛山市人社局共投入 528 万元，基于大数据、“互联网 + ”等新技术，将佛山智能化人力资源市场的先进模式复制到凉山州，在当地 11 个贫困县建设对口凉山劳务协作就业服务扶贫平台以及大型信息宣传设备，将便捷高效的求职招聘智能服务从佛山延伸至凉山 379 个乡镇。

二、拓宽就业渠道，“外出务工”与“就近就业”并进

针对西部地区部分贫困人口就业观念不够开放、部分贫困人口由于客观限制不能外出务工的现状，协作双方做到“外出务工”与“就近就业”两手抓，既想方设法将贫困人口输转到东部地区就业，又挖掘潜力促进就近就地就业。协作双方利用东西部扶贫协作专项资金，积极开发一系列公益性岗位（如保洁、护林、护河等），吸纳更多的本地贫困劳动力稳定就业。此外，东部地区开展招商引资，积极引导对口帮扶城市和主要务工地企业到西部地区开设扶贫车间、加工分包项目等，拓宽稳岗就业渠道，积极推动产业协作吸纳更多人员就地就近就业。

毕节市是“开发扶贫、生态建设”的试验区，广州市结对帮扶毕节市，协作双方立足毕节市自身优势积极开发就业扶贫公益专岗，设立了一批护林、护河、护洁等工作岗位，为当地无法离乡、无业可扶、无力脱贫又有劳动能力和就业意愿的“三无两有”贫困劳动力提供就业机会。2008 年以来，广州市共提供 16865 万元对口帮扶资金用于支持公益性岗位开发。其中，2018 年为 6490 万元，2019 年为 3750 万元，2020 年为 6625 万元。通过开发就业扶贫公益专岗，既将“扶志”与扶贫结合，激发了贫困人口内生动力，同时又保护了当地生态环境。

三、打造技能平台，全力促进人岗相融

针对部分西部地区贫困劳动力劳动技能不足的现状，东西部协作双方组织开展了职业技能提升行动、技能脱贫千校行动、新生代农民工职业技能提升计划等专项行动，将贫困劳动力和贫困家庭子女作为重要群体，加大职业技能培训和技工教育力度。一方面，注重技能培训的针对性与有效性，因地制宜开展适合当地特点、当地产业的职业技能培训，同时根据东部地区重点企业用工需求在当地开展订单式培训，共享培训资源，持续开展职业技能培

训。另一方面，以搭建校企和校校合作平台为重点，组织企业和对口帮扶地区技工院校订单式就业培训合作关系，推广“引企入校、引校进场”的校企一体化培训模式，定向输出对口帮扶地区技校学生到东部地区就业。

福建飞毛腿技师学院原州分校实行三年“定向培养、校企对接”办学模式，学生“零门槛入学、吃住学全免”。该校将企业在深圳的部分生产线搬迁至学校建设现代化实训基地，进行人岗适配的孵化式教学培训，逐步实现“教学 + 实训 + 工厂”产业模式，从根本上解决宁夏原州区及其周边部分贫困青年稳定就业脱贫问题。学生入校即签订就业协议，100%安排在飞毛腿公司就业。学习模式为“1 + 1 + 1”，第一年在原州分校进行文化和理论学习；第二年到福州市马尾区总校重点学习技能实操，考级考证；第三年在飞毛腿集团公司下属工厂顶岗实习，即可拿到劳动报酬。

四、强化服务平台，全面保障务工权益

东部地区通过完善就业奖励政策、创新就业服务模式、加强就业服务保障等，为贫困人口就业提供暖心服务。

一是完善相关政策，鼓励、引导西部地区贫困劳动力外出就业。适度发放稳岗补贴及其他红利在一定程度上促进了西部地区贫困人口外出务工，如福建省出台奖补政策对连续来闽务工 6 个月以上宁夏籍建档立卡贫困人口给予 13500 元奖励工资及交通生活补贴。这一系列政策的实施，既增强了贫困群众稳岗就业的信心，也减轻了企业的用工负担，稳岗成效明显。同时，多地对贫困劳动力和贫困家庭子女免费开展职业技能培训和技工教育并给予生活费、交通费、学杂费补贴和家庭补助，尽力降低贫困劳动力务工成本。

二是加大稳岗监测力度，东西部地区两地人社部门及时帮助协调推送岗位信息，通过下乡镇现场招聘、制作宣传片、印发政策汇编、收集各地重点用工企业招聘信息、定期推送招聘信息等，确保将政策和信息进村入户推送，做好就业服务。

三是建立劳务协作站，助力贫困劳动力“出得去，稳得住”。新冠疫情期间，多地通过劳务协作站积极协调，设立专车专列等帮助贫困劳动力尽快返岗就业，极大程度上缓解了新冠疫情对贫困人口稳定脱贫的不利影响。部分地区通过建立劳务协作站临时党支部等，让外出务工流动党员找到组织，外出人员找到家。此外，劳务协作站工作人员积极协调解决西部地区贫困劳动力子女教育等社会问题，帮助贫困劳动力在东部地区安心就业。

四是注重服务保障的特殊性，东部多省市考虑到西部地区大量务工人员为少数民族，积极开展对职能部门工作人员的民族政策法规专门培训，加深对民族常识的理解，提升职能部门贯彻落实民族政策的能力素养，为少数民族贫困人口做好服务保障。如福建省多家用工企业为宁夏籍贫困劳动力专设了清真食堂。

据原国务院扶贫办社会扶贫司初步统计，截至2020年8月底，全国外出务工贫困劳动力人数为2897.54万人，是2019年外出务工人数的106.17%。2020年，东部地区新帮助扶贫协作地区102.28万贫困人口实现转移就业。

第四节　强化人才支援，隔断代际传递

人力资本的提升是治理贫困的有效途径。无论从新中国成立前后的扫除文盲到1995年颁布《中华人民共和国教育法》，再到脱贫攻坚期间“五个一批”帮扶措施中针对贫困人口的精准教育扶贫，还是从“爱国卫生运动”到《“健康中国2030”规划纲要》《健康中国行动（2019—2030年）》，以及“五个一批”精准健康扶贫，都是旨在提升人力资本，阻断贫困的代际传递。东西部扶贫协作中的人才支援，正是通过东部发达地区的人才优势，加强西部贫困地区的人才资本建设。在地方实践中，人才支援主要包括三个方面：干部交流、教育和卫生人才支援，农业技术人才支援。

一、干部交流，互学互鉴

“国以人兴，政以才治”。东西部干部交流这一制度创新，不仅促进了干部互学互鉴，提升了西部贫困地区的贫困治理能力，也有效弥补了西部贫困地区的干部人才短缺，扭转了西部地区人才流失的局面。东部地区的援派干部将发展市场经济的经验和治理贫困的能力，同西部地区的干部群众分享交流；西部地区的干部到东部地区挂职锻炼，亲身体验学习东部地区的管理能力和经验，这种互学互鉴是东西部扶贫协作的一项创新实践。

（一）沟通碰撞理念，共享发展经验

东西部地区干部交流，推动了西部地区干部的理念革新，为东西部两地的发展繁荣作出了贡献，为我国扶贫事业积累了经验。理念的革新，一方面是对于党政领导集体的观念转换；另一方面是党政干部对当地企业家和群众商业行为和生活观念的引导。宁夏部分贫困县区的干部表示，福建援宁干部最大的特点是准确界定了政企合作在扶贫开发事业中的关系，打破了传统政企相对分离的格局。“爱拼才会赢”的福建口头禅成为福建援宁干部的标识之一；同时，敢说敢当的工作作风也给宁夏当地干部留下深刻印象。在福建援宁干部的影响下，当地党政干部作风发生明显转变，市场与政府的分隔更多地转化为分工协作与管理服务，推动了新型“政府—市场”关系的构建。

（二）搭建平台资源，创造发展机会

一个东部地区的挂职干部，就有可能成为西部地区的一个招商引资引智平台。挂职干部通过组织招商引资、经贸洽谈、经贸考察、上门招商等多种形式，积极寻求经济和技术合作、产业转移等多领域的互利合作，为推动西

部贫困地区的发展，注入东部地区的投资、企业家创新精神，引进先进生产技术和管理经验，开拓农特产品销售渠道。许多挂职扶贫干部还充分利用自身的工作关系和人脉资源，推动两地领导干部互访、加强企业联谊、促进缔结友好城市，推动了东西部地区交流与合作，更好地践行了先富帮后富的共同富裕理论。广东省广州市白云区一名援黔干部牵头协调了 5 家广州企业到贵州省平塘县落户，项目总金额达 33 亿元。

（三）历经实践磨砺，打造坚强队伍

东部地区的干部派到西部地区开展脱贫攻坚工作，激发了挂职干部各方面的潜能，磨炼了挂职干部在困难复杂环境中开展工作的意志，开阔了挂职干部开展全面工作的视野，提高了干部人才的自身素质。上海市奉贤区一名副镇长，挂任贵州省遵义市凤冈县委常委、县人民政府副县长，作为上海市第三批援黔干部，分管东西部扶贫协作工作。他在产业扶贫工作中，助力凤冈县打造“全产业有机、全产业链有机”农特产品，为易地扶贫搬迁社区的扶贫车间引进企业，解决搬迁贫困人口家门口就业问题，在奉贤区举办“凤冈锌硒茶推介会”。他最大的感受是，在凤冈县的工作内容、难度，以及对干部素质的要求，都远远超出了他的想象。他说，三年的挂职经历，是他一生的宝贵财富。

脱贫攻坚战之前，2015 年东部地区到西部地区挂职干部 124 人次，2018 年增加到 1510 人次，2020 年达 1468 人次。西部地区到东部地区挂职干部，2015 年 274 人次，2018 年 3059 人次，之后稳定在 3000 人次以上。东西部扶贫协作工作紧紧围绕干部交流开展合作，促进观念互通、思路互动、技术互学、作风互鉴，是一项贫困治理的重要制度创新。

二、人才支援，隔断代际传递

习近平总书记指出：“扶贫必扶智，让贫困地区的孩子们接受良好教育，

是扶贫开发的重要任务，也是阻断贫困代际传递的重要途径。”①要更加注重教育脱贫，着力解决教育资源均等化问题，不能让贫困人口的子女输在起跑线上。东部地区对西部地区的教育、卫生人才支援，是阻断西部地区贫困代际传递的关键措施之一。

（一）“组团式”教育、医疗帮扶

经济学家卢卡斯认为，技术进步蕴含于人力资本之中，人力资本水平差异是各国生产率差异的主要原因。舒尔茨指出，在经济增长中，人力资本的作用大于物质资本的作用。人力资本对于摆脱贫困和促进发展的重要性毋庸置疑，但如何提升贫困地区的人力资本却是世界性难题。东西部扶贫协作中的“组团式”教育、医疗帮扶实践创新，为解决西部贫困地区的教育、卫生基本公共服务提供了破解之策。

“组团式”教育帮扶，不仅整建制为西部地区注入东部地区的教育资源，更为重要的是带来了东部地区的教育理念和教育方式。“组团式”医疗帮扶，整体提升贫困县的疾病诊治能力，带来各关键科室水平的显著提升，切实提升了重大疾病在当地救治的能力，显著降低了向省府和地区医院的转诊率。“组团式”教育、医疗帮扶，对贫困地区起到了教育、医疗“引擎”作用。

（二）教师、医生人才交流

通过加大教育、医疗人才支援力度，探索合作办学办医、挂靠托管、输出管理等多种方式，帮助西部地区整体提升教育医疗服务水平，培养、打造一支“永不走”的基本公共服务专业技术人才队伍。

东部地区派到西部地区的教师，不仅带去了自身过硬的教学技能，还通过教学研讨、集体备课、教学管理等方式，把东部地区先进的教学理念直接

① 《十八大以来重要文献选编》中，中央文献出版社2016年版，第720—721页。

带入西部贫困地区。此外，除了语文、数学、英语等基础课程的教学外，东部地区的教师把体育、音乐、美术、舞蹈、科学等培养学生认知技能、社会情感技能的课程和教育带入了西部贫困地区。

东部地区派到西部地区的医生，不仅带去了重大疾病的诊治能力，还推动了贫困县诊疗标准化流程、医院管理流程的再造。课题组在对交流医生的访谈中获悉，诊疗标准化是东部发达地区已经执行了几十年的流程，但在西部地区贫困县的医院却很难做到。诊疗流程的不标准，就会明显影响诊疗效果。同样，医院管理的现代化水平，是制约医疗服务水平的关键。源源不断的人才交流，推动了贫困县医疗卫生水平的综合能力提升。先进教学、医疗设备的援助，“互联网＋教育”“互联网＋医疗平台”的引入，都为西部地区基本公共服务均等化注入了新的动力。

（三）农业技术人才助推产业升级

农业技术人才、电子商务人才的交流，同样为西部贫困地区的农业现代转型升级注入了新鲜力量。实践中，坚持以西部地区本土人才培养为主体，以东部地区的人才支援为助推器，采取结对支援、订单培训和挂职锻炼等有效方式，着力为西部地区培养经济社会发展的急需人才，包括生态农业、特色旅游、电商物流等技术人才和经营管理人才。通过双向交流、互派挂职、实践锻炼等多种途径培育各类专业技术人才，培养、打造一支“永不走”的专技人才队伍。通过在西部地区开展农业种养殖能手、农村电商、民宿个体经营者等农村致富带头人培训，发挥“领头羊”示范带动效应。通过帮助西部地区引进东部优势先进技术，为西部地区山地经济、特色产品、产品深加工等提供智力支持、技术支撑。

东西部扶贫协作专业技术人才交流，在2015年仅有1591人，到2018年发展到27874人，之后一直稳定在较高水平。东西部地区的老师、医生交流，助推西部贫困地区基本公共服务提升，阻断贫困代际传递。东西部地区的农业技术人才交流、致富带头人培训，为西部贫困地区的经济增长、脱贫攻坚注入了新的活力。

第五节　动员社会力量，广泛参与扶贫

习近平总书记在2015年中央扶贫开发工作会议上要求："动员全社会力量广泛参与扶贫事业，鼓励支持各类企业、社会组织、个人参与脱贫攻坚。"[①]2017年11月，民政部报请国务院扶贫开发领导小组印发了《关于广泛引导和动员社会组织参与脱贫攻坚的通知》，强调了社会组织在脱贫攻坚战中的重要作用，明确了社会组织参与脱贫攻坚的重点领域。在东西部扶贫协作中，建立了广泛的社会动员机制，动员了广泛的社会力量参与扶贫协作。

一、培育多元帮扶主体，发挥民政部门组织牵引作用

东部地区通过培育多元帮扶主体，拓宽帮扶参与领域，完善社会帮扶机制等工作，调动相关事业单位、企业、社会组织、公民个人的积极性，助力西部贫困地区形成"三位一体"的扶贫大格局。

一是通过党委政府广泛发动机关事业单位参与东西部扶贫协作。包括积极派遣挂职干部，派出教师、医生、农业技术人员开展人才交流，学校、医院开展结对帮扶，机关、事业单位积极参与消费扶贫，建立购买贫困人口的产品和服务就是扶贫的新理念。

二是广泛动员国有企业、民营企业等市场力量参与东西部扶贫协作。这些企业要么赴西部地区投资兴业，要么通过商品贸易、消费扶贫助力西部地区开拓市场，要么积极吸纳贫困人口就业，提供技术培训。

① 《十八大以来重要文献选编》下，中央文献出版社2018年版，第51页。

三是广泛动员社会组织、社区居委会以及公民志愿服务投入到东西部扶贫协作中。东部地区引导区域内社会组织充分认识自身责任，鼓励各类社会组织从自身业务特点和特长出发，采取多种方式参与脱贫攻坚，动员引导社会力量与深度贫困地区对接，扶贫资源向深度贫困地区倾斜。如江苏省民政厅于2019年10月17日组织开展了“江苏省东西部扶贫协作定向募捐活动”，共有49家全省性社会组织参加，其中10家全省性社会组织认领了相关对口扶贫协作项目，捐赠资金354万元。在上海市的动员下，复旦大学陈灏珠院士于2014年设立医学人才培养基金，基金下设“生命之花”医学人才培养项目。该项目自2016年起连续四年在复旦大学附属中山医院开办沪滇心血管内科新进展培训班，为云南省培训了200余名基层心内科医师；开展了三届沪滇心血管介入诊疗规范化带教进修班，培训18组手术团队，这些手术团队回到当地医院后，每年能多救助近300位心血管病患者。

二、拓宽帮扶领域，形成全方位多领域协作局面

东西部扶贫协作中社会力量的帮扶领域也在不断扩展，在最初20世纪七八十年代的救济式扶贫中，主要以捐钱捐物、提供资金物资支持为主；90年代的开发式扶贫中，建立各种合作园区，侧重于促进资金、设备、技术和人才的合理交流，积极开展劳务合作，发展各种经济技术合作。随着脱贫攻坚进入决胜阶段，在“两不愁三保障”的目标引领下，各种社会力量除继续深入经济领域的扶贫协作外，在教育、医疗等社会服务领域的扶贫持续增加。通过整合各种社会资源，形成了全方位多领域的扶贫协作。

如上海市社会组织在积极投身上海经济社会发展和现代化大都市建设的同时，一直积极参与全国的脱贫攻坚工作。据不完全统计，2016年、2017年上海市社会组织累计援建项目170个，总投资近1.2亿元；2018年初，上海市民政局向全市社会组织发出《关于本市社会组织积极服务“三区”建设的倡议书》，2018年援建项目110余个，总投资近2亿元。2019年，上海市

民政局向全市社会组织再次进行了动员，覆盖助困、助医、助学、助残等众多领域，把上海的社会组织服务延伸到西部深度贫困地区。

三、完善参与帮扶机制，加强广泛宣传力度

第一，完善参与帮扶机制，科学有序推进社会帮扶。针对社会组织“不知道帮什么”的问题，东西部通过建立立体沟通交流渠道，确保帮扶项目制定精准。各级领导定期互访，对接每年民政及社会组织帮扶需求计划，研究帮扶具体问题。如上海市在动员社会组织参与扶贫中形成了独特的模式，首先是前方援助干部深入贫困区识别需要社会组织帮扶的项目，根据贫困村的需求，向后方——上海市合作交流办公室提交项目需求信息，后方与上海市民政部门的社会组织（各种基金会）进行项目对接，发挥平台作用，助力基金会精准提供项目资助。这种模式既使前方一线援助干部在帮助项目上有资源，又显著降低了基金会寻找项目的机会成本，并提升了项目成效。

针对社会组织“不知道怎么做”的问题，东西部通过建立流程图落实、按项目表推进、遴选已有项目示范等工作，将社会帮扶工作具体化、形象化、步骤化，促进项目推进有序。同时，结合社会组织实际，建立社会组织与贫困乡镇、贫困村、学校、医院等结对帮扶模式。通过双方实地考察互访，商定每年的帮扶措施并签订帮扶协议，共同落实帮扶工作。“携手奔小康”工作中，东部地区的社会力量积极与西部地区贫困乡镇、贫困村建立广泛的结对帮扶关系，双方根据实际情况动态调整帮扶内容，确保帮扶工作发挥成效。

第二，大力弘扬社会主义核心价值观，开展扶贫系列宣传活动。为了让更多社会组织了解扶贫协作，广泛调动社会组织参与热情，各部门通过召开动员会议、广泛利用宣传媒体等做法，不断增强社会组织使命感、紧迫感、荣誉感。如上海市对口支援与合作交流工作领导小组通过艺术呈现和原型讲述等形式，展现援外干部人才和社会各界参与脱贫攻坚的生动实践和感人事

迹。精准扶贫公益纪实节目《我们在行动》，聚焦精准扶贫精准脱贫中的各项难题。电视连续剧《山海情》再现闽宁协作 24 年历程，讲述了东西部携手将“干沙滩”建设为“金沙滩”的动人故事。脱贫攻坚以来，各部门多措并举、广泛动员，积极引导东部发达地区的组织与个人等参与扶贫，营造全民扶贫的良好氛围。

第四章　东西部扶贫协作地方实践

银川座谈会后，东西部扶贫协作地方实践围绕脱贫攻坚目标进一步升级。东西部扶贫协作各方，在中央顶层设计不断完善的基础上，积极开拓创新，在产业合作、劳动协作、人才支援、资金支持、社会参考、携手奔小康等重点协作领域呈现出一系列有效的经验做法。本章以课题组实地调研的闽宁协作、浙江模式、粤桂协作、沪滇协作为案例，总结东西部扶贫协作的地方实践。

第一节　闽宁协作："干沙滩"变"金沙滩"

宁夏西海固地区山大沟深、生态脆弱、交通不便，曾在1972年被联合国粮食开发署称为最不适宜人类生存的地区之一。1996年10月，时任福建省委副书记的习近平同志担任福建帮扶宁夏领导小组组长，提出了"以解决贫困人员温饱为重点，以产业协作为基础，构筑互惠互利、联动发展的工作格局"的协作思路，建立了"闽宁协作"机制。脱贫攻坚期间，在习近平总书记的指示下，闽宁两省区持续推进对口扶贫协作，取得脱贫攻坚伟大胜利，昔日"干沙滩"，今日变成"金沙滩"。

一、深化“闽宁”牌，打造闽宁产业合作新亮点

坚持把产业带动作为关键，探索脱贫新进程。从单向援助向发展合作转变，把福建的人才、资金、技术、市场要素与宁夏的自然、土地、劳动力、特色农产品有效结合，以市场为导向，增加就业、促进增收，形成可持续的东西部要素循环机制。坚持把改善生态环境作为基础，践行习近平总书记“绿水青山就是金山银山”理论，实现山绿与民富双赢的新发展理念，制约西海固人类发展生存的环境得到明显改善，生态环境得到有效治理。激发内生动力，发挥政策优势，运用市场规律，引导贫困群众发展产业，参与产业链的生产与分配环节；鼓励返乡农民工创业，带动千家万户，有效激发了群众内生动力，让贫困地区群众走上勤劳致富道路。

（一）闽宁镇产城人融合发展步伐加快

闽宁镇是习近平同志亲自倡导、亲自推进的东西部扶贫协作成功案例。1997年，时任福建省委副书记、对口帮扶宁夏领导小组组长的习近平同志提议两省区共同建设一个以福建、宁夏两省区简称命名的移民村，开启了闽宁镇（原闽宁村）协作扶贫开发的新篇章。闽宁镇经过20多年的建设发展，从最初8000多人的移民村发展成6.6万人的闽宁镇，昔日戈壁、杳无人烟的“干沙滩”，变成了绿树成荫、百姓致富的“金沙滩”，成为东西部扶贫协作的典范。全镇农民人均可支配收入由搬迁之初的不足500元跃升到2019年末的13970元，收入增长近28倍；贫困发生率由1997年的90%下降到2019年末不足0.2%。2016年7月，习近平总书记到闽宁镇考察时指出，闽宁镇探索出了一条康庄大道，要把这个宝贵的经验向全国推广。

“十三五”脱贫攻坚中，围绕闽宁新镇区、扶贫产业园区两大重点区域和6个行政村的协调发展，不断强化帮扶力度。一方面增派干部和专业技术人才赴闽宁镇开展帮扶活动；引进、扩建富贵兰服装加工、德龙酒业等14

个项目，引入电商、快递企业 13 家，总投资达 3.48 亿元；推动电商物流一条街、红酒一条街开业；投入帮扶资金 6200 万元改善人居环境和饮水安全，惠及移民搬迁人口 15441 人。2019 年，闽宁镇常住人口达 6.6 万人，人均可支配收入 13970 元，昔日的茫茫戈壁滩已经成为搬迁移民群众安居乐业的新家园。

（二）闽宁示范村带动效应凸显

闽宁示范村是闽宁扶贫协作的重要成果，写入中央打赢脱贫攻坚战三年行动的指导意见。闽宁协作 2019 年安排专项资金 9441 万元，着力推进 44 个闽宁示范村建设。引导海峡两岸专业人士参与闽宁示范村建设，嫁接福建社区治理经验，推广乡村治理积分卡制度，帮助宁夏培育乡村治理人才，提高了闽宁示范村群众的幸福感和获得感。

西吉县偏城乡涵江村原名“滥泥滩村”，因当地河道淤泥多，民房烂、道路烂而得名。2014 年认定建档立卡贫困户 94 户 309 人，贫困发生率超过 18.7%，村民人均可支配收入 2160 元。2017 年被列为闽宁示范村，成为福建省莆田市涵江区对口帮扶村。西吉、莆田两县区共同携手，两地干部倾心服务，因村因人、精准施策，制定了涵江村“1551”精准脱贫工作思路，增强基层党组织凝聚力，实施“金融扶贫＋产业发展”、综合服务能力提升、养殖业发展、村容村貌环境整治建设等项目，全村于 2017 年底脱贫出列。2018 年底，全村人均可支配收入达 8250 元，贫困发生率降到 2.78%。为感谢福建省莆田市涵江区的帮扶，2018 年滥泥滩村更名为“涵江村”，成为闽宁协作的有力见证。如今的涵江村，村道宽阔平整，民房整洁气派，产业发展欣欣向荣。驻村第一书记秦振邦同志荣膺 2019 年全国脱贫攻坚奖贡献奖。

（三）闽宁产业园发展提质增效

着眼“一县一园区、一园一特色”，采取闽商为主、以商招商，实施“特色产业＋精准扶贫”，共建成闽宁产业园10个，涉及信息、科技、电商、纺织、菌菇等特色产业，持续增强县域经济发展后劲。目前园区落户企业70家，累计到资24.35亿元，吸纳997个建档立卡贫困人口就业。

二、围绕“四个体系”，打造消费扶贫新业态

（一）构建政策体系

鼓励全省各级党政机关、企事业单位通过“以购代捐”“以买代帮”参与消费扶贫。加大品牌宣传推介力度，在福建东南卫视黄金时段免费播出宁夏特色优质农产品广告宣传片。福州市出台《促进消费扶贫十条措施》，在资金支持、网点设置等方面给予重点倾斜。

（二）完善供应体系

围绕滩羊、肉牛、冷凉蔬菜、枸杞、黄花菜和葡萄酒等宁夏主要特色优势产品，建立推荐目录，抓好品控，保证产品质量，深加工延伸产品供应链，创新产品种类，增加产品附加值。对消费扶贫产品供应商实行质量准入和黑名单淘汰制度，形成供应商信用体系。

（三）拓展销售体系

以六盘山特产馆为代表，在福建开设宁夏特色产品展示馆11家。依托海峡两岸经贸交易会、晋江“食交会”、漳州“农博会”等各类经贸平台，展销宁夏农特产品。借助网络电商平台，积极与阿里巴巴、京东等知名网络销售企业合作，推动宁夏农特产品线上网络销售。组织福建大型商超参与销售，永辉超市、朴朴集团两家企业一年采购宁夏农特产品超过8000万元。

为了培育同心县主导产业，在闽宁协作驻同心县工作组和“来三斤”公司的协同下，大美同心消费扶贫平台于2019年11月7日在同心县正式上线。

大美同心消费扶贫平台通过“电商平台＋合作社/龙头企业＋农户”的形式实现精准扶贫，依托合作社或龙头企业统一整合同心县当地农户种养殖的优质农产品，通过大数据助力电商扶贫平台，实现“生产端”与“销售端”连接；以“线下展销，线上下单”的方式快速实现产品销售、平台引流；借力闽宁资金发展农村电子商务网点58个，打造线下“县—乡镇—村”三级服务门店，构成线上线下一体化的新零售运营模式。大美同心消费扶贫平台带动当地建档立卡贫困户5000余人脱贫增收。

（四）建立带贫体系

鼓励企业通过吸纳就业、与农户建立土地流转收入、订单式收购、收益分红等利益联结机制，跟踪农户产业发展和收入情况，建立供货农户台账，帮助建档立卡贫困户增收脱贫。

三、实施“四个一生态扶贫工程”，打造生态扶贫新特色

福建省深入践行习近平总书记亲自倡导和开创的福建长汀水土流失治理机制，组织福建农林大学、省农科院86位专家蹲点服务，帮助宁夏实施生态扶贫“四个一”（一棵树、一株苗、一枝花、一棵草）工程，寻找适宜大面积种植推广、能给农民带来收入的主打产品，探索一条生态与经济、山绿与民富共赢的新路子。2019年7月，国家林业和草原局在固原市召开全国三北地区生态扶贫现场会，学习帮扶固原生态扶贫的成功做法。

固原市制定《“四个一”林草产业试验示范工程战略发展规划》，重点打造六盘山云海梯田、中蜂、食用菌、中药材等增收致富的产业。坚持科技支撑，建立专家定期把脉服务机制，开展技术指导服务200多人次，举办5期专题培训班，新建“四个一”林草产业示范点57个，示范推广86个品种、15.2万亩。坚持生态富民，发展生态旅游业、林业产业，发展苹果、红梅杏、枸杞等特色经济林29.6万亩、产值4.94亿元，带动7000多户贫困户实

现脱贫。2019年固原市林草覆盖率达73%，实现了生态效益和扶贫效益的有机统一。

2018年，福建农林大学、福建省农科院先后8次带领100多名专家，到固原考察调研指导，先后举办5期“四个一”专题培训班、研讨班，培训人员350人次。邀请福建农林大学、福建省农科院在原州区、西吉县、隆德县、泾源县、彭阳县分别举办了“四个一”林草产业试验示范工程战略规划专题讲座培训班，培训人员1200人次。2018年全年共完成“四个一”重点试验示范园39个，总面积2.1万亩，共引种149个树（草）种，303个品种进行试验示范。固原市“四个一”林草产业试验示范工程是践行习近平总书记“绿水青山就是金山银山”理论、贯彻实施宁夏“生态立区”战略背景下提出的实现山绿与民富双赢的试验。

四、创新“托养+扶贫车间+合作社”，打造残疾人帮扶新模式

（一）解决生活难题

在托养中心建设过程中，固原市隆德县共投入闽宁协作资金1550万元，建成残疾人托养创业中心4个，购置各类康复器材550多台件、床位300张，桌椅床柜一应配齐，并建成食堂、医务室、图书室、活动室等生活设施；同时，援宁干部将沿海地区先进的残疾人服务新理念引进隆德县。隆德县残疾人托养中心致力于充分解决残疾人行动不便、就医不便、娱乐方式单一等难题，从根本上解决了残疾人的生活问题。帮助756个贫困残疾人家庭实施无障碍改造，实施0—6岁残疾儿童康复救助，增强残疾人生活自理能力。

（二）解决就业难题

隆德县投入帮扶资金840万元，引进人造花、花灯制作车间，提升隆德县残疾人托养创业中心、新建3个乡镇分中心，解决残疾人托养、康复、就

业等问题，托养贫困重度残疾人 224 名、安置就业 143 名。依托良好的区位优势，托养中心配建扶贫车间 1100 平方米，创造人造花厂、纸箱厂、花灯制作、手工艺品制作等工作岗位，因人施策安置残疾人就业 143 名，人均年收入达到 3000 元—11 万元不等。为扩大增收带动面，引导残疾青年创办电商合作社，已成功运营微商城和淘宝店 2 家线上店铺以及闽侯、厦门等 5 家线下门店。

（三）解决收入难题

隆德县政府积极出台《隆德县残疾人托养创业工作提升方案》，并落实稳岗补贴、物流补贴等资金 30 余万元，用于提供办公经营场所支持，帮助打通产品仓储物流、销售渠道、售后服务等整个环节。福州等创业团队免费为合作社进行经营指导和战略咨询。创办闽宁助残乐购电商平台，运营隆隆薯等线下农副产品展销店 4 家，实现销售额 600 万元，带动 1100 多名贫困重度残疾人增收。闽侯帮扶隆德助残托养模式获得国务院扶贫开发领导小组充分肯定，在全国残联系统推广，《求是》杂志 2019 年第 17 期作了专题报道。

“托养＋康复＋就业”模式有效破解了贫困重度残疾人“无业可扶、无力脱贫”的难题，在特殊困难群体的帮扶上，实现了“输血式扶贫”向“造血式扶贫”转变，让原本应该是“社会保障兜底一批”的对象，变成了“发展生产脱贫一批”的一员。东西部扶贫干部携手探索，将隆德县残疾人托养中心转变为贫困重度残疾人的“安居社区，康复基地，致富平台”，成为贫困重度残疾人脱贫的重要阵地。

五、解决“三保障”突出问题，打造巩固扶贫成果新途径

坚持把解决贫困问题作为核心，将扶贫重心由“物”转变为“人”，围绕贫困人口的发展配置资源。以科教扶贫为重点，着眼于提高人的素质；以医疗卫生帮扶为重点，致力于改变因病致贫、因病返贫；以技能培训和劳务

输出为重点，培植和发展扶贫造血功能，促进从“一个农民”到“一个产业工人”，从“兜底保障”到“产业发展脱贫”，从“外出务工”到“就近就地就业”的转变。

（一）科教扶贫，提高人的素质

教育扶贫工作始终是闽宁两省区重点关注的扶贫内容之一。如2017年，闽宁两省区教育、扶贫部门联合印发《闽宁职业教育协作助力脱贫攻坚工作实施方案》，安排福建10家高等职业学校、18家中级职业学校与宁夏28家高等、中等职业学校建立结对帮扶关系；实施闽宁中职招生协作兜底行动，在18对中等职业学校30个专业联合培养学生1680人。2018年，闽宁两省区教育厅签订新一轮教育协作协议，进一步推进结对帮扶、教师选派等工作。在闽宁协作精神的指引下，基于“宁夏所需、福建所能”的帮扶原则，福建省投入大量资金用于乡村教学设施建设，包括远程教学平台、素质教育（如音乐、美术、体育等）设备等。此外，两省区积极实施中小学结对帮扶工程，福建省承担对口帮扶任务的市、县（区）选择1所本地优质学校与帮扶县（区）中小学开展结对共建。宁夏回族自治区4所普通高等院校、10所高职院校、20所中职院校与福建省相关院校建立结对帮建关系，职业院校实现结对帮建全覆盖。

（二）医疗卫生帮扶，致力于改变因病致贫、因病返贫

福建省派出涉及医院管理、经济管理、院感控制、临床重点学科等方面的专家，深入每个行政职能科室帮助提升医院管理，在细致分析医院收入分配的基础上，帮助制订绩效分配方案，深入临床一线科室查找薄弱环节；在临床点专科建设的帮扶上。福建省援派医生通过全面掌握临床重点专科建设的实际困难，挖掘贫困地区医院优势学科，完善学科建设内涵。

2017年，闽宁两省区卫计委签订2017—2020年卫生计生互学互助协

议，建立医改对口交流合作机制，福建福州、厦门、泉州、莆田、龙岩市的19所医疗、卫生单位与宁夏19所医疗、卫生机构建立对口帮扶关系。福建共向宁夏派驻医师75人次，完成诊疗16971人次，手术258例，病理讨论1224人次，业务培训64场次3335人次，培训宁夏来闽长期进修人员120人次。福建省各地卫生部门通过开展医院对口支援、医联体建设和远程医疗等方式，使得宁夏当地医疗技术、人才培养、临床专科能力有了显著提升，为当地民众免受因病致贫，因病返贫的困扰提供了坚实保障。

（三）技能培训和劳务输出，培植和发展扶贫造血功能

人力资本不足是制约地区经济发展的重要瓶颈，也是导致贫困人口“返贫”的重要影响因素。技能培训和劳务输出有效促进宁夏贫困地区的人力资本积累，并为当地群众提供就业岗位与机会。从巩固拓展脱贫攻坚成果与乡村振兴有效衔接的长效机制来看，无论是到福建务工“走出去”，还是学成技术“走回来”，都有助于贫困人口提升劳动能力，增强劳动致富的信心，巩固脱贫成果；有助于贫困地区进一步发展。

2019年，福建吸纳宁夏建档立卡贫困人口实现就业达25764人，其中组织宁夏建档立卡贫困劳动力来闽就业1281人、就近就业18543人（分别达到协议任务数的256%、742%），输转到其他地区就业5940人，人均转移就业收入占农民人均可支配收入的40%以上。

在中央统筹、结对双方不断实践探索下，闽宁两省区围绕“两不愁三保障”目标，坚持把建立长效机制作为前提，促进贫困地区经济社会发展，持续深入实践扶贫协作机制，实现了闽宁协作向宽领域、多层次、全方位的发展。

第二节　浙江模式：携手同心共奔小康

在东西部扶贫协作机制下，浙江省对四川省、杭州市对湖北省恩施州和

贵州省黔东南州、宁波市对吉林省延边州和贵州省黔西南州等4省、15个市州、80个县开展东西部扶贫协作。浙江不断发挥东部地区产业优势、技术优势、人才优势、市场优势和特有的电商平台优势，努力构建产业、就业、社会事业“三业模式”，推动形成消费扶贫“三育模式”，有效拓展了贫困户增收渠道，助力协作地区脱贫攻坚工作，帮助四川、贵州、湖北、吉林4省80个贫困县全部实现脱贫摘帽。

一、持续提升造血功能，建立产业合作新模式

浙江省积极探索产业扶贫的浙江模式，依托西部地区资源优势，着眼浙江省产业优势和劳动密集型产业梯度转移趋势，充分对接两地资源及需求，不断加强与帮扶地区的优势互补、资源共享。深化产业合作，引进市场主体，推进产业转移和产业转型的无缝对接，形成了共建产业合作园区、飞地产业园、特色专业市场、扶贫车间等立体化产业帮扶体系，持续增强协作地区内生动力和内生能力。2016年以来，全省共组织1804家浙商企业到对口帮扶地区投资兴业，实际到位投资919.19亿元，共建产业园81个。同时，打造特色专业市场，培育一批具有地方特色和比较优势的专业市场，激活地方经济发展活力；援建发展扶贫车间，带动地方就业扶贫。

（一）加大市场主体引进，共建产业合作平台

坚持“拉长产业链、提升价值链、打造供应链、完善循环链”目标，推进产业平台建设，有效弥补西部地区产业层次较低、加工转化不足、产业链不完整等短板，有序推动浙江产业向协作地区梯度转移。如南浔区和广安区合作打造“南浔·广安东西部扶贫协作产业园”，重点引进装备制造、智能家居、电磁线等先进制造业企业，全部投产后预计实现年产值20亿元。广元市浙川扶贫协作产业园，重点对接和承接以浙江为代表的先进生产力，招引吉利装潢、西奥电梯等111家企业入驻，完成实际投资近100亿元。

（二）聚焦西部地区资源禀赋，打造特色专业市场

引进东部品种、技术和管理，提高投入产出比，推动西部地区产业结构调整。发挥浙江市场大省优势，帮助对口帮扶地区建设一批专业市场，扩大对口地区特色产品影响力。如青田县助力全国首个青花椒交易中心在平昌县开业运营，推动平昌花椒走出四川、走向世界。宁波支持对口帮扶地区黔西南州和延边州在宁波及周边地区开设农特产品直销店，帮助拓展销售渠道，打造专业市场。

（三）援建发展扶贫车间

结合对口帮扶地区产业发展实际，因地制宜发展扶贫车间。2020 年，浙江全省共在对口帮扶地区援建扶贫车间 866 个。如义乌市按照“来料加工—来单加工—产业转移”三步走的模式，在汶川建设来料加工车间 12 个，帮助解决在家门口实现就业 527 人。

针对四川省一些地区工业基础薄弱问题，浙川两省携手在广元市打出“6 + 1”工业发展组合拳。根据各地产业特点和优势，浙江帮扶县积极参与谋划协作县的园区产业定位，“十三五”脱贫攻坚中，在广元市 6 个协作县每县建设 1 个 1000—2000 亩的工业产业园区。协作县派出招商小分队进驻到帮扶县，与帮扶县招商干部组团行动。如广元市朝天区派出 4 个小分队，进驻台州市路桥区在北京、上海等地的办事处，充分利用帮扶县招商平台促进共建园区招商引资。同时还创新设立“扶贫资金池”，各受扶县每年将浙江投入园区建设帮扶资金的 6%分红，主要用于公益岗位开发、残疾人帮扶等。

二、持续加强稳岗就业，打造劳务协作扶贫新平台

浙江省围绕“进、管、出”工作环节，率先开发东西部扶贫劳务协作动

态管理平台（以下简称“就业平台”）。通过就业平台精准识别劳动力、精准匹配劳务协作和精准提供公共服务，有效促进中西部地区建档立卡贫困劳动力就业脱贫，开启了浙江就业扶贫直通车。

（一）精准识别：多维整合数据，动态展示趋势

平台利用国家贫困人口数据库与公安流动人口数据库进行自动比对筛选，对来浙建档立卡贫困人口，按照多种维度进行整理分析，实时显示就业人员的各项信息，自动生成各类图表及趋势变化曲线，准确掌握贫困劳动力基本信息和就业去向，为精准识别贫困劳动力、动态跟踪服务提供精准翔实的数据依据。

（二）精准对接：实时更新数据，创新联动机制

平台建立部门联动机制，通过浙江省大数据局，以月为单位，与公安、税务、社保等数据动态比对、更新，及时梳理新增来浙和离浙建档立卡人员，服务工作精准对接。

（三）精准帮扶：因人因户施策，跟踪服务保障

各协作地区根据系统平台显示信息，对在浙稳定就业的有住房、子女教育、残疾帮扶等需求的建档立卡人员开展一对一精准帮扶；对来浙后又离开的建档立卡人员，平台自动发出提示，各地能及时跟踪了解建档立卡人员离浙的原因及诉求，及时改进工作。

舟山市基于贫困地区劳动力富余、舟山市用工紧缺的情况，针对舟山产业需求，培育和引进适用劳动力，利用就业平台加快了劳务协作数字化，两地劳动力资源供需精准对接取得显著成效。主要做法包括：一是实施“全员就业动态登记制度”。依托网格化基层劳动保障平台，对全市范围内的劳动力实施动态管理，并落实对重点服务人群的跟踪服务。目前，已形成覆盖全

市的人力资源数据库。二是创新“网格化动态跟踪管理”机制。依托“全员就业动态登记制度”，将对口帮扶地区来舟就业人员全部纳入重点服务人群，逐一落实到社区劳动保障平台进行跟踪管理服务，并通过社保数据比对、电话沟通联系、上门入户走访等方式，对在舟山就业建档立卡人员名单进行逐一摸排，全面掌握协作地区贫困人口及就业情况。

2020年以来，舟山市克服新冠疫情影响，成功帮助中西部22省区贫困人口在该市稳定就业5883人、帮助对口帮扶四省贫困人口在该市稳定就业1539人，分别完成省定指标的925%、1061%。①

三、持续推进社会事业，画出齐力帮扶同心圆

浙江坚持扶贫扶志与扶智相结合、政府与社会参与相结合、整体与重点突破相结合，广泛动员社会各界力量积极参与，构筑了全方位扶贫协作格局。

（一）开展组团式帮扶，提高人才支持度

在持续推进教育医疗“组团式”帮扶试点的基础上，集中引进教育和医疗卫生方面高级人才，着力实现培养优秀人才、建立重点学科、完善工作制度、更新工作理念、构建先进文化等目标。

（二）扩大结对覆盖面，提高社会参与度

形成机关事业单位、国企民企、社会组织和市民群众广泛参与的社会帮扶格局。

① 王瑞芳：《密切合作　精准对接——浙江省舟山市创新打造“东西部劳务协作2＋1扶贫机制”》，2020年10月28日，中国网，见http://www.china.com.cn/zhibo/content_76851894.htm。

（三）坚持重点倾斜，提高帮扶精准度

统筹财政和社会帮扶资金向残疾人、贫困女学生、鳏寡留守老人等重点群体倾斜。例如在黔东南州立足可持续帮扶，设立“关爱夕阳红”“山凤凰”等公益基金，开展残疾人“百户创业”项目，开发重点人群公益岗位等。

四、结合电商平台优势，打造消费扶贫“三育模式”

西部地区拥有优质的农副产品和丰富的旅游资源，但产品普遍受困于“缺规模、缺标准、缺品牌”难题，产业发展质量不高、供给水平较低，带动经济增长和贫困群众脱贫致富的能力不强。浙江省电子商务起步早、发展快，在全国处于领先地位，充分发挥其在电商扶贫方面的产业优势、平台优势和技术优势，探索出了“育品、育人、育市场”的消费扶贫的“三育模式”，促进协作地区扩大农产品销售，提高贫困人口收入。

（一）育品

育品是注重在优势产业和产品上做加法，在发展产业时注重精选品种，提升品质，注重品牌赋能，打造品牌。主要做法包括培育农特产品、旅游产品和文化产品等，依托本地资源优势，从特色产业、丰富的自然生态资源、厚重的历史文化资源、多彩的民族特色资源入手，拓展产业链。云集联合浙江大学农业品牌研究中心等推出了“百县千品”项目，培育贫困县农特产品进入消费扶贫市场。

网易严选携手雷山共创品牌，打造“文化＋电商”扶贫模式。在品牌建设方面，网易严选利用自身优势，统一设计、统一包装、统一销售，挖掘雷山特色形象文化内涵，充分利用自有品牌优势，打造雷山区域品牌，积极进行产品开发赋能当地产业。在品质标准方面，网易严选利用自己品控团队的优势，在扶贫商品开发过程中，把控质量，输出标准，带动产业升级。在营

销推广方面，网易严选采用“线上电商平台 + 线下实体店 + 媒体营销 + 游戏传播”的模式，提升雷山品牌的影响力，扩大市场与生产者的双向认知。①

（二）育人

育人是在培养品牌创建、市场营销复合型人才下功夫。主要做法包括积极组织开展致富带头人培训，引导贫困户开设网店销售，鼓励贫困主体参与到电商的整个产业链中，紧跟市场潮流，组织、培养产销对接人才，利用东西部扶贫协作项目邀请浙江专家进行支援等，以提升协作地区相关行业人才参与市场竞争的能力。云集联合浙江大学全球农商研究院、浙江大学管理学院推出“乡村振兴新农人培育计划”，培育农村创业致富带头人。

在浙江—四川东西部扶贫协作的大背景下，2018 年 8 月，义乌—汶川牵手，结合双方产业优势，创新了“党建 + 电商 + 学院”电商帮扶模式。计划利用三年时间通过党建引领电商工程、电子商务人才培训工程、农特产品上行工程、载体建设工程和基础设施建设工程等“五大工程”，建成由若干电商园区和电商专业镇村构成的发展体系，形成汶川特色的农旅融合农村电商发展生态体系。

义乌工商职业技术学院与阿坝师范学院“一对一”结对，通过“讲座 + 电商企业游学 + 工作室体验 + 创业导师结对”的方式，开展师资培育，组建农村电商、跨境电商、新媒体运营、视觉设计等教学团队。

在人才培养模式上，汶川电商学院采取“1 + 1 + 1”培养方案，学习电商专业基础课、结合当地的优势产业的专业核心课程，最后赴义乌工商职业技术学院完成实习实训任务。

汶川县委县政府通过协调各方力量、建设育人团队、完善硬件条件、搭

① 《网易严选的扶贫新思路 区域品牌开发与赋能》，2019 年 4 月 23 日，中国青年网，见 http://finance.youth.cn/finance_cyxfgsxw/201904/t20190423_11934583.htm。

建创业平台、开展特色办学、组织到义乌实习实训等方式，解决了电商人才不足的问题，补齐了制约汶川电子商务发展的短板。

（三）育市场

育市场是在整合连接线上线下、东部西部市场上做文章。一是打通农产品线上市场，搭建产销平台、带货主播、原产地直接带货，畅通流通体系；二是拓展线下市场，建设生态农产品展销中心；三是邀请东部相关部门和行业协会，牵头组团开展产销对接调研等。通过立体营销的方式，打通制约消费扶贫的痛点、难点和堵点，推动西部农副产品融入全国大市场。

浙江宗泰农业发展股份有限公司通过“龙游飞鸡”垂直电商平台，将农民饲养的龙游麻鸡和鸡蛋销售至城市，解决供需两端对接难的问题。浙江宗泰通过“三免、两保、十统一”模式，打消农户生产顾虑；通过“互联网+区块链+物联网”赋能，构建数字农业平台，实现全链监测，极大地保障了产品品质及安全；通过“党建引领+公司投资+村资服务+农户生产”模式，解决了从农户到企业资金不足的问题；通过“电商+品牌+文旅结合”精准营销，自建电商渠道，直接将产品销售给一线城市的客户，使产品获得较高的附加价值。

截至2020年底，该项目已经取得很好的成效，消费者遍及浙江、上海、江苏、深圳、北京等地，养殖农户每年户均增收2万—5万元。①

“三育模式”着力解决西部农特产品在产销对接的过程中“卖什么、谁来卖、卖给谁”问题，破解本地农产品“有优无市、有质无量、有品无牌”难题，切实推动产业提质增效，更好地服务脱贫攻坚。2018年以来，浙江全省累计实现消费扶贫金额达389亿元。

---

① 《东西协作“龙游飞鸡”入川安了窝》，2019年9月24日，中华合作时报网，见http://www.zh—hz.com/HTML/2019/09/24/410061.html。

五、“互联网＋医疗健康”，打通贫困地区医疗卫生服务“最后一公里”

健康扶贫是打赢脱贫攻坚战的关键，也是精准扶贫、精准脱贫基本方略的重要实践。浙江充分发挥互联网医疗服务平台优势，实施“互联网＋医疗健康”扶贫项目，以赋能基层医生、实现基层医疗机构服务流程再造、方便人民群众就医为目标，在坚持项目公益性的前提下，引入市场化运营机制，借助数字化手段，通过本地化运维服务，推动项目良性发展。

微医集团在凉山州喜德县创新试点“互联网＋健康扶贫”基本医疗保障项目。通过打通县、乡、村三级医疗网络，搭建县域数字化医共体平台，整合区域医疗资源，引导优质资源下沉，做到让村民“小病不出村，大病不出县”；通过智能升级农村卫生室，将“21 世纪赤脚医生”智能医疗辅助诊断系统、云巡诊包等带到基层，提升基层医疗服务能力；通过数字流动医院优化贫困人口就医体检流程，使基层群众在家门口就能完成常见病的检查检验和基本诊疗；通过分类健康管理与本地运维，筑牢因病致贫、因病返贫“防火墙”，将健康扶贫与智能家庭医生签约和公共卫生服务绑定，对建档立卡贫困户根据健康状况筛选分类，对其进行精准化、标签化、动态化的全方位健康管理，做到早发现、早诊断，早干预、早治疗。截至 2020 年 12 月，喜德县人民医院 10 个科室接入平台，服务范围覆盖全县 8 个乡镇、42 个村、96071 人，其中贫困人口 25514 人。2019 年 12 月至 2020 年 12 月，数字流动医院开展免费体检 2999 人次，大幅度提高了基层医疗机构的服务能力，增强了基层群众的获得感和幸福感。

“互联网＋医疗健康”扶贫模式，以基层群众健康为中心，打通基于移动互联网的县乡村医疗服务系统，为健康扶贫提供了新思路、新平台、新方式，不仅提高了当地居民的健康水平，也明显提升了基层医疗卫生机构的服务水平和质量。“互联网＋医疗健康”扶贫模式在东西部扶贫协作中的引入，助力了协作地区实现健康扶贫目标。

第三节　粤桂协作：山水相连人文相通

1996年2月，国务院扶贫办《关于组织经济较发达地区与经济欠发达地区开展扶贫协作的报告》中首次明确广东省结对帮扶广西壮族自治区。两地空间相邻、文化相近，广东拥有先进要素、大湾区市场和对外开放等比较优势，广西拥有土地、劳动力等资源禀赋优势，结对帮扶旨在通过协作带动广西消除贫困、改善民生，粤桂协同协调发展。脱贫攻坚期间，广东扶贫协作结对帮扶包括广西、四川、云南、贵州4省（区）中14个市（州）93个贫困县。广东在劳务协作、产业合作、消费扶贫等方面不断开拓创新，扶贫协作取得实效。本节以“粤桂协作”为主总结广东扶贫协作模式。

一、强化劳务协作，打造“三个三”就业体系

广东严格落实“省负总责、市县抓落实”工作机制，在省级层面系统谋划、统筹推进劳务协作。广东成立省际劳务协作工作领导小组，负责省际劳务协作工作的统筹协调；与广西签订劳务协作框架协议，建立定期联席会议制度，畅通粤桂劳务沟通对接渠道。为解决广西贫困劳动力就业技能低、优质岗位少、稳岗率低等问题，粤桂在劳务协作方面打造“三个三”就业体系，全力拓宽就业岗位、提升就业质量。

（一）搭建校企合作、用工招聘、就业信息三个平台

在校企合作方面，加大“两后生”培养力度，深圳、江门等市积极引导职业院校定向招收广西建档立卡贫困学生，培养了众多以黄承志为代表的优秀技能人才。在用工招聘方面，利用“春风行动”“南粤春暖行动”等契机，举办园区招聘、校园招聘、乡村招聘等各类针对性强的招聘活动。特别是在

崇左市龙州县开展广西首次残疾人专场招聘会，用行动践行“全面建成小康社会，残疾人一个也不能少”。在就业信息方面，拓展“互联网＋”应用，通过手机APP、微信公众号、公共人才就业服务网站等互联网媒体，搭建实时对接的网络平台。通过与输出地进行贫困户数据交换、数据对碰、各地核实等方式，定期统计各项劳务协作数据，及时掌握就业信息。2020年新冠疫情期间，粤桂各级人社部门积极对接，借助各市县“互联网＋”就业平台实现劳务供需精准对接。

（二）畅通异地转移就业、就近就地就业、就业权益保障三个渠道

在异地转移就业方面，设立劳务协作机构或劳务办事处，同时鼓励专业化人力资源机构等社会力量参与劳务协作工作，加强贫困劳动力外出就业的组织安排。在就近就地就业方面，建设扶贫车间，促进贫困人口实现就地就近就业。在就业权益保障方面，妥善解决异地就业人员社会保障工作，积极推动养老保险跨省区顺畅转移接续，探索建立异地就医结算协作机制，与帮扶地区建立健全跨地区劳动保障监察案件协查机制，规定企业招聘需与贫困劳动力签订劳动合同，参加社会保障。

（三）抓好“定制化”培训、完善“一站式”服务、强化“全覆盖”激励三项服务

在“定制化”培训方面，上岗前开展岗前适应性培训，就业后参加职业技能提升培训，不断提高贫困人口就业水平。截至2020年8月，粤桂联合举办“粤菜师傅”、南粤家政工程等劳务培训班1032期，培训贫困人口5.05万人次，带动贫困人口3.7万人。在“一站式”服务方面，联合输出地共同为贫困劳动力提供精细化就业服务，解决好吃、住、行、工作适应等问题。推动社保接续和医保异地结算等城市融入服务，做好贫困人口稳岗就业。在

“全覆盖”激励政策方面，保障贫困劳动力稳岗就业，激发其内生动力。如珠海市每年财政预算奖补资金约900万元，对贫困劳动力、用工企业、劳务中介机构、劳务经纪人等给予奖励；佛山市对符合条件的凉山州贫困劳动力，给予岗位补贴、交通补贴和一次性岗前培训补贴。

2016年佛山市结对帮扶凉山彝族自治州后，为帮助贫困劳动力外出就业，解决传统劳务对接中存在的信息不对称、组织成本高、匹配效率低等问题，探索运用“互联网＋”理念创新劳务对接模式，搭建对口凉山劳务协作就业服务扶贫平台，助力就业脱贫。

一是搭建平台，实现劳务协作高效精准对接。2018年以来，佛山市人社局基于“互联网＋”、大数据等新技术，投入528万元在当地11个贫困县建起了劳务协作就业服务平台。平台整合了业务经办、公共服务、移动办事、数据可视化展示、自助一体机和数据接口六个子系统。同时，通过投放远程招聘设备，把服务延伸到凉山州379个乡镇，让务工人员在当地乡镇就可以与佛山企业远程面试。“互联网＋”就业平台降低了双方的对接匹配成本，提高了匹配率和成功率。

二是配套设备，打通就业信息传播“最后一公里”。针对凉山信息闭塞、劳动力获取就业信息难的问题，佛山出资为凉山人社局及11个贫困县建设户外LED广告屏、拼接屏、大屏电视等硬件设备。设备不仅滚动播放企业招聘信息，如招工人数、招工条件和员工待遇等，同时宣传党和国家的扶贫政策和各地政府对劳动力转移就业的补贴政策，激励贫困劳动力“走得出”。

三是对碰数据，全程精准监测劳动力就业状况。佛山、凉山两地社保局、经信局同人社局实现了数据共享，并依据公安、工商等部门的业务数据进行后台对碰校验。精准化管理技术为数据来源的真实性、有效性提供保障，支撑人社部门随时掌握凉山建档立卡户就业情况，实现精准施策与精准监测。

此外，平台还可拓展功能，对接“五险一金”和社会救助数据平台。

二、深化产业合作，促进产业链延伸升级

粤桂协作始终将产业扶贫作为广西贫困人口稳定脱贫的主要途径和长久之策。两地政府不断强化战略对接，深化拓展合作领域。坚持市场导向，引导广东资金、技术和人才等要素向广西贫困地区转移。加大产业协作力度，选准产业对接点，有计划地推进双方产业对接，因地制宜探索产业发展长效机制。

（一）加大产业投入力度

2016年至2020年10月，粤桂协作共投入财政帮扶资金54.47亿元，其中产业扶贫资金超过19.99亿元，占比超过37%。仅2020年前十个月就投入产业扶贫资金9.92亿元，占财政援助资金的51.32%。引导到结对地区开展扶贫企业数从2016年的2家增加到2017年的161家，再到2020年的329家，企业实际投资额也从最初的0.5亿元，增加到2020年的113.84亿元，增长近228倍。

（二）创新产业扶贫协作机制

广西率先出台粤桂协作13条优惠政策，对广东企业在税收、物流、金融等方面给予特殊支持；河池、百色等市对引进的广东企业在厂房租金方面实行“五免五减半”等优惠政策，即前五年免租金，后五年租金减半；东兰、巴马、凤山等县均出台“一减免二补助三奖励”政策，即减免租金，补助搬迁费、物流费及产品运输费，提供发展奖励、创汇奖励和培训奖励。

（三）拓宽产业招商引资渠道

粤桂协作工作组联合两地政府举办多场产业扶贫投资项目签约洽谈会，着力吸引“湾企入桂”“民企入桂”。截至2020年，粤桂合作特别试验区入

驻重点企业超过350家，完成固定资产投资超过280亿元。累计共建产业园区67个，援建扶贫车间333个，入驻园区企业131个，总投资额23.88亿元。

（四）打造一批产业亮点项目

一是共建产业园区。两地携手在广西建设一批贫困人口参与度高的扶贫产业园，加快推进产业园区和粤桂合作特别试验区共建，主动承接东部产业转移。如重点推进深巴大健康合作特别试验区、田东深百产业园、深圳（龙岗）·百色（靖西）龙邦跨境合作产业园等。二是培育打造专供粤港澳的菜篮子基地。利用广西农产品丰富、绿色环保以及地理毗邻广东的先天优势，联合培育现代特色农业示范区精品工程。以广西崇左市龙州县甘牛循环产业链项目为例，利用龙州县当地丰富的甘蔗尾叶资源和大湾区充裕的肉牛市场，打造出一条适宜当地农业提效且多维带动贫困户增收的全产业链体系，涵盖甘蔗尾叶青饲料加工、肉牛养殖、有机肥生产、智能屠宰、牛肉深加工、冷链物流和无害化处理等生态高值循环产业链。三是推动旅游协作全域联动。充分发挥广西旅游资源禀赋和广东资金、龙头企业、旅游客源优势，创新协作机制，多层级签订框架协议，推动旅游协作全域联动，先后达成“深圳共识”，结成“南宁成果”，启动“珠海快车”，发布“广州政策”，推动“肇庆行动”。

三、创新消费扶贫，构建“五链联动”帮扶体系

粤桂协作将消费扶贫作为脱贫攻坚的重中之重。为了积极解决贫困地区和贫困户农副产品“卖难”“滞销”问题，广东对广西33个结对贫困县开展消费扶贫。按照“短期见成效、长期可持续”原则，以强有力的组织领导支持构建消费扶贫生态链。

（一）出台政策措施，完善工作链

制定出台《关于深入开展消费扶贫助力打赢脱贫攻坚战的实施意见》，大力推动消费扶贫活动深入开展、取得实效。2020 年为消除新冠疫情影响，粤桂扶贫、财政部门联合研究制定《广东帮扶广西财政扶贫协作资金支持消费扶贫若干措施》，安排不少于 1 亿元粤桂协作资金扶持 33 个结对贫困县在扶贫农副产品储存、运输、流通等领域建设。

（二）共建供应基地，做强生产链

在 33 个结对贫困县统一规划布局，联合广东安排资金 6.73 亿元投入 53 个扶贫协作项目，并计划用 3 年时间共建 50 个供粤供深农产品基地，加大田头冷藏、县级分拣、清洗包装和冷链运输等基础设施建设，完善广西农业产业化链条，打通从农产品到商品的“最初一公里”，着力打造成供应粤港澳大湾区“菜篮子”“果盘子”基地。

（三）搭建供销平台，畅通供应链

除了支持各地在广东对口帮扶城市设立消费扶贫专柜和生活馆创新试点外，积极筹建粤桂协作产品交易市场“广西馆”，组建专业管理公司，制订运营方案，办好主题活动，做好产品推介，打造品牌标识，大力推介广西绿色、有机、长寿等优质农产品融入粤港澳大湾区乃至全国市场。

（四）加强展销对接，拓展销售链

将消费扶贫纳入粤桂重点协作工作内容，联合印发省级层面工作清单，定期开展农产品推介会、农博会、展销会、交易会等一系列大型促进消费扶贫的活动。尤其是 2020 年面对突如其来的新冠疫情，主动加强与广东、深圳等网上农产品销售龙头企业合作，利用“供销 e 家”“扶贫 832”电商平台直销，开展“战疫战贫与你同行”暨520消费扶贫云上行活动，通过线上线下齐发力，大力销售广西农产品。

（五）推动品牌互认，提升价值链

推进农产品标准化建设，将广西优质特色农产品纳入广东、深圳等地管理体系，提升品牌价值，推动品牌互认，打通从商品到市场的“最后一公里”，助推广西农产品走向粤港澳大湾区市场。目前，“特色、绿色、长寿、富硒”成为广西“桂”字号、“壮”字号品牌的亮眼标签，市场影响力不断提升。百色芒果、融安金桔等6个品牌入选首批中国农业品牌目录，首批10个基地7个特色农产品被认定为“圳品”。

兰坪县位于怒江傈僳族自治州，其独特的地理和气候环境孕育了大量野生农特产品。然而，受制于交通、技术、人才及渠道短板，农特产品开发不足、销路狭窄，农户增收乏力。为此，珠海横琴新区积极引导其辖区企业“跨境说”，协助兰坪解决产品开发和销售难题。

“跨境说”综合其平台和技术优势、大湾区区位及人才优势、港澳资本优势、葡语及拉美系国家市场资源优势，运用“AI＋大数据引擎”，瞄准品控意识、品牌观念、市场定位、销售渠道等薄弱环节，聚焦品牌建设、电商培训、跨境推广、金融科技赋能四大方面，助力兰坪产品走出大山。

一是全链条打造产品品牌，助力精准分析定位市场。依托港澳及海外市场数据和渠道资源，“跨境说”通过“AI＋大数据引擎”，建立产销信息对接机制和在线交易直供平台，以需求端信息反向指导形成具有区域针对性、成体系的扶贫项目方案及服务标准。

二是引入生产标准和溯源系统，实现对品控的严格把握。针对原生态农特产品生产标准不一、质量不可控等因素，“跨境说”帮助其通过SC食品生产认证，引入港澳食品安全标准，对品控严格把握。自主研发溯源系统，采集农特产品的生产种植、仓储、批发、物流和零售各环节数据，建立溯源档案，为扶贫产品打造“身份 ID”。

三是“组合营销 + 跨境推广”，助推扶贫产品走向更大市场。“跨境说”采用“线上 + 线下 + 直播 + 会展”营销组合拳，助力产品走向大湾区。通过国际展会、跨境电商和国外社交媒体展出优质扶贫产品，建立销售渠道，提升知名度，推动产品对接港澳及海外市场。2018 年以来，“跨境说”年均举办超 30 场活动，参加国内外展会超 30 场次，线上线下实现超 600 万元的扶贫产品销售额，直接惠及 342 户建档立卡贫困户，人均增收 600 元。

四是强化电商人才培训，扶贫扶智与扶志。坚持“当地人带当地货、当地人讲当地故事”的理念和目标，“跨境说”依托旗下科技职业培训学校，为兰坪电子商务输送平台、运营技术及培训服务，提升农村电商从业者社交电商和直播带货的理论与实操水平。截至 2020 年，累计培训 450 位学员，其中 320 位触网开店，100 位开立直播平台账号，10 位学员粉丝过万。

四、广泛动员社会，凝聚各方力量形成大扶贫格局

广东积极联合广西广泛动员组织社会力量扶贫济困，较好提升了粤桂协作对口帮扶水平，形成了政府、企业、社会协同的大扶贫格局。

（一）积极撬动企业参与，充分发挥企业带贫减贫作用

结对帮扶以来，广东各级各方充分利用自身社会资源，广泛动员广东企业组织和工商业者去到广西投资生产经营。2016 年，广西在自治区层面出台了 13 条粤桂协作的优惠政策。“携手奔小康”工作中，广东、广西两省区工商联签署了扶贫协作行动框架协议，深入开展“万企帮万村”活动，在全国率先实现三级工商联对接全覆盖。广东组织发动企业结对帮扶贫困村，主要帮助发展产业、吸纳就业、捐资助学、技术培训等，带动当地发展脱贫。如广东碧桂园集团帮扶建设的田阳县苗木产业精准扶贫项目，带动 30 户贫困户受益，培训劳动力 6856 名，3568 人实现就业。

因地制宜创新帮扶模式，全方位提升企业扶贫带贫效果，形成立体帮扶格局。建立“企业＋贫困户”“合作社＋贫困户”等多种模式，带动贫困户抱团发展、共同脱贫。碧桂园与田东县开展结对帮扶活动，累计投入1900多万元实施“党建扶贫、教育扶贫、就业扶贫、产业扶贫”等“4＋X”扶贫重点项目。腾讯定点帮扶广西都安大崇村，因地制宜规划基础设施建设和文旅产业发展，打造“龙布日出”品牌。格力集团对云南怒江展开教育帮扶，出资5431.32万元捐建泸水市格力小学及幼儿园。深圳宝安帮助安排500万元资金为河池都安深度贫困村无劳动力的625户贫困户实施“贷牛代养”产业致富项目。

（二）加大宣传力度，鼓励社会力量积极参与

20多年来，广东大批教师和医务工作者前往广西边远贫困、条件艰苦的地区支教、支医。广东部分企业家积极参与扶贫，如碧桂园长期投身于扶贫公益事业，投入公益扶贫资金、委派专职扶贫干部驻村、并将扶贫列为企业主业之一，是党和政府扶贫工作的有益补充。此外，广泛动员广东工商业者、社会组织等社会力量响应国家号召、承担社会责任，涌现出以深圳狮子基金会、关爱基金会、澎湃基金会等社会组织助力广西脱贫攻坚。据不完全统计，2016—2019年以来广东社会各界向结对帮扶地区捐款捐物8.69亿元，用于村道路修建、安全饮水、易地扶贫搬迁点及基础设施建设等民生方面。

第四节　沪滇协作：大市场连接贫困户

沪滇协作利用上海在产业、科技、金融、教育、医疗等方面的优势，把增强西部地区内生动力与发挥上海优势相结合，共性需求与当地特色相结合，政府主导与社会参与相结合，形成上海东西部扶贫协作的五大模式，助力协作地区取得较好的脱贫攻坚成效。上海东西部扶贫协作包括云南13州

市74县区市和贵州遵义9个县区市共83个县区市。本节以沪滇协作为主，并结合遵义案例，总结上海东西部扶贫协作经验。

一、“三链联动”产业扶贫模式

东部地区在农业生产现代化、食品加工业和服务业现代化、食品安全标准和价值链管理等方面都走在全国前列，并且逐步与发达国家接轨。针对西部贫困地区农产品生产标准、品牌建设、物流水平等相对落后的状况，上海在开展东西部扶贫协作时，充分发挥上海大市场、大平台、大流通的优势，把东西部产业协作和市场对接作为重点，以价值链带动产业链整体提升作为切入点，帮助协作地区农业产业链整体提升。通过合作社吸纳贫困人口就业，完善各方利益联结机制并形成可持续减贫的产业基础。

（一）发挥科技优势，由产业化经营向产业集团全产业链运营、标准化和智能化升级

农业产业化联合体是龙头企业、农民合作社和家庭农场等新型农业经营主体以分工协作为前提，以规模经营为依托，以利益联结为纽带的一体化农业经营组织联盟。通过产业组织联盟平台，产业联合体在产业链中分工协作，优化利益联结机制，并提升价值链，进而促进产业深度融合发展。例如在遵义可持续茶园项目中，联合利华通过雨林联盟认证机制，将贵州的中小型茶园纳入全球供应链中，显著提升了本地茶叶标准，增加品牌效应，同时扩大产品的销路，增加茶农收入。在生产过程中直接对标国际市场，实现了产业扶贫项目的跨越式、产业化、标准化发展。

（二）发挥市场优势，以价值链提升西部贫困地区产业链

针对西部贫困地区农产品生产标准、品牌建设、物流水平、网络营销等相对落后的状况，上海在开展东西部扶贫协作和对口支援时，把东西部产业

协作和市场对接作为重点，以价值链带动产业链整体提升作为切入点，帮助被帮扶地区农业产业链整体延长，形成可持续减贫的产业基础。通过形式多样的生产、市场、风险控制手段，上海产业扶贫模式充分体验了对口帮扶的市场主导理念，以克服过度强调政府主导所产生的内生动力和造血能力不足的问题。

（三）形成有效的产业扶贫项目利益联结机制

“贫困户”与“产业”的精准对接环节中间必须有“中介者”角色的主体，通过这个“中介者”使贫困户获得财产性收入、经营性收入、工资性收入或者纯粹的救助性收入或者这几种收入组合，从而使得产业与贫困户之间建立一种稳定、制度化、相对可持续的利益联结机制。这个“中介者”就是新型的经营主体，具体表现可以为村集体经济组织、合作社、公司、园区等形式，它一方面有效地将贫困户分散的生产要素整合起来，另一方面有效地与特色产业中其他生产要素进行对接、整合。同时，政府要做好中间服务，在新型经营主体和贫困户之间建立利益共享机制。按照上海市委的要求，拼多多在云南保山、文山、怒江等深度贫困地区开展的“多多农园”，就通过在乡村培养“新农人”“新农商”，重塑新型利益分配链条，提升贫困人口的收益。

二、“直通车”就业扶贫模式

上海围绕“就业一人、脱贫一户”的目标，着力开展沪滇、沪遵劳务协作，加强供需精准对接，让贫困人口就业脱贫。主要做法是通过职业教育联盟对口帮扶机制，形成“多方协同、资源集约、精准扶贫、就业脱贫”工作系统。以就业联盟和信息平台建设推进贫困地区劳动力就业。通过“精准对接、按需培训、择优引进、就业扶贫”的模式，着力引导家政劳务协作，让贫困人口就业脱贫。

（一）创造就业直通车新模式

深化劳务协作，以就业联盟和信息平台建设推进贫困地区劳动力就业。通过“精准对接、按需培训、择优引进、就业扶贫”的模式，着力引导家政劳务协作，让贫困人口就业脱贫。上海在东西部就业扶贫中，探索组织企业家联盟，探索建立信息化平台，以“联盟”和“平台”的方式，提升东西部劳务协作的效率，这些都是行之有效的协作举措。针对云南贫困地区交通不便、信息不对称的现状，上海市中小企业技术人才引进服务中心采用互联网技术和传媒手段，筑成数字化“就业信息服务平台”。

（二）“三个一批”解决就业

从2018年起，上海每年投入超过2个亿的专项资金，用于组织技能培训、吸纳稳定就业、外出务工补贴、开发公共岗位，共帮助贫困人口转移到上海就业五万多人，实现就近就地就业14.4万人。重点推动“三个一批”建设，即引导一批“走出去”，通过春风行动、百日行动、送岗下乡、专场招聘等活动，集中组织、定向输出。比如上海消防、春秋航空等单位企业面向建档立卡户定向招录培养消防、空乘等专业人员。引进“云嫂”入沪就业83人（其中建档立卡户24名），媒体报道2名云嫂从事家政服务3个月赚够全家一年收入；支持一批留下来，新建了刺绣、茶叶、织锦、蚕桑、食用菌等扶贫车间、产业基地，通过在产业发展中吸纳就业，培育云南农业现代化所需的技术人才、管理人才。

（三）多途径助力返乡创业

鼓励有经验、懂市场、会技术的外出务工人员，回乡领办创办专业合作社，成功实现创业1895人。在贵州遵义务川，通过合作形式培训600人，解决就业111人（本地就业68人，入沪就业43人），形成一批以“黔女”

舒继兰为代表的家政脱贫典型；兜底一批保基本，设立公共服务岗位，对因病因残缺少劳动力的家庭，优先安排托底保障。

上海市消防局积极响应中央和市委号召，结合消防体制改革和消防队伍建设实际，创新提出将招聘政府专职消防员与精准扶贫相结合。经与长宁区反复沟通，2020 年 1 月，联合组成招聘工作组，赴红河县面向 18—24 岁的建档立卡贫困人员，开展政府专职消防员面试及体能测试工作。在当地党委政府的配合下，经过严格的政治审核、身体检查和文化水平测试，最终有 15 名适龄的建档立卡户青年通过考核成功入围拟招录名单。

2020 年 8 月 6 日，首批入选者来沪后，上海市消防局确定了“以老带新”、干部带训的方式，开展适岗培训，帮助他们尽快掌握消防技能和业务素质；长宁区也定期关心慰问，使他们克服思乡之情，尽快适应上海生活。在经过严格测试考核后首批学员已经入职上海市消防局，为守护上海城市安全作出贡献。目前人均月工资收入超过 7000 元，且享受政府专职消防员相关保障，未来预期收入将超过万元，并获得更好发展的机遇。

三、平台驱动消费扶贫赋能模式

构建“消费扶贫”新理念，即购买贫困地区、贫困人口的产品和服务就是扶贫，借助电商平台促进产销对接。在“线上线下平台”驱动下，消费扶贫实现从传统的“产销对接”向“线上线下平台”转型。上海消费扶贫从传统的“产销对接”正在向以需求为导向的产销模式转变。上海市相关部门不断加大产销对接力度，建立了“终端订单＋批发市场中转集配＋合作社绑定建档立卡贫困户”的产销模式。

在新型电商平台产销对接模式下，实现了由“一二三”供给驱动模式向“四三二一”需求驱动模式转型。“四三二一”需求驱动模式主要指的是由第四产业(“互联网＋”产业）的大数据、云计算技术精准分析和评估产品需求，在产品需求基础上，引导一二三产业的种植 / 养殖、加工和销售。

上海对口帮扶地区农产品种类丰富、绿色有机，但也普遍存在分布散、批量小、组织化程度低、质量不稳定的问题，难以在上海打开市场。自2019年以来，上海相关部门组织开展了对口帮扶地区“百县百品”活动，旨在通过当地政府推荐、产品现场展示、专家及消费者评审的方式，选出近百种特色鲜明、品质稳定、竞争力强、带贫机制完善的对口地区品牌农产品，稳定进入上海大市场、大平台，促进农产品产销对接。

通过在静安长宁、徐汇举办的三次集中评选活动，目前已有94个贫困县的97种农特产品首轮入围“百县百品”名单。入围产品会统一使用公共品牌标识，并将成为上海市党政机关、企事业单位和社会组织优先采购的扶贫产。在相关政策支持下，入围产品还将进入上海主流商业圈、对口地区特色产品体验馆、标准化菜场等渠道销售，各大电商平台也将给予流量支持和产品策划服务。通过开展“百县百品”，不仅鼓起了当地群众的钱袋子，也丰富了上海市民的“菜篮子”。上海的消费帮扶正在从“当地所需，上海所能”向“上海所需，当地所能”转变。

四、“组团式帮扶”公共服务均等化模式

上海发挥教育、卫生队伍人才优势，通过“组团”方式整合各类型藏区所需专业技术人员，大规模开展定点教育扶贫、健康扶贫，有效缓解了受援地区基本公共服务能力不足的局面，同时充分利用数字技术，探索“互联网+教育”“互联网+医疗”的新模式，不断提升贫困地区教育、健康扶贫能力。

（一）“全建制”“一站式”的“组团式”帮扶

上海整合各类资源，形成了“全建制”“一站式”的教育帮扶、健康帮扶模式。贫困地区的教育、健康普遍存在设施薄弱、人力资源水平偏低等老大难问题。上海市发挥教育、卫生队伍人才优势，通过“组团”方式整合西部地区所需专业技术人才，大规模开展定点教育、健康扶贫，这种“全建

制”“一站式”的教育、健康帮扶模式，有效缓解了受援地区基本公共服务能力不足的局面，对提升人力资本，阻断贫困代际传递发挥了重要作用。

（二）充分利用数字技术提升教育、健康扶贫能力

由于受地理位置所限，上海丰富的教育资源、医疗资源难以及时辐射到边远的贫困地区。发挥上海在教育、医疗、技术、人才方面的优势，坚持“富脑袋”和“富口袋”并重，重视两地人才交流，上海市不断探索“互联网＋教育”“互联网＋医疗”的新协作模式，为优化教育资源、医疗资源共享，促进公共服务均等化提供了新途径。

复旦大学从人才培养、医院建设、基层医疗建设等方面，全方面、多角度、深层次地给予了永平县、乡、村三级医疗帮扶，使永平县、乡、三级医疗机构的设备设施、医生技术水平、整体服务能力都得到了显著提升，满足了当地人民迫切的医疗需求。

一是“请进来”“走出去”的医教培养模式。“请进来”主要是通过复旦大学附属金山医院选派专家定点帮扶，通过现场指导和带教，提升医务人员业务水平。自2016年以来，复旦附属金山医院已累计派出9批46人医疗专家到永平县医院开展医疗帮扶，指导开展常见病、多发疾病及疑难病例的诊治，对骨外科、泌尿外科中医科、妇产科、麻醉科、病理检验等进行带教，培养专科技术团队19组，开设特色专科门诊，组织推广“腹腔镜阑尾切除术”“三枚空心钉治疗股骨颈骨折”等新技术、新业务30项。

“走出去”是通过实施“医院帮扶计划”“医生培养计划”等六大计划，培养一批带不走的医疗队伍。从2016年起，复旦大学各附属三甲医院先后接收了永平县医院、县中医院、县妇幼保健院及各乡镇卫生院的近百名骨干医生和医管人员到沪进行了为期1—6个月的进修学习。复旦大学附属医院的多名院士、专业技术人员在永平县建立工作站，根据永平县的常见病、高发病量身定制解决方案，为云南省培养了大批骨干基层医护人员。

二是“硬件＋软件”，提升远程诊断能力。复旦大学积极搭建平台、广泛发动校友及校友的社会资源，向永平县人民医院捐赠一台 64 层 CT 和核磁共振设备，并派专业医师现场带教。同时，复旦大学还积极推进“互联网＋医疗健康”服务，将疑难的病理、影像资料传回附属医院，由专家协助解决。充分发挥复旦大学附属医院各管理分委会作用，组织护理、门诊、信息、后勤等部门专业人员开展各类培训，分享附属医院的先进管理经验。

三是利用平台技术，推动优质医疗资源不断下沉。针对永平县乡村医务人员整体素质不高的问题，复旦大学对乡村两级医务工作者开展培训。以建设“体检—医疗”一体化基层健康平台为目标，复旦大学积极对接云南省居民健康档案管理系统和云南省家庭医生签约系统，在永平县试点推行“乡村体检平台”，同时开展专家义诊，医疗博士团等活动，利用平台技术开展各类活动，真正实现了优质医疗资源的下沉。

上海利用现代互联网技术实施了远程影像诊疗中心帮扶，使得永平县人民医院远程影像诊疗中心成为云南大理白族自治州健康扶贫工程至关重要的中枢节点。今后可以探索充分利用数字技术，提供“互联网＋教育”、远程诊断、互联网门诊等新型公共服务模式。

五、资源整合鼓励社会组织参与扶贫模式

2018 年，上海市民政局向全市社会组织发出《关于本市社会组织积极服务“三区”建设的倡议书》，积极引导社会组织参与扶贫工作，并通过前后方工作互动机制，充分发挥平台的作用，确保社会组织精准提供项目资助，形成了前方援助干部深入贫困区识别需要社会组织帮扶的项目，进而向后方上海市合作交流办公室提交项目需求信息，后方与上海市民政部门的社会组织进行项目对接的独特模式。在社会动员方面上海市充分发挥媒体宣传社会参与式扶贫，主要运作方式是“舆论正面引导＋媒体广泛宣传＋社会多方参与＋市民爱心奉献＋贫困人口愿望实现”。

迪庆藏族自治州是云南唯一的藏区，所辖三县市全部是深度贫困县，是沪滇扶贫协作的重点地区。由于气候海拔、生活习惯等因素，当地先天性心脏病发病率相对较高。2016年，上海市志愿服务公益基金会在迪庆州开展志愿公益活动时得知有些家庭因为为孩子治病而致贫或返贫，当即决定每年安排专项资金，选派专业团队，有计划有步骤地为当地儿童开展先天性心脏病先期筛查和治疗，通过帮助孩子拔病根，实现帮助其家庭拔穷根的目标。上海市志愿服务公益基金会牵头志愿服务医疗队，在迪庆州香格里拉市全面筛查先天性心脏病，共计两批次筛查了香格里拉市的幼儿园、小学生7409人，其中筛查出需要手术的先天性心脏病患儿36人，需要随访的轻微患儿97人；已累计手术达50多人，100多名学生得到资助，其中建档立卡户占50%左右。

第五章　东西部扶贫协作经验启示

中国特色的东西部扶贫协作是我们党对我国社会主义现代化建设战略安排中的一项重要制度创新。这一制度安排经过20多年的实践，特别是脱贫攻坚期的升华，为加快西部贫困地区、民族地区发展步伐，消除绝对贫困，全面建成小康社会，促进区域协同协调发展提供了实践路径。坚持和完善东西部扶贫协作机制，对乡村全面振兴、构建“双循环”新格局具有时代价值与重大意义。

第一节　有效助力协作地区增收脱贫

东西部扶贫协作通过产业合作、劳务协作、消费扶贫等政策措施，为协作地区培育形成了一批产业园区、具有较好带贫机制的扶贫产业，帮扶协作地区贫困人口实现转移就业、就地就近就业，协作地区大量的农特产品源源不断销往东部地区。产业、劳务和消费市场提供的带贫机制，切实有效保障了协作地区贫困人口的增收脱贫。虽然目前还没有较完整的统计数据显示东西部扶贫协作带动贫困人口直接增收的效益，但本书下篇“地方实践报告”提供了大量案例，都从案例的视角展示了东西部扶贫协作助力协作地区增收脱贫的效果。

一、协作地区贫困县全部摘帽

至2020年初，我国832个贫困县中已经有780个贫困县宣布脱贫摘帽，中西部22省份中已经有15个省份没有贫困县了，其余7个省区还剩下52个贫困县。2020年2月18日，国务院扶贫开发领导小组印发《关于开展挂牌督战工作的指导意见》的通知，要求对于52个县采取挂牌督战、超常规加大投入和帮扶力量。2020年11月23日，贵州省宣布66个贫困县全部脱贫摘帽。至此，中国全力克服新冠疫情和国际贸易的负责影响，52个挂牌督战的贫困县全部“清零”。832个贫困县的退出“清零”标志着脱贫攻坚战取得决定性胜利。东西部扶贫协作作为国家贫困治理的重要措施，为贫困县脱贫摘帽，特别是52个挂牌督战县全部“清零”作出突出贡献。本书第七章“粤桂协作实践报告”比较了协作县和非协作县农村居民可支配收入增长的差异，在一定程度上反映了东西部扶贫协作对协作地区脱贫增收的效果。

二、协作地区贫困人口全部脱贫

“十三五”期间，已有5575万贫困人口告别绝对贫困，实现“两不愁三保障”目标。这标志着贫困人口人均可支配收入得到明显提升，贫困家庭的孩子九年义务教育全部得到保障，2014年建档立卡时42%的卡户“因病致贫”的状况得到显著改善，针对贫困户的健康扶贫政策使得各类疾病得到治疗，贫困户住院支出补偿救助比例达到95%，部分“因病致贫”贫困人口完全治愈、部分“因病致贫”贫困人口病情得到控制和缓解。1000多万人口享受到扶贫搬迁政策，贫困户住房安全和饮水安全得到保障。东西部扶贫协作投入的项目、资金，开展的产业合作、劳务协作以及消费扶贫，教育、卫生和农业科技人才支援，为促进协作地区贫困人口实现“两不愁三保障”脱贫目标作出积极贡献。本书下篇“地方实践报告”中，关于教育、健康扶贫协作的大量案例呈现了东西部扶贫协作对协作县实现“义务教育、基本医疗有保障”目标的贡献。

三、实践形成优势互补合作共赢的局面

本书地方实践案例表明，在东西部扶贫协作的产业合作、劳务协作、消费扶贫等经济协作支持下，以及在教育医疗“组团式”帮扶、公共服务提升等社会协作支持下，东部发达地区在西部贫困地区全面打赢脱贫攻坚战中形成的协作机制。特别是在产业合作、劳务协作和消费扶贫方面，大量西部地区已经形成与东部地区优势互补、合作共赢的良好方面。大量生动案例表明，将东部地区发达的市场、技术、数字经济等优势与西部地区丰富的土地资源、劳动力等优势相结合，逐步实现从结对帮扶转向优势互补，进而促进区域协同协调发展，是具有中国特色的发展必经之路。

第二节　切实助推协作地区公共服务发展

脱贫攻坚期间，东西部广泛开展人才交流，促进观念互通、思路互动、技术互学、作风互鉴。特别是围绕“义务教育、基本医疗有保障”脱贫目标，东部地区通过组团式支教、支医等方式，加大了教育、卫生等领域的人才支持和帮扶，把东部地区先进的教育、卫生等基本公共服务理念、人才、技术、信息、经验等要素传播到西部地区，助推了协作地区基本公共服务水平的提升，保障了脱贫攻坚相关目标的实现，与协作地区共同阻断了贫困代际传递。

一、教育协作夯实协作地区教育基础

脱贫攻坚期间，国务院印发《“十三五”脱贫攻坚规划》，实施教育扶贫工程，重点支持中西部1472个区（县）农村适龄儿童入园，鼓励普惠性幼

儿园发展，全面改善贫困地区义务教育薄弱学校基本办学条件，实施高中阶段教育普及攻坚计划等措施。中西部地区教育基础设施得到全面改善，但师资力量始终是短期内难以攻克的短板。教育部、国务院扶贫办于2018年1月印发《深度贫困地区教育脱贫攻坚实施方案(2018—2020年)》，要求在“三区三州”率先实施职业教育东西部协作行动计划，全面落实东西部职业院校协作全覆盖行动、东西部协作中职招生兜底行动、职业院校参与东西部劳务协作等三大任务。统筹东西部扶贫协作、对口支援、中央单位定点扶贫、携手奔小康等方面帮扶力量，形成对口帮扶“三区三州”教育脱贫攻坚的合力。

本书大量的教育扶贫协作案例表明，脱贫攻坚期间，教育扶贫协作在三个方面促进了协作地区教育事业的发展。一是东西部地区援建了大批学校，改善了协作地区办学条件。例如，2016年、2018年分别援建2297所、3187所学校。二是资助贫困学生上学，2017年、2018年分别达51745人、77795人。三是超过万人的支教老师，把东部地区先进的教学理念、教学方式带入协作地区，“组团式”教育帮扶更是“一站式”提升了协作地区的教育水平。四是东西部地区职业学校的协作，既解决了东部地区职业学校生源不足的问题，又为西部地区提供了高质量的职业教育，还为东西部地区输送了高素质的职业工人，为贫困人口增收创新了条件。

二、医疗协作提升西部地区服务水平

建档立卡初期，“因病致贫”建档立卡户占到所有建档立卡户的42%，健康状况是致贫、影响贫困人口稳定脱贫、实现发展的重要影响因素。脱贫攻坚期间，我国围绕健康扶贫部署安排了一系列政策帮扶措施，如将全部建档立卡贫困人口纳入基本医疗保险、大病保险、大病救助等帮扶体系，在医疗费用报销方面给予大力支持，但是这些措施均是针对降低贫困人口的医疗支出费用、减少贫困家庭经济负担方面政策，如何提升贫困地区医疗服务的整体水平则需要进一步补充。因此，针对部分深度贫困地区医疗水平有限的情况，原国务院扶贫开发领导小组办公室强调在东西部扶贫协作机制下，由东部地区结对帮扶西部地区，通过支医、援建等措施助力西部地区医院服务水平提升。

在医疗协作方面，通过医生援派、建立远程诊疗系统、医院结对帮扶等措施，一是帮助协作地区的县医院对贫困人口进行有效诊疗，节约了贫困人口寻医问诊的成本，如交通、住宿、陪护务工等费用；二是促进了协作地区医院诊疗能力及管理水平的全面提升。西部地区贫困县医院在医疗协作开展以前多为二级医院，目前多个贫困县医院已达到三乙医院的建设标准。因县医疗服务水平的提升，重大疾病的县外转诊率显著降低，贫困人口治疗疾病的费用随之明显降低。此外，东部地区进一步弥补了协作地区在公共卫生方面关注不足的短板，加强健康教育、妇幼保健和公共服务，以及乡村医疗卫生服务的能力，脱贫攻坚期间，三级医疗卫生服务体系建设卓有成效。从一定程度上来说，东西部扶贫医疗协作对促进西部地区医疗服务水平提升、助力西部地区人力资本积累发挥了不可替代的重要作用。

第三节　构建形成全方位扶贫协作格局

党中央不断加大工作力度，结对双方认真贯彻落实，积极开拓创新，形成了多层次、多形式、全方位的扶贫协作格局，包括政府援助、企业协作、社会帮扶、领导考察互访、党政干部交流、专业技术人才交流、技术合作、劳务合作。

一、政府援助显著增加

来自政府的财政扶贫资金，主要由三部分构成：中央财政扶贫资金、地方财政扶贫资金和东西部协作政府援助资金。东西部扶贫协作政府援助资金是一种由东部发达地区向西部贫困地区的财政转移支付，属于地方政府间横向财政转移支付。2016—2020年，中央财政专项扶贫资金连续五年每年新增200亿元。2020年脱贫攻坚收官之年，中央下达财政扶贫资金1461亿元。东西部扶贫协作政府援助资金，从2015年的1.45亿元增加到2020年的270.82亿元（见图5–1）。这种横向财政转移支付有效弥补了西部贫困地区脱贫攻坚的资金缺口。

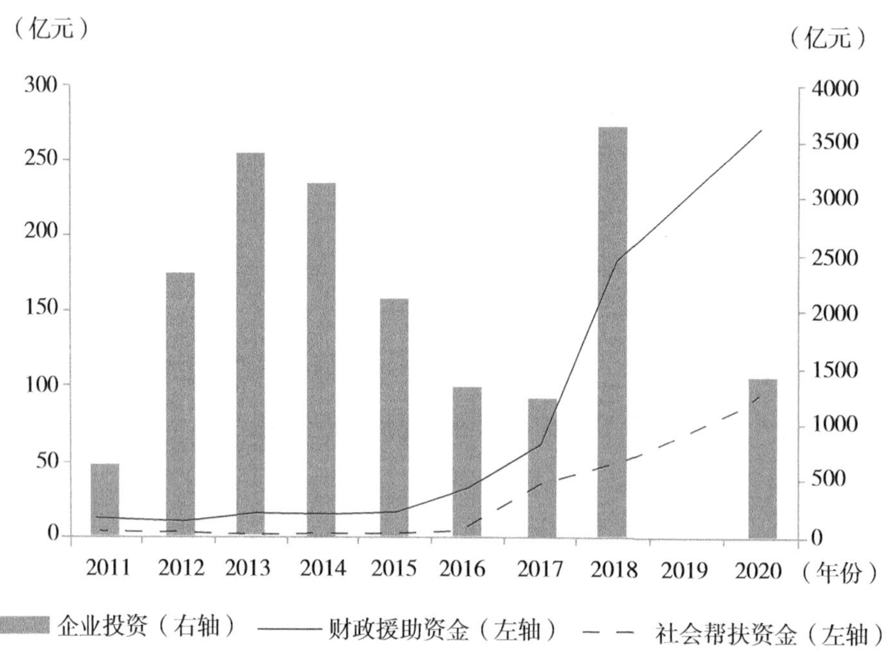

图5–1　东西部扶贫协作资金构成（2011—2020年）

二、企业协作十分活跃

引导东部地区的企业赴西部地区投资兴业，是东西部扶贫协作的一项重要工作机制。在协作双方地方政府的政策支持和动员下，东部地区企业基于市场规划到西部地区投资兴业，为西部地区注入经济增长、贫困人口就业增收的动力。企业协作有多种形式，如产业园区、产业基地、扶贫车间等。

东西部协作企业从2015年的221个，增加到2018年的15245个，仅2018年企业投资就达3646.9亿元。2020年虽然受新冠疫情影响，东部地区仍然组织了2691家企业赴协作地区投资，实际到位投资1420.61亿元。

产业园区为西部地区注入增长动能。2020年，浙江省共协调引导711家企业在对口帮扶地区投资兴业，实际到位投资423.07亿元，带动贫困人口184373人。浙江省与对口帮扶地区共建产业园区81个，援建扶贫车间866个。其中，浙江省与四川省对口帮扶地区共建产业园区31个，援建扶贫车间375个。

产业合作带动贫困人口发展。广东发挥自身市场、产业、技术优势和被帮扶地区的资源优势，注重“造血式”帮扶，在推动粤企和湾企到结对地区投资兴业、园区开发、旅游合作、消费扶贫等领域取得了一定成效，带动了一大批贫困人口发展生产和就近就业。2016年至2019年间，广东引导到结对帮扶贫困地区开展扶贫企业13498家，企业实际投资额累计达3029.04亿元，企业累计带动121146人脱贫，其中，通过利益联结机制带动102967人脱贫，通过就业带动16679人脱贫。

三、社会帮扶凝聚合力

东西部扶贫协作通过社会动员，把东西地区的消费者、社会组织、志愿者等社会力量凝聚形成帮扶合力，助力西部地区脱贫攻坚取得实效。东部地区动员社会力量向协作地区捐助款物，从2015年的不足0.75亿元，增加到2020年的72.42亿元。在消费扶贫和电商扶贫的助推下，“以购代捐”成为重要的社会扶贫形式。2020年东西部地区采购、销售扶贫协作地区带贫农畜产品和中西部地区22个省扶贫产品达973.11亿元。

在东西部扶贫协作的社会力量动员下，各协作地区都呈现出许多典型案例。这些案例呈现出社会帮扶凝聚社会共同形成帮扶合力的重要经验。例如，京蒙对口帮扶残疾人。脱贫攻坚决战关头，2018年9月京蒙两地残联对口帮扶工作启动，北京市通州区利用京蒙协作残疾人扶贫专项资金 290 万元，筹建了奈曼旗贫困残疾人就业创业（培训）服务中心，集残疾人的就业、培训、康复、托养四大功能为一体。2019 年直接安置贫困残疾人就业 409 人，其中建档立卡贫困残疾人 207 人，年实现增收 150 万元以上，平均资产收益率在 21%以上。

第四节　探索奠定乡村振兴东西部协作基础

东西扶贫协作机制其制度内涵和深刻影响已经远远超越了扶贫协作的范畴，在我国全面建成小康社会、实现第一个百年奋斗目标，向第二个百年奋斗目标进军的过程中，需坚持和完善东西部协作，到 2025 年，基本形成与新发展阶段、新发展理念、新发展格局相适应的东西部协作机制，助力欠发达地区巩固拓展脱贫攻坚成果同乡村振兴有效衔接。到 2035 年实现全体人民共同富裕取得更为明显的实质性进展。

一、东西部协作机制衔接

巩固拓展脱贫攻坚成果同乡村振兴有效衔接，东西部扶贫协作的脱贫攻坚机制需向实现乡村振兴目标的东西部协作机制转变，关键要做出四个衔接。

一是对象衔接，瞄准欠发达地区和低收入人口。在对已经脱贫建档立卡贫困户、脱贫摘帽贫困县贫困监测的基础上，东西部协作的对象要瞄准欠发达地区和农村低收入人口，保持东西部协作财政投入力度总体稳定、市场和社会动员机制不断完善，接续推进脱贫地区发展。五年过渡期内，可以直接从西部地区脱贫县中集中支持一批乡村振兴重点帮扶县，增强其巩固脱贫成果及内生发展能力。五年过渡期内，可以研究制度欠发达地区和低收入人口标准。建议以县级行政区划为单位，基于经济、社会和环境三个维度，构建多维度指标，确定欠发达地区；分别以城乡居民人均可支配收入中位数的一定比例，如40%、45%、50%，分别确定城乡低收入人口标准。鉴于农村居民低收入人口仅靠收入难以识别和瞄准，可以考虑采取“一维划线、多维识别”的工作机制，即以农民人均可支配收入中位数的一定比例划分低收入线，但从教育、健康、住房、生产条件等多维度识别低收入人口。在省级东西部协作机制下，从欠地达地区中选择一部分县作为乡村振兴重点帮扶县。

二是机制衔接，从脱贫攻坚机制向乡村振兴长效机制转型。在欠发达地区确定一批乡村振兴重点帮扶县或称之为协作县，提升协作县农村产业链供应链现代化水平，提升对口帮扶地区内生动力。优化区域布局、市场一体化发展、区域合作互助、区际利益补偿等机制，更好地促进发达地区和欠发达地区共同发展，带动欠发达地区产业转型升级，促进可持续带贫减贫机制。

三是理念衔接，从东西部扶贫协作向东西部发展协作转型，推动形成更大范围内的区域协同协调发展机制。按照“坚持和完善东西部协作和对口支援、社会力量参与帮扶等机制”要求，在新发展理念和新发展格局下，从“东西部扶贫协作和对口支援”向“东西部协作和对口支援”衔接，开辟东西部协作新局面，提升东西部协作成效，形成东西部协同协调发展新格局。优化区域布局、市场一体化发展、区域合作互学互助、区际利益补偿等机制，更好地促进发达地区和欠发达地区共同发展。

四是发展格局衔接，从全面建成小康社会“三位一体”东西扶贫协作格局向“双循环”新发展格局下的东西部协作转型。

二、东西部协作六项重点内容

产业、就业、消费、人才、生态、乡村建设等是东西部协作的重点内容，在总结脱贫攻坚经验的基础上，打造东西部协作升级版。

（一）产业协作：提升欠发达地区产业链供应链现代化水平

东西部协作产业布局应基于更高视野的顶层设计。为加快形成以国内大循环为主体、国内国际双循环相互促进的新发展格局，对产业布局进行规划时应将视野从县级转向省市级等更高层面，以便形成东西部产业协同发展格局。重点抓好农村一二三产业跨东西部地区融合、城乡融合发展；加快东西部地区现代服务业协同发展，重点打通生产服务业领域的瓶颈，加快欠发达地区健康、养老、育幼、文化、旅游等生活性服务业发展，为基本公共服务均等化奠定基础。

（二）就业协作：统筹东西部就业需求，提升就业服务水平

加大东西部劳务协作工作力度，畅通异地转移就业、就近就地就业、就业权益保障渠道。完善校企合作、职业培训、就业招聘、信息共享、权益保障等方面的工作机制。建立“互联网＋”劳务协作就业服务平台，通过降低信息不对称和工作匹配成本，实现供需高效精准对接。多措并举，实现“精准对接”“技能提升”和“稳定就业”多重目标，帮助欠发达地区劳动力“走得出”“稳得住”“走得远”。鼓励企业根据自身业务的发展，积极探索市场驱动的劳务协作机制。

（三）消费协作：欠发达地区融通国内大循环

按照短期落实、中期谋划、长期布局的战略性判断，有序推进消费扶贫与“双循环”平稳对接。一是短期落实，打造消费扶贫升级版。以京津冀、长三角、长江经济带、粤港澳大湾区等东部重点消费城市驱动西部地区农特产品、物流、旅游、服务等消费供给。搭建产流合作、产销对接平台，实施政府采购、定向直购，开展“农校对接”“以购代捐”“以买代帮”，拓展电商营销、旅游促销、宣传推销等消费扶贫行动。

中期谋划，加大东西部协作消费大循环平台建设。加强网络基础设施和公共服务平台支持力度，大力发展电子商务，提升农产品质量追溯，品牌价值内涵，构建东西贯通融合、利益分享的产业链和价值链体系。充分利用市场机制，重点发挥“数据”要素力量，大力提升贫困地区农产品“品控”水平，赋予品牌、品质、文化内涵，推动“政府主导消费扶贫”向“市场驱动消费扶贫”平稳转型。满足东部地区对安全、健康、高质量农产品的需求，带动西部地区增收发展。

长期布局，依托东部发达地区出口贸易优势，助力欠发达地区产品和服务纳入“一带一路”国家、《区域全面经济伙伴关系协定》成员国消费体系，逐步带领西部地区融通国际消费大循环。

（四）人才支持：欠发达地区基本公共服务均等化

基本公共服务均等化水平明显提高，全民受教育程度不断提升，多层次社会保障体系更加健全，卫生健康体系更加完善是民生福祉达到新水平的重要标志，也是东西部协作人才支持的目标方向。

助力健康乡村。优化健康协作结构，平衡医疗和卫生之间的关系，加强妇幼保健和疾病预防与控制的东西部协作；适当加强全科医生的培训，提升乡村医生的能力。强化“互联网＋医疗健康”体系。探索一条“数字化”的学习培训新路径，携手协作地区联合开展适宜本地需求的教学资料，将基层医务工作者的手机电脑接入东部地区“互联网＋医疗健康”课堂。

利用数字技术放大“组团式教育”帮扶及培训效应。在新基建和数字乡村建设的支持下，积极探索更加普及的数字教育模式，将东部地区优质的教育资源输入欠发达地区，将基于人海战术的“组团式教育帮扶”升级为基于“数字技术的组团式教育协作”。加强职业教育，学前教育协作。开展更接地气的“新农人”培训。

（五）生态扶贫：贯彻新发展理念和区域协调协同发展机制

先富带后富，实现共同富裕目标，以及推动区域协调发展，是国家重大战略布局。立足资源环境承载能力，发挥各地比较优势，逐步形成城市化地区、农产品主产区、生态功能区三大空间格局，优化重大基础设施、重大生产力和公共资源布局。

支持生态功能区把发展重点放到保障生态环境、提供生态产品上以及人口逐步有序转移。形成主体功能明显、优势互补、高质量发展的国土空间开发保护新格局。支持生态产业开发。打造生态产业园、创新生态就业岗位，推动生态文旅融合发展。

（六）乡村建设：推进欠发达地区数字乡村建设和社会治理

把乡村建设摆在社会主义现代化建设的重要位置，实施乡村建设行动，是全面推进乡村振兴的重要制度安排。支持欠发达地区城乡规划。利用东部发达地区优势，支持欠发达地区统筹县域城镇和村庄规划建设，保护传统村落和乡村风貌。支持欠发达地区数字乡村建设。以数字基础设施和数字公共服务为抓手，在脱贫攻坚基础设施和公共服务建设基础上，提升乡村基础设施、公共服务和人居环境水平。支持欠发达地区乡村人才振兴。围绕新兴经营主体、返乡创业、低收入人口实施人才振兴项目。

下篇

地方实践报告

第六章　闽宁协作实践报告

第一节　闽宁协作的发展历程与工作机制

自1996年以来，在党中央、国务院的正确领导下，福建、宁夏两省区党委、政府不断创新思路，拓展协作领域，闽宁对口扶贫协作(以下简称“闽宁协作”）从最初单项的扶贫解困，发展到社会事业、经济合作、产业对接、互惠共赢的新阶段；从单一的经济援助，发展到在教育、文化、医疗等更多领域合作的新格局；从单纯的政府行为，发展到政府、企业、社会相结合的对口协作，开创了优势互补、互利共赢的可喜局面，有力地促进了宁夏贫困地区的经济发展、社会进步和民族团结。

一、闽宁协作的发展历程

（一）创立奠基阶段（1996—2002年）

1996年10月，福建省委、省政府成立了对口帮扶宁夏回族自治区领导小组，11月，闽宁两省区在福州召开第一次联席会议，正式建立两省区对口帮扶协作关系，组长是福建省委副书记习近平同志。[①] 第一次联席会议确定了闽宁协作的基本机制并提出了开展对口扶贫协作的主要内容，指出“闽宁对口扶贫协作是一项政治任务，要同宁夏各族人民一起全力以赴、扎实有效地做好对口扶贫协作工作”。第一次联席会议确定，对口帮扶应当坚持以促进贫困地区经济发展为中心，本着“优势互补、互惠互利、长期协作、共同发展”，开展多种形式的合作与交流，把着眼点放在培植扶贫支柱产业，加快建立新的经济运行机制，增强造血功能方面，为宁夏贫困地区如期实现《国家八七扶贫攻坚计划》确定的脱贫目标创造内在条件。[②] 双方于 1996 年 11 月 6 日签订《福建省、宁夏回族自治区开展对口帮扶协议》，确定开展对口帮扶，组织福建经济发达的县、市与宁夏的贫困县结对开展经济协作和对口扶持，引导企业和投资者到宁夏投资办厂，福建省政府将建立扶贫协作发展基金，基金利息用于扶持宁夏贫困地区“造血型”项目，帮扶宁夏多渠道引进台资、外资，扩大对台贸易和国际贸易，帮扶宁夏贫困地区培训人才，扩大劳务输出，发动社会各界参与扶贫协作，合作开发旅游市场和有特色的旅游资源，福建媒体大力宣传宁夏，努力扩大宁夏知名度。[③]

1997 年 4 月 16 日，习近平同志在闽宁对口扶贫协作第二次联席会议上提出，根据邓小平同志“两个大局”这一思想，党的十四届五中全会及时提出了东部和中西部经济协调发展的战略，这既是面向 21 世纪加速我国社会主义现代化建设的重大举措，也是社会主义改革和建设的本质要求。同时，正是社会主义发展的本质要求，将远隔千山万水的宁夏与福建紧密联系在一

① 李文华等：《携手铸辉煌：闽宁互学互助对口扶贫协作十年回望》，宁夏人民出版社 2006 年版，第 3—4 页。

② 李文华等：《携手铸辉煌：闽宁互学互助对口扶贫协作十年回望》，宁夏人民出版社 2006 年版，第 16 页。

③ 李文华等：《携手铸辉煌：闽宁互学互助对口扶贫协作十年回望》，宁夏人民出版社 2006 年版，第 19—22 页。

起。[①] 习近平同志提出，双方可在“优势互补、互惠互利、长期协作、共同发展”的原则指导下，以促进贫困地区经济发展为中心，以解决贫困地区群众温饱问题作为重要任务，广泛深入地开展多种形式的扶贫协作，促进闽宁双方共同发展。[②] 这一协作思路，为闽宁对口扶贫协作提供了基本遵循。1996—2002 年，习近平同志深入宁夏贫困地区调研，进村入户、访贫问苦，五次出席闽宁对口扶贫协作联席会议，三次发表重要讲话。习近平同志科学总结了闽宁两省区干部群众在扶贫开发中积累的经验和智慧，推动建立了闽宁对口扶贫协作方针和工作机制，为闽宁对口扶贫协作的发展奠定了坚实的基础。

这一阶段，闽宁两省区建立了党委领导、政府主导的对口扶贫协作领导体制、省级年度联席会议制度和市县（区）结对帮扶机制，实施了互派干部挂职交流、劳务培训和定向劳务输出等协作措施，探索和实践了企业参与、产业协作、科技扶贫、教育扶贫、医疗卫生和公益事业、生态环境保护建设等帮扶形式，开展了“千村扶贫开发工程”“井窖工程”“坡改梯工程”“移民吊庄工程”“闽宁村建设”“希望小学”“妇幼保健院”等工程项目，创立了“联席推进、结对帮扶、产业带动、互学互助、社会参与”的闽宁协作五项机制。

（二）实践发展阶段（2003—2015 年）

闽宁两省区遵循闽宁协作五项机制，根据扶贫开发的特点，每年坚持召开对口扶贫协作联席会议，其间从未间断。以互学互助为主要方向，以保障和改善民生为首要任务，以宁夏“千村扶贫开发工程”“整村推进”“生态

---

① 李文华等：《携手铸辉煌：闽宁互学互助对口扶贫协作十年回望》，宁夏人民出版社 2006 年版，第 48 页。

② 李文华等：《携手铸辉煌：闽宁互学互助对口扶贫协作十年回望》，宁夏人民出版社 2006 年版，第 49 页。

移民”“内陆开放型经济试验区建设”为依托，不断探索新路子、培育新机制，进一步加大帮扶力度、拓宽合作领域、丰富协作内涵、构筑合作交流平台，推动对口扶贫协作全面发展。习近平同志十分关注宁夏的扶贫开发工作，2008 年在宁夏考察工作时强调，要以改善民生为重点，进一步加大扶贫开发力度，继续大力开展就业指导、城乡医疗救助、困难家庭学生助学、农村五保户供养、教育救助、司法援助等工作，把党和政府的关怀送到千家万户。闽宁两省区认真贯彻党中央、国务院“两个大局”的构想和“东西扶贫协作”战略部署，不断加大帮扶力度，积极探索和创新协作机制，协作领域进一步拓宽，协作层次进一步提升，协作效果进一步提高。实施的菌草、特色种养业、劳动力转移培训、闽宁示范村、村级卫生室、教育、文化等协作项目效果显著。福建挂职干部、支教教师、技术人员等作用进一步发挥，人才培训、文化交流、教育协作、卫生支持、扶贫捐助等力度进一步加大。积极开展经贸交流与合作，愈来愈多的福建企业家宁夏投资创业，为宁夏经济发展注入了新活力。

党的十八大以来，遵循闽宁对口扶贫协作机制，闽宁两省区以党的十八大和十八届三中、四中、五中全会精神为指导，全面贯彻中央精准扶贫、精准脱贫方略和习近平总书记系列重要讲话精神，抓住“一带一路”重大战略机遇，突出产业对接、社会参与，积极推动宁夏百万贫困人口扶贫攻坚战略实施和内陆开放型经济试验区建设，围绕培育壮大优势特色产业、闽宁产业园建设、金融服务机构跨区域发展、文化旅游发展及两省区海上、陆上、空中和网上丝绸之路建设等；进一步拓宽思路，提升协作水平，推动闽宁协作全面拓展领域，不断取得新突破、新成效。

这一阶段，闽宁对口扶贫协作内容进一步丰富完善，在原有的对口帮扶基础上，探索建立了部门对口协作、经贸协作、文化旅游合作等协作方式，积极搭建对外开放平台和社会参与平台，形成了政府主导、经贸合作、社会参与“三位一体”协作新模式，推动了对口扶贫协作向更宽领域发展。闽宁两省区共同探索实施了开放型经济协作、人才培训合作、产学研合作、精准扶贫协作、部门联动协作等协作方式，闽宁双向协作逐渐向多区域、全方位合作转变，步入了承前启后、开拓创新的发展阶段。

（三）脱贫攻坚阶段（2016—2020年）

2016年7月20日，习近平总书记在银川主持召开东西部扶贫协作座谈会，对闽宁协作给予了充分肯定，称其为东西部扶贫协作的生动例子，要求东西部扶贫协作必须坚持做下去，进一步提高水平。习近平总书记的指示为闽宁两省区持续推进对口扶贫协作，打好精准脱贫攻坚战提供了根本遵循。

闽宁协作在银川座谈会后进一步升华，两省区坚持落实习近平总书记重要指示精神，始终把闽宁对口扶贫协作作为一项重大政治任务，传承弘扬习近平总书记当年开创的好经验好做法，一届接着一届抓、一任接着一任干，持续深入推进对口协作工作，切实抓紧抓实抓细各项帮扶举措。以六项考核作为指挥棒，压实闽宁协作责任，形成闽宁协作攻坚机制：一是强化组织领导，持续高位推动；二是强化人才协作，推动互派交流；三是强化资金监管，规范资金使用；四是强化产业合作，促进优势互补；五是强化劳务协作，促进转移就业；六是深化“携手奔小康行动”，结对帮扶成效明显。[①] 将扶贫协作拓展到两省区经济社会建设全方位多层次、全领域的深度协作，创造了东西部对口扶贫协作帮扶的“闽宁模式”。2020年11月17日，随着西吉县达到贫困县退出标准，宁夏回族自治区内所有贫困县已全部脱贫摘帽。

二、闽宁协作的工作机制

闽宁协作是两省区党委、政府贯彻落实党中央、国务院关于沿海发达

---

① 宁夏回族自治区扶贫开发领导小组办公室：《宁夏回族自治区扶贫开发领导小组关于2019年东西部扶贫协作工作自评情况的报告》，2019年。

省、市对口帮扶西部贫困省、区的一项重大决策部署。1996年11月，闽宁两省区在福州召开第一次联席会议，确定了闽宁协作的基本机制，提出了开展对口扶贫协作的主要内容。①1997年，习近平同志来宁出席闽宁对口协作第二次联席会议，会议强调，对口扶贫协作既是一项经济任务，又是一项政治任务。两省区开展对口帮扶，一方面要按照客观经济规律的要求，选择经济效益较好的项目，着力培植扶助支柱产业，增强造血功能；另一方面，又要注重社会效益，以解决贫困地区群众温饱问题为重点，努力帮扶贫困地区改善生产生活条件，为实现脱贫致富打好坚实基础。②在2002年第六次联席会议上，习近平同志强调要根据新时期扶贫开发的特点，调动各方面力量，创新帮扶机制，拓宽合作领域，推动闽宁对口帮扶协作再上新台阶。③2008年，时任中央政治局委员、国家副主席习近平同志来宁视察时强调，要以改善民生为重点，进一步加大扶贫开发力度。2016年7月，习近平总书记在银川主持召开东西部扶贫协作座谈会时指出，闽宁协作是东西部扶贫协作和对口支援的一个生动例子。2020年6月，习近平总书记再次来宁视察时强调，决胜全面建成小康社会，决战脱贫攻坚，继续建设经济繁荣、民族团结、环境优美、人民富裕的美丽新宁夏。

（一）联席推进指明方向

1996年11月，在闽宁对口扶贫协作第一次联席会议上，闽宁两省区达成共识：扶贫协作首先要加强组织领导，高位谋划推动。为此，福建省成立专门工作小组，由时任省委副书记习近平同志为对口帮扶宁夏回族自治区领

① 李文华等：《携手铸辉煌：闽宁互学互助对口扶贫协作十年回望》，宁夏人民出版社2006年版，第19—22页。

② 李文华等：《携手铸辉煌：闽宁互学互助对口扶贫协作十年回望》，宁夏人民出版社2006年版，第25—26页。

③ 李文华等：《携手铸辉煌：闽宁互学互助对口扶贫协作十年回望》，宁夏人民出版社2006年版，第200页。

导小组组长。联席会议制度既要求两省区每年召开联席会议，会上总结上一阶段协作帮扶工作，根据当前双方所需所能研究部署协作计划，协调推进扶贫协作工作，研究解决重大问题，又要求结对帮扶市县、对口部门每年要召开主要负责领导参与的工作会议，及时沟通协作进展，解决突出问题，确保两地区协作交流精准发力。1997 年，习近平同志在隆德县调研时指出，闽宁对口扶贫协作是一项政治任务，要坚决完成，对联席会议议定的事情要尽快落实，所承诺的事情要抓紧兑现。20 多年来，闽宁两地始终坚持每年召开联席会议、双方主要领导始终坚持亲自与会，更为重要的是在双方各级党政部门的狠抓下，会议达成的各项协议内容都能得到准确落实。联席会议制度确保了扶贫协作工作与两省区发展紧紧相扣，做到宁夏所需、福建所能，不仅为两省区每年开展协作工作提供了顶层设计框架，更是统筹协调协作工作、推进落实安排重要保障。

（二）“结对帮扶”精准施策

闽宁两省区始终坚持结对帮扶机制，不断完善结对帮扶关系。结对关系纵向下沉。1996 年，福建 3 个地市、30 多个县（市、区），先后与宁夏 3 个地市、9 个贫困县（区）和闽宁镇结成帮扶对子。2020 年，一共有 105 对乡镇、134 对建制村建立了结对帮扶关系，从市县结对到村村结对，结对关系下沉到基层，大大助力了扶贫工作的整村推进。一是结对关系横向拓展。在市县村纵向结对关系下，闽宁两省区大力推进对口部门间的横向协作交流，不断推进两省区教育、科技、卫生、文化、旅游等方面的帮扶合作，倡导部门间建立稳定的协作关系。20 多年来，20 多个省直对口部门、80 多个县级对口部门不断深入推进协作交流、拓展协作渠道、始终坚持务实求效求发展。二是协作覆盖面不断扩大。鼓励福建优秀企业与宁夏贫困村开展结对帮扶，推动“村企共建”工作取得实效，鼓励两省区各类院校、社会团体、各级医院之间开展结对交流。结对帮扶的领域不断拓展，内容不断丰富，机制不断完善，成效日益显著。

（三）“产业带动”激发动力

摆脱贫困最重要的就是激发贫困地区的内生发展动力。闽宁协作始终把培育贫困地区支柱产业，因地制宜扶持当地兴办龙头企业作为扶贫协作的重要抓手。一方面，开发当地优势资源助力宁夏当地农业产业化发展。以市场为导向，充分利用宁夏原材料、能源、劳动力资源优势，加快资源开发，不断提高农产品和特色资源深加工水平，加强优势特色农产品开发，带动产业和农民走向市场。宁夏地区已形成以菌草、菌菇等特色种植为主的设施农业，以滩羊肉牛为主的养殖业等一系列特色产业。另一方面，发挥两省区比较优势引进新兴产业。在两省区政策大力扶持下，通过建设产业园区、搭建企业合作平台、实施产业开发项目，实现产业双向转移。福建鼓励支持企业到宁夏投资发展，帮助宁夏引进一批电子信息、纺织服装等项目，为宁夏培育新兴重点产业提供助力。

自 1996 年以来，经福建招商引资落地宁夏的产业项目达 720 个，实际到资 400 多亿元，闽宁两省区共建成闽宁产业园 10 个，在宁夏投资兴业的闽籍企业（商户）5700 家，年上缴税收超 10 亿元，安置当地劳动力就业 10 万人，宁夏贫困家庭 80%以上的收入来自产业。

（四）互学互助开拓思想

福建是我国最早一批实行改革开放的沿海城市，在发展实践中积累了大量的宝贵经验，双方互派干部挂职锻炼是闽宁协作帮扶工作的重要措施。闽宁两省区在长期扶贫协作中持续加大干部互派、人才交流力度，推动人员互动、技术互学、观念互通、作风互鉴。挂职交流既为宁夏干部带来了勇于创新、开拓进取的新观念、新思想、新作风，为宁夏带来了福建改革开放、经济发展的实践经验，也增强了福建干部勇于拼搏、艰苦奋斗、自强不息的拼搏精神，在交流中两省干部人才的专业能力、专业精神和专业素养都切实得到提高。解放思想推动了高质量发展，挂职锻炼干部充分利用学习交流成果助推两省区携手奔小康。

截至2020年，已有两千多名来自福建的支教、支医、支农工作队员和专家院士、西部志愿者赴宁工作，2011名来自宁夏的专业技术人员来闽挂职交流，两省区累计组织开展19205名专业技术人员培训。

（五）“社会参与”凝聚合力

1998年6月，习近平同志在第三次闽宁对口扶贫协作联席会上提出，进一步加大企业和社会力量扶贫协作的规模和力度，加快贫困地区社会事业的发展。[①] 福建广泛动员省内民营企业、社会组织、慈善组织及社会各界人士贡献力量，发挥社团组织桥梁纽带作用，建立社会各界广泛参与的协作机制，不断深化社会组织间的合作。充分动员社会力量积极参与宁夏脱贫攻坚和扶贫协作，是闽宁协作开展工作的重要途径。

福建省妇联开展了“母婴工程”“回族女童助学”等一系列关爱妇女儿童的公益项目，在闽宁镇建立了“妇女之家”和“儿童快乐家园”。共青团开展了“关爱大学生志愿者”“青年创业扶持行动”“闽宁少年手拉手”等一系列针对青少年身心健康发展的公益项目。“爱心一对一”APP软件为福建各类社会组织、爱心人士搭建了精准对接贫困户、建立结对帮扶关系的信息平台。在福建社会各界的爱心帮扶下，闽宁两省区的扶贫协作不断向着全方位、多层次发展，帮扶力量已深入教育、医疗、文化等各个方面。据不完全统计，福建社会各界捐款捐物近4亿元，直接参与社会帮扶的各界人士超过10万人次。

---

① 李文华等：《携手铸辉煌：闽宁互学互助对口扶贫协作十年回望》，宁夏人民出版社2006年版，第71页。

三、闽宁协作的全面升级转变

闽宁两省区坚定不移地按照习近平总书记指引的方向，贯彻"优势互补、互惠互利、长期协作、共同发展"的方针，按照"联席推进、结对帮扶、产业带动、互学互助、社会参与"五项机制指导，认真贯彻落实习近平总书记关于东西部扶贫协作和脱贫攻坚的重要讲话精神，在协作实践中实现了协作理念、协作目标、协作内容、协作方式、协作领域、协作成效等六个方面的转变，两省区共同的努力使闽宁协作取得了丰硕成果，成为东西部扶贫协作的典范。

（一）协作理念由对口帮扶协作向着互学互助交流转变

在党中央和国务院的共同部署下，福建与宁夏达成结对帮扶协议。1996—2001年，两省区每年召开对口扶贫协作联席会议。2002年，两省区召开闽宁互学互助对口扶贫协作第八次联席会议，会议名称的变化标志着两省区协作理念的更新。闽宁协作不仅是福建助力宁夏脱贫攻坚的阶段性帮扶桥梁，更是两省区未来协作交流、互学互助、区域协同发展的长期合作平台。

（二）协作目标由解决温饱问题逐步向改善民生、携手奔小康转变

闽宁两省区根据扶贫开发要求和闽宁两省区发展大局的变化，准确把握不同发展阶段的主要矛盾，对各阶段协作的目标任务作出调整。1982年西海固地区人均收入仅126元，极端贫困人口比例高达71%。协作初期，面临宁夏西海固地区地表植被极其匮乏、水土流失十分严重、群众生活极度困苦的境况，协作围绕解决贫困地区温饱问题持续发力，协作重点落在了改善农业生产条件、建设生产生活文化教育基础设施上，如井窖工程、坡改梯、

移民吊庄开发和希望小学建设。随着协作的推进，宁夏贫困地区基础设施得到明显的改善、人民生活水平显著提高。“十二五”期间，闽宁协作将保障和改善民生作为开展工作的首要任务，着力支持宁夏生态移民工程，共同推进六盘山区集中连片特殊困难地区扶贫攻坚工程，推动两省区合作向纵深发展，实现优势互补。脱贫攻坚以来，协作始终把精准扶贫、精准脱贫作为基本方略，在携手奔小康的目标下助推两省区互学互助扶贫协作持续深入。

（三）协作领域由扶贫解困向教育、文化、医疗、生态等多领域合作转变

闽宁两省区协作从追求经济效益到社会效益、生态效益并重转变。扶贫首先要扶智，教育是摆脱贫困代际传递的根本途径，习近平总书记提出要切实抓好教育、科技和人才的扶贫协作，要帮助宁夏贫困地区搞好教育设施建设和发展教育。“再建一个山川秀丽的大西北”对宁夏的生态环境保护和建设提出了要求。闽宁协作越来越注重教育扶智、生态建设和公共卫生治理。

（四）协作方式由“输血式”扶贫向“造血式”扶贫转变

在五项机制的推动下，福建向宁夏持续输送科技人才、企业管理人才，结合开发当地优势资源，帮助宁夏发展特色产业，创立龙头企业，提升贫困地区内生发展动力，助力贫困群众稳定脱贫。支持开通厦门至银川直航航班，加强经济交流与协作，促进两省区人才、技术、资本、项目的有效对接，鼓励闽籍企业落户宁夏。福建借由海峡西岸经济区积极为宁夏与台湾地区产业对接、经贸合作搭建桥梁，鼓励台资企业在宁夏投资设厂。把握“一带一路”建设重大发展机遇，举办国际招商引资接洽会，帮助宁夏特色产业对接国际市场。福建以帮助宁夏培育发展特色产业为起点，搭建海陆空物流交通网络，不断为宁夏开拓产业合作交流市场，为宁夏产业发展提供全面助力。闽宁协作走出了一条企业合作、产业扶贫、项目带动的“造血”式扶贫

路子。

（五）协作主体由政府主导向政府、企业、社会共同发力转变

在1998年第三次闽宁联席会议上，习近平同志提出，扶贫形式可以多样化，要不断促进企业、社团和各类民间组织之间的交往和合作，要求以产业为主线，以企业为主体，依靠市场机制和政府推动，因地制宜地建立扶贫支柱产业，增强贫困地区的造血功能。随着协作领域的拓宽，协作层次的提高，闽宁协作凝聚各方力量。统筹帮扶资源，在人才协作、市县结对、行业部门帮扶等方面开展全方位、多层次的交流活动，广泛动员民营企业和社会组织参与东西部扶贫协作，最终形成了以市场为导向，政府行为和企业行为、社会行为相结合，党政带头、对口市县部门紧密协作、企业积极参与、社会各界关心支持的新局面。

（六）协作成效由单方受援发展向双方互利共赢发展的转变

在闽宁两省区的共同努力下，闽宁协作助力宁夏加速实现脱贫致富，帮助宁夏贫困地区实现经济社会生态等全方面效益的提升。2019年底，宁夏贫困地区农民收入为10415元，闽宁镇于2018年被列为全国“两县一镇三村”脱贫攻坚典型。福建是最早实行改革开放的一批沿海城市，地理位置优越，是连接内地和台湾等市场的“桥梁”。宁夏自古又有“塞上江南”之称，具有丰厚的煤炭、水利和土地资源。宁夏市场环境、社会环境、生态环境的全面改善为福建结合互补资源开发新产业、转移劳动密集型产业、发展生态旅游等提供了便利，20多年协作汗水带来的硕果最终惠及两省区。

四、巩固拓展脱贫攻坚成果的探索

闽宁协作坚持以习近平新时代中国特色社会主义思想为指引，贯彻落实中共中央、国务院《关于打赢脱贫攻坚战三年行动的指导意见》，按照国务

院扶贫开发领导小组部署要求，坚持精准扶贫精准脱贫基本方略，不断完善东西部扶贫协作机制，顺利完成脱贫攻坚目标任务。根据党的十九届五中全会会议精神，今后的五年是巩固脱贫攻坚成果的过渡期。脱贫攻坚战取得胜利后，我国仍存在欠发达地区和低收入人口，推动减贫战略和工作体系平稳转型，接续推进脱贫攻坚与乡村振兴有效衔接，是过渡时期的一项重大战略任务。

（一）衔接乡村振兴的新目标

党的十九届五中全会提出把乡村建设摆在社会主义现代化建设的重要位置。闽宁示范村建设是闽宁两省区开展“携手奔小康”行动的重要抓手，涵江村的脱贫成效，为下一步闽宁协作如何有效衔接脱贫攻坚提供了参考。闵宁协作要继续打好“闽宁”牌，深入建设闽宁示范村，加强村级组织建设、加强数字乡村建设，改善基础设施、发展特色产业、壮大村集体经济。做好精准、产业、动力三篇文章。

精准施策是前提。群众期盼什么、群众需要什么是我们工作的出发点，工作中既要引导群众、又要尊重群众意愿，立足当地实际，只有充分调查研究，才能确保项目、资金、措施、成效精准。

产业发展是基础。让群众劳有所获、致富有路是我们工作重点探寻的方向，发展上既要给票子、还要给点子，以“福建所能”补“宁夏所需”，通过引导群众发展致富产业。

激发动力是关键。充分发动群众、积极依靠群众是我们工作的基本方法，既要注重“输血”、更要注重“造血”，扶贫先扶志，只有不断激发贫困群众脱贫致富的内生动力，才能实现未来乡村振兴的目标。

（二）立足“双循环”的新格局

闽宁协作开展以来，通过干部交流、人才培训、经贸往来和人流、物流、信息流的融合，为宁夏带来了沿海地区改革发展的先进理念和福建人民“爱拼会赢”的精神财富，对宁夏产生了深远影响，成为加快宁夏扶贫攻坚进程、促进贫困群众形成自我发展能力的重要力量；创造性地发挥政策优势，运用市场规律，引导贫困群众发展产业，参与产业链的生产与分配环节；鼓励返乡农民工创业，带动千家万户，有效激发了群众内生动力，让贫困地区群众走上勤劳致富道路。

党的十九届五中全会提出，要加快构建以国内大循环为主体、国内国际双循环相互促进的新发展格局。这是对“十四五”和未来更长时期我国经济发展战略、路径作出的重大调整完善，是着眼于我国长远发展和长治久安作出的重大战略部署。当前，闽宁协作成功实现了由援助式扶贫向开发式扶贫的转变。未来，闽宁协作要在立足于“双循环”的新格局下，以产业带动作为关键，从单向援助向发展合作转变，把福建的人才、资金、技术等优势要素与宁夏地区的自然、土地、特色农产品和劳动力资源有机结合，继续培育和发展了一批闽宁产业园，将产业的触角延伸到乡村，带动当地现代农业和特色优势产业发展。以市场为导向，增加就业、促进增收，让东部的新要素流入西部，让西部的优质产品流入东部，形成可持续的东西部要素循环机制。

（三）打造生态协作的新理念

闽宁协作的一大创新模式是围绕实施“四个一”林草工程，打造生态扶贫新特色。闽宁镇持续开展生态修复、防沙治沙、农田林网、镇村绿化、环境整治五大工程，新增绿化面积11270亩，绿化覆盖率达到35%，2014年被评为国家级生态乡镇。持之以恒加快推进农村人居环境整治工作，按照“整理村子、打扫院子、收拾屋子”和“文明健康，有你有我”的目标，累计参与环境综合整治群众12583人次，乡村环境明显改观。宁夏固原市“四个一”林草产业试验示范工程是在践行“绿水青山就是金山银山”理念、贯彻实施宁夏“生态立区”战略背景下提出的实现山绿与民富双赢的战略举措。

贫困地区发展生产的最大制约因素是自然环境。历史、人口、观念等多种因素使人和环境关系陷入发展与破坏的矛盾之中。闽宁协作使西海固地区千百年来制约人类生存与发展的环境得到大大改善。水资源得到充分合理利用，生态环境得到有效治理，土地和人的关系也被彻底重建。未来要打造生态扶贫的新发展理念，走生态优先的发展之路，不断释放生态环境改善的潜在能量，产业致富树结出幸福生活果，为人民创造良好生产生活生态环境，助力乡村振兴。

（四）开创“扶贫协作”向“区域协调”转变的新机制

面向未来，区域合作已经成为推动经济转型升级的必然选择。党的十九届五中全会提出要实施区域重大战略、区域协调发展战略、主体功能区战略，健全区域协调发展体制机制，完善新型城镇化战略，构建高质量发展的国土空间布局和支撑体系。闽宁协作，一是要进一步完善协调机制。以联席会议加强顶层设计和战略布局，增强发展的整体性、协同性，科学统筹推动各方面工作。充分发挥两省区的资源禀赋优势，在生产要素自由流动中积极培育发展新动能，在产业配置中实现区域间产业链的良性互动，推动形成统筹有力、竞争有序、共享共赢的区域协调发展新机制。二是要进一步推进合作共建项目的落实。闽宁协作涉及经济社会、医疗科技、产业劳务、文化旅游、农牧林水等各领域，已签订的项目协议应尽快对接，开展务实合作，推动两省区共同发展。三是要进一步深化共享发展。加强两省区的数据共享、资源共享，促进传统产业升级。继续坚持经济发展就业导向，扩大就业容量，提升就业质量。继续推动产业层面合作，推动东部地区人才、资金、技术向贫困地区流动。在推动区域经济社会发展的同时，使两省区人民共享发展成果，逐步实现基本公共服务均等化。

第二节　东商西赴：八万闽商越六盘

1997年4月16日，习近平同志在闽宁对口扶贫协作第二次联席会议的讲话中指出："宁夏和福建所处的地理位置和自然环境有着明显的不同。彼此协作具有较强的互补性。双方可在'优势互补、互惠互利、长期协作、共同发展'的原则指导下，以促进贫困地区经济发展为中心，以解决贫困地区群众温饱问题为重要任务，广泛深入地开展多种形式的扶贫协作，促进闽宁双方共同发展。在今后三年中，福建省委、省政府决定每年从财政中拿出1500万元，用于双方议定的扶贫协作项目，并准备动员更多的国有、乡镇、三资、民营企业的企业家到宁夏投资办厂。"①闽宁两省区从马铃薯、菌草等产业起步，始终把发展特色产业作为提高自我发展能力的根本举措，坚持以市场为导向，以产业协作为基础，通过共建扶贫产业园、搭建合作交流平台、组织规模化劳务输出等方式，促进贫困地区优势资源开发，带动贫困人口长期稳定脱贫，走出了一条企业合作、产业扶贫、项目带动的"造血"式扶贫路子，成功实现了援助式扶贫向开发式扶贫转变。2020年，在宁闽籍企业（商户）达5700家，8万多闽籍人员在宁从业。

一、闽宁镇：从"赤贫"走向全面小康

1997年，习近平同志提议两省区共同建设一个以福建、宁夏两省区简称命名的移民村，开启了闽宁镇（原闽宁村）大开发、大扶贫、大发展的新篇章。经过20多年的建设发展，最初8000多人的闽宁村发展成60000多人的闽宁镇，昔日天上没鸟飞、地下不长草、十里无人烟、风吹沙粒跑的"干

① 李文华等：《携手铸辉煌会议卷——闽宁互学互助对口扶贫协作十年回望》，宁夏人民出版社2006年版，第46页。

沙滩”，变成了现在绿树成荫、良田万顷、经济繁荣、百姓富裕的“金沙滩”。全镇移民群众人均可支配收入增长了近28倍，从“赤贫”生活走向全面小康，过上了过去想也不敢想的好日子。

（一）科学规划，有序推进移民搬迁

宁夏西海固地区山大沟深、生态脆弱、交通不便，很多地方“一方水土养活不了一方人”。1997年4月，习近平同志专程到闽宁镇（村）视察调研，前瞻性地指出“这里现在是干沙滩，今后将是金沙滩”，提出了“两年建成、三年解决温饱、五年脱贫”的开发建设思路，开创了全国东西部扶贫协作有组织扶贫移民之先河。2001年，闽宁村更名为闽宁镇，步入快速建设发展的新阶段。在福建省的倾情帮扶下，闽宁镇发生了翻天覆地的变化，移民群众生活有了质的飞跃，一批水电路基础设施建成投用，教育、文化、卫生等社会事业快速发展，曾经的戈壁荒滩变成了现代化的生态移民示范镇。

科学规划，提升乡镇建设质量。闽宁镇开发建设以来，先后3次编修开发建设总体规划和搬迁计划，有序推进移民安置和开发建设。2013年，在福建省的帮助下，福州设计院与银川市规划设计研究院，再次高起点、高标准修编完善了《闽宁镇总体规划》《闽宁镇经济社会发展规划纲要（2015—2020）》《闽宁镇新镇区规划》和6个行政村的美丽乡村、富民产业规划，从镇到村，从基础设施到产业发展，从公共服务到生态保护等全方位、全领域、全系统进行了规划设计。闽宁镇镇区规划面积60.5平方公里。实施老镇区集中改造，在新镇区规划建设了闽南风格的中心广场、风情商业街等一批标志性建筑，镇区有综合性中小学、幼儿园、医院、敬老院、文化站、民生服务中心，村村实现学校、卫生室、文化中心全覆盖。

（二）配套服务，提高移民生活水平

提升公共服务质量水平，6个行政村6584名适龄儿童全部就近入学，

城乡居民养老保险和医疗保险参保率分别达到88%、91%。开展平安村、平安学校、平安企业创建活动和禁毒、护校安园等专项行动，6个村级综治中心（工作站）全部建成运行，网格化服务管理实现全覆盖。道路实现全部硬化，自来水、天然气、太阳能入户率100%，生活污水处理率达到85%，生活垃圾无害化处理率达到90%。改造农村危房51户、2200平方米，新建安置房1380户、12.7万平方米，妥善解决了“十二五”生态移民和劳务移民“多代多人”住房困难问题。

持续开展生态修复、防沙治沙、农田林网、镇村绿化、环境整治五大工程，新增绿化面积11270亩，绿化覆盖率达到35%，2014年被评为国家级生态乡镇。

人居环境整治稳步推进。持之以恒加快推进农村人居环境整治工作，按照“整理村子、打扫院子、收拾屋子”和“文明健康，有你有我”的目标，参与环境综合整治的群众累计12583人次，乡村环境明显改观。全力推进“出户入园”工作，群众从传统的分散式家庭养殖向规模化、标准化的集中养殖转变，解决人畜共患问题。

（三）产业培育，夯实脱贫致富基础

1997年开发建设初期，在福建农林大学帮助下，闽宁镇培育发展起了全镇第一个真正意义上的产业：菌草产业。如今闽宁镇已形成了“种葡萄、养黄牛、抓劳务、建园区”的产业发展新格局，有力地支撑了农民增收。在葡萄产业方面，先后培育和引进了德龙、立兰、中粮等13家龙头企业，种植面积6.2万亩、占全区的10.3%，年产葡萄酒2.6万吨，拉动移民增收3000元以上，带动了文化旅游业快速发展。在黄牛养殖业方面，已建成万亩草畜基地和万头肉牛养殖基地，肉牛存栏1.6万头，产品远销福建、广东等地，通过“政府+龙头企业+贫困户”肉牛托管养殖经营模式，每户每年分红8000元。在园区建设方面，闽宁两省区投资2.1亿元建成占地1750亩

的闽宁协作扶贫产业园，吸引晓鸣农牧、宁闽合发、君鑫盛、青川管业、北客生物、德之品包装等 6 家企业落户，投资超过 3 亿元，园区产值达 1.68 亿元，提供就业岗位五百余个。在新兴产业方面，推广“电商＋扶贫”模式，打造全区首个乡镇电商一条街，依托“抖音”“快手”“淘播”“小红书”等直播平台，通过“镇长带货”“村长带货”等形式，助推“网红”经济，培育了二十余名带货主播。在劳务产业方面，闽宁镇距离宁夏首府银川市只有 60 公里，交通快捷便利，通过对年轻劳动力职业技能全员大培训，培养了一批高素质、高技能的产业工人。每年 8000 多人转移就业，实现收入近 1 亿元，人均收入 1.2 万元。

全镇引进闽籍企业 13 家，完成投资 4.4 亿元，受益人口 5000 人以上，全镇农村居民人均可支配收入到达 13970 元（高于全区农村居民人均可支配收入 1112 元，比 1996 年搬迁之初增长了 27 倍），贫困发生率下降至 0.197%，6 个行政村全部脱贫出列。

二、搭建合作平台，携手闽商进宁夏

（一）成立福建宁夏企业家扶贫协会

1997 年 3 月，时任福建省扶贫办主任林月婵赴宁夏调研。这里“苦瘠甲天下”的状况使她认识到闽宁协作是一项系统工程，需凝聚社会各方力量推动。在宁夏调研时，开车的司机说自己曾给福建老板开过车，就请他帮忙联系这些福建企业家，一口气请来了四十多位闽商。她觉得这是一支很重要的帮扶力量。①

1997 年 4 月召开的闽宁对口扶贫协作第二次联席会议提出，“广泛深入地开展多种形式的扶贫协作，促进闽宁双方共同发展”“动员企业家到宁夏

① 郑璜：《林月婵：一世闽宁未了情》，《福建日报》2020 年 7 月 7 日。

投资办厂”“开展经贸合作”等具体措施。这些思路，为“闽宁协作”注入了市场和社会动员思维。1997 年 8 月，闽商们成立了宁夏福建企业家扶贫协会，后更名为“宁夏福建总商会”。宁夏福建总商会成立后，成为党和政府联系在宁闽商、闽企的桥梁和纽带，闽宁合作的重要载体，也是在宁闽商、闽企获得信息和服务的重要平台。

宁夏福建总商会现有地方分会和行业协会 11 家，会员 1860 人，理事以上人员 130 人，代表着 5600 家企业和 8 万家商户。宁夏福建总商会引领全体会员奋力拼搏在脱贫攻坚的主战场，据不完全统计，在宁闽企年产值 350 亿元，安置当地劳动力十多万人、其中建档立卡贫困人口二万多人，为闽宁对口协作和宁夏经济社会发展作出了积极贡献。协会成立以来，为宁夏招商引资千余亿元。①

（二）品牌重塑：生态富硒羊化身致富羊

2019 年，经福建泉州市永春县赴宁夏同心县挂职干部郑永璘同志引荐，福建泉州人雷灿煌在同心县投资成立宁夏同春缘农业科技发展有限公司。该公司着力构建同心县草畜产业优势，完善产品供应链，提升产品价值链，塑造同心县生态富硒羊品牌，助力同心县脱贫攻坚。

规范养殖模式，推动品牌发展。该公司以“党支部 + 企业 + 养殖户（建档立卡贫困户 + 边缘户 + 农户）”模式带动同心县农户发展养殖业，采用统一品种、统一配种、统一防疫、统一培训、统一标准、统一饲料、统一服务、统一回收的“八统一”管理模式，规范和提高当地养殖户和建档立卡户的养殖水平。雷灿煌认为，老百姓只有领悟到通过自己勤劳的双手和不断更新的理念，才能走上发家致富的幸福路，从而带动一千多户贫困户持续增收

① 《宁夏福建企业家协会会长黄添进：弘扬闽商精神 助力闽宁合作》，2016 年 6 月 23 日，人民网，见 http://fj.people.com.cn/GB/339045/341407/376889/index.html。

致富。[①]

“线上＋线下”协同发展，打造全渠道营销品牌。“线下”，根据同心县畜牧业的发展情况，在福建泉州、厦门、漳州等地建立150家同心县农副产品销售店面，牛羊的年销售量可达10万只；“线上”，在购物平台上建立同心县生态富硒羊专营店，并着力打造和推广同心县生态富硒羊这一品牌。[②]

延伸产业链条，促进产业融合发展。公司投资建设万亩草畜产业一体化基地，现已完成2000亩基地建设。在同心县石狮开发区麻圪塔村以东，建设2000平方米的杜泊羊产业研发中心、20000平方米的杜泊羊交易平台、3000平方米饲草料配送中心、20000平方米的集体羊圈以及1000亩的巨菌草种植基地。巨菌草种植面积已达1000亩。同时，该公司积极探索养殖监管新模式，全园配套安装视频监控点百余处，在杜泊羊文化中心可实现智能终端实时查看。

（三）贺兰酒庄：中国北纬38.5度的雄心

2007年，福建晋江人陈德启作为闽商代表到宁夏贺兰山东麓这片戈壁荒滩考察，他装了一袋土壤，送往法国检验，得到的结论是这里可以种出世界上最好的葡萄。陈德启果断再次赴宁，与当地政府签订合同，一举流转了10万亩荒地，成立宁夏德龙酒业有限公司。曾经一望无际的戈壁滩，如今在他的手中变成500多万棵树和5万亩有机葡萄生态产业园。[③]

到2020年10月课题组调研时，已经形成贺兰神有机葡萄生态产业园。酒庄采用全球领先的有机葡萄酒酿造工艺生产，园区的生产及酿酒设备均为

---

① 《宁夏同心“杜泊羊”：我将在此实现人生价值》，2020年8月29日，闽宁网，见http://www.mnw.cn/news/china/2314254.html。

② 《闽商在同心——产业扶贫助力脱贫攻坚》，2020年12月17日，国际在线，见http://cj.cri.cn/n/20201211/cfcec366-e47f-a83a-bc0e-ee8612d83280.html。

③ 《倾情我的第二故乡——记“闽宁对口扶贫协作”中的政协力量》，《人民政协报》2020年7月21日。

法国、意大利的先进设备，从种植、采收、酿造入橡木桶，均由法国专家全程亲自指导并管控。2014 年，贺兰神葡萄酒在布鲁塞尔国际大赛上获得金奖；2015 年，酒庄参加全球有机葡萄酒大赛，5 款酒参赛，摘得 4 金 1 银；2016 年、2017 年，连续两年代表中国红酒进入法国卢浮宫巡展。

如今，附近移民村有 3000 多村民在酒庄工作，其中不少是闽宁镇原隆村建档立卡贫困户，他们的月收入在 3000 元以上。公司还安排免费培训，掌握技术的工人月收入可达 5000 元。①

（四）扶贫产业园：以商招商

政府倡导，以商引商，共同发掘增长新动能。隆德是宁夏为数不多的公共财政年收入未过亿元的县，“穷根”是工业基础薄弱。随着闽宁合作的深入，一批以宁夏康业投资公司为代表的福建民营企业陆续来到隆德投资建厂，创办闽宁扶贫产业园。

创办“孵化园”。自 2011 年以来，福建省康业投资有限公司董事长林小辉 4 次到隆德考察。遵照市场规律，隆德县和该企业达成合作意向，采取“政府基础配套、企业建设运营、政企共同发展”的模式。2013 年，通过闽宁协作招商引资，先后成立宁夏康业投资有限公司、宁夏闽宁重工有限公司，投资 3.2 亿元建设闽宁中小企业创业孵化园，建设标准化厂房面积 13 万平方米。

“孵化园”以商招商。宁夏康业投资有限公司通过“孵化园”以商招商，吸引企业入驻园区。对于建设“孵化园”的意义，林小辉认为，建设闽宁中小企业创业孵化园为西部地区中小型企业创业降低了门槛，提供了发展机会。新入驻的企业多数存在创业难、发展空间小、资金缺乏、无法投入过多

① 《倾情我的第二故乡——记“闽宁对口扶贫协作”中的政协力量》，《人民政协报》2020 年 7 月 21 日。

资金购置土地建厂房的问题。园区为一批中小企业解决了首期资金投入过大、建设周期长等难题。伴随着招商入园企业的快速发展，一些规模小、技术含量高、成长性好的项目入园孵化效果明显。园区成为隆德县承接东部产业转移的重要平台和推进高新技术产业发展的前沿阵地。成功引进了宁夏新坐标鞋服实业公司、宁夏天鸿食品公司、宁夏康之业生物工程公司和隆德县浩德纸业包装公司等30多家中小微型企业。

（五）扶贫车间：承接产业转移

随着经济社会的快速发展，东部沿海地区要素制约加剧，成本上涨较快，竞争优势减弱，而西部内陆地区的土地、劳动力等要素的低成本优势吸引力巨大，“西进”成为纺织产业发展的必然趋势。厦门聚泉祥包袋用品有限公司作为一家成立近10年的传统纺织企业，也加入到了东部纺织企业向西部转移的大潮之中，于2019年初开始谋划整厂搬迁至西部。

福建第11批援宁工作队泾源县工作组挂职干部得到消息后，大力鼓励动员厦门聚泉祥包袋用品有限公司落户泾源县，参与西部扶贫事业。公司积极响应，并于2019年6月与泾源县政府签订协议，于2019年7月注册成立宁夏泉祥户外纺织用品有限公司，在启动车间建设的同时，同步在过渡厂房开始员工培训、运营。跟总部在东部、车间在西部的东西部扶贫企业不一样的是，该企业将总部和车间全部设在泾源县，把泾源县作为企业进一步发展壮大的主阵地，着力在泾源县“落地生根”发展。

在车间稳步发展的同时，还不断吸纳周边村部的贫困户来厂里务工。由于车间的工作操作简单，大部分贫困户都在这里找到了工作，学到了技术，实现了脱贫摘帽。一人稳定就业，脱贫致富一家。变“输血”为“造血”，扶贫车间正在成为当地群众脱贫致富的主要载体之一，真正为当地群众就业提供了便利，让村民变身产业工人，为他们打开致富的大门。

有别于其他扶贫车间的是，该项目是东部企业向西部转移发展而建设的扶贫车间，因此该项目以“工厂化、规模化、长期化”的标准来建设。项目首期工程建设2个扶贫车间、面积共5000平方米，设置18条生产流水线，配备平车缝纫机、同步厚料机、高头成型机、智能模板机等机器设备360台。后续计划通过“缝纫加工外包致富带头人培训”等方式，培养本地致富带头人新开设若干个扶贫车间，实现至少500人就业，累计可达1000人以上就业的目标，为本地群众提供更多的就业岗位。截至2019年底，在过渡车间运营短短5个月，已吸纳当地群众246人就业，其中建档立卡户128人、残疾人14人，人均工资1800元以上，受益贫困群众近500人。

三、互利共赢，做强盐池滩羊产业

盐池县围绕做强滩羊产业的目标，国企挂帅提升品牌价值，严控质量标准，拓展产业链条，扶助合作社、农户和贫困户积极参与，建立紧密利益联结机制，为群众脱贫致富塑造特色产业。

（一）国企担当，夯实基础领发展

为进一步整合发展盐池滩羊产业，盐池县委、县政府于2017年7月出资1亿元注册成立国有独资企业宁夏盐池滩羊产业发展集团有限公司（以下简称“滩羊集团”）。滩羊集团以壮大滩羊产业为己任，发挥龙头示范带动作用，将小农户与大市场紧密联结在一起，带动全县农民群众闯市场奔小康。

为了充分整合县内滩羊产业资源，形成合力闯市场，集团公司与全县养殖户、合作社以投资、契约关联和生产经营协作等多种方式建立产业联合体，形成利益联结机制，采取“企业＋协会＋农户”的模式，会同滩羊协会组织各企业以全县74个贫困村为重点，采取整村推进的方式，先后与全县23000户滩羊养殖户签订盐池滩羊订单，累计收购160万只，以高于市场同期的10%的价格收购盐池滩羊；并引导、整合县域内现有牧草种植加工和滩羊生产、加工、销售企业等滩羊产业链上的新型农业经营主体和各种资源，逐步实现“购销价格、市场开拓、品牌宣传、营销策略、生产标准和饲草料使用”的“六统一”目标，增强盐池滩羊市场竞争力，充分发挥滩羊产业扶贫作用，促进滩羊产业稳步发展和农民稳定增收。2019 年盐池县农民人均可支配收入 12127 元，其中一半以上来自滩羊产业，盐池滩羊真正让老区的贫困群众富了起来。

一是引领带动，提升区域品牌价值。滩羊集团紧盯高端市场，紧抓国际国内重要会议，从政府和企业两端发力开拓市场，一方面通过“以奖代补”鼓励产业链企业开发新产品，积极参加各类农产品展（博）览（销）会，加大营销力度，自主推介、开拓市场；另一方面借助“G20 峰会”、“金砖五国峰会”、“上合组织峰会”、大连“达沃斯论坛”等国内国际大型宴会使用盐池滩羊肉有利时机，先后在杭州、深圳、上海、北京等 11 个大中城市举办“盐池滩羊”品牌宣传推介会，邀请大型餐饮企业和高端酒店、商超、商贸、物流等行业的商会、协会负责人参加。并与京西宾馆、世界中餐业联合会签订了支持贫困地区发展战略合作协议。政府和西部机场、顺丰、中国邮政等物流签订互惠合同协议，对空运和汽运冷鲜配送予以补助，降低以羊肉为主的农产品外运价格，极大地方便了广大群众。

随着盐池滩羊对外知名度和认可度的大幅提高，盐池滩羊肉产品由 2016 年畅销全国的 26 个大中城市增加到五十多个，销售点由 153 家增加到 226 家，盐池滩羊肉的销售由过去以实体店为主餐饮为辅的单一模式，拓宽为线上与线下、传统销售与新零售相结合等的营销模式，打入大型连锁超市 153 家、餐饮企业 262 家，滩羊肉销售量达 2.7 万吨，滩羊肉价格由 2015 年的每公斤 36 元提高到 2019 年的每公斤 70 元。通过创新品牌营销模式，大大提升了“盐池滩羊”品牌知名度和溢价力。盐池滩羊肉区域品牌价值达到 71.1 亿元，品牌价值得到社会各界充分认可，整个产业迈上新的发展台阶。

二是规范生产，保障滩羊优等品质。积极推进滩羊全产业链追溯系统建设，实现滩羊防疫电子耳标全覆盖。从养殖、屠宰、加工、销售等进行全程监管，严格产地检疫和产品检验，严把滩羊进出“关口”。建设盐池滩羊屠宰专区4个，引进电子门禁识别系统，加强重点企业加工环节质量检测和监管，基本实现滩羊从养殖到餐桌全程质量可追溯，保障了滩羊品质稳定及滩羊肉质量安全可追溯，持续稳定提升“盐池滩羊”品牌价值。不断强化管理，对入驻商户给予商标授权使用许可，推动盐池滩羊分等定级、优质优价，实行专区定点销售，维护品牌形象，保障消费者利益。完善严控“盐池滩羊”商标许可使用，对“盐池滩羊”专卖店进行定期不定期检查，通过评星定级，奖优汰劣，规范市场运营，维护品牌信誉。启动实施盐池滩羊产业经营监管暨质量管理大数据平台建设项目，促进全产业链各端口数据共享，提高滩羊产业数据综合采集分析能力，打造高效便捷的滩羊肉产品质量追溯平台。2019年底，盐池滩羊基因检测技术实现了推广应用，再次为维护品牌加了一道“防控栏”。

三是金融扶持，带动小微养殖个体。累计整合资金近10亿元，对符合条件的养殖户尤其贫困户和规模养殖场、规模养殖大户、滩羊肉加工销售企业、商户发放贷款，给予符合条件的建档立卡户享受基准利率或贴息，为滩羊养殖、加工、销售的企业、商户、新型经营主体及养殖户提供资金保障，有效地解决了养殖户补栏资金缺乏，滩羊集团相关的牧草种植加工，滩羊养殖加工、销售的企业、专业合作组织及新型农业经营主体和农户融资难、利息高、程序多、额度小、审批时间长等问题，同时完善了利益联结机制。

（二）共生互利，产业延伸促增长

宁夏滩羊二毛皮产品独特，有别于普通羊毛制品，其具有独特的九道弯形态，手感更加柔软舒适，深受高端羊毛制品消费者喜爱，市场上也有不少利用加工技术模仿该特性的仿品。

宁夏盐池美雅滩羊裘皮有限公司是一家集滩羊二毛皮熟制、鞣制、成装制作于一体的企业。2009年申请“花马池”牌商标，经原国家工商总局商标局成功注册，2010 年 9 月取得中华人民共和国海关进出口货物报关注册登记证，2016 年获得宁夏第十届著名商标。截至 2019 年，获得国家知识产权局实用性和外观设计专利证书 8 个。该公司深耕盐池滩羊产业链下游环节，收购纯正的盐池滩羊生毛皮，并设计制造滩羊二毛皮制品，产品附加值较高，实现了滩羊价值的二次开发，提升当地制造加工以及设计领域产业能力。

（三）普惠共赢，人人积极增效益

围绕做强盐池滩羊产业的目标，加大对农业产业化龙头企业、专业合作社等新型经营主体的扶持力度，培育扶持产业扶贫示范村 10 个、龙头企业 9 家、专业合作社 90 家、致富带头人 741 人，构建新型经营主体与贫困户紧密联系的利益联结机制，促进农民增收。

一是建立“龙头企业 + 合作社 + 基地 + 农户”产业扶贫模式。充分发挥滩羊集团国有企业在农业产业方面执行标准、稳定价格、拓展市场的示范带动作用，不断提高产业的组织化程度，通过社会化服务、订单收购、股份合作等方式打造农户“产”、专业合作社“加”、龙头企业“销”的利益联结模式，年订单保价收购滩羊 5000 吨。

二是建立“协会 + 合作社 + 农户”产业扶贫模式。充分发挥协会“服务会员、服务行业、服务政府”的职能，建立县、乡、村三级滩羊协会，实行“县统乡、乡统村、村统组、组统户”统一出口的滩羊养殖营销模式，既保证了企业有稳定优质的原料来源，又实现了滩羊肉优质优价不愁销路。

三是金融支持，帮扶到户。创新“631”评级授信系统。建立了建档立卡贫困户评级授信系统，改变原有银行评级授信标准，将建档立卡贫困户的诚信度占比提高到 60%，家庭收入 30%，基本情况 10%。根据评级结果确定授信额度，解决了贫困群众无人担保无物抵押难题。同时，根据滩羊产业发展周期较短等特点，有针对性地为群众量身定做“富农贷”金融产品。农户一次授信，3 年内随用随取。这种做法降低了评级授信门槛，有效解决了贫困户贷款难的问题。此外，还建立四级信用平台，把对建档立卡贫困户评级授信的成功做法运用到所有农户，四个信用等级分别可贷款 10 万元、5 万—10 万元、2 万—5 万元、2 万元，与各金融机构同评定、共应用，实行贷款额度、利率优惠与信用等级挂钩，有效降低贷款门槛和贷款成本。此外，还为全县所有滩羊养殖农户量身打造了肉羊收益保险，分散养殖户市场风险。

第三节　智志双扶：全面提升内生发展动力与能力

“智志双扶”旨在通过提升贫困人口的人力资本水平和摆脱贫困的信心、决心，从而培育贫困人口脱贫致富的内生发展能力与动力。本章聚焦闽宁协作干部挂职交流、人才互通，树立“爱拼才会赢”的奋进思想，起到“扶志”的积极作用，逐步提升其内生发展动力；专业技术人才交流、技能培训、教育医疗“组团式”帮扶等起到“扶智”的积极作用，逐步提升其内生发展能力。

一、山海携手人才带来脱贫路上新理念

习近平同志在《摆脱贫困》一书中多次强调，“弱鸟可望先飞，至贫可能先富，但能否实现‘先飞’、‘先富’，首先要看我们头脑里有无这种意识”①，“贫困地区完全可能依靠自身的努力、政策、长处、优势在特定领域‘先飞’，以弥补贫困带来的劣势”②。一定程度而言，贫困地区发展水平较为滞后与当地发展意识的匮乏存在一定相关性。

有这样一个群体，他们始终坚守初心、勤政务实、敢于担当，为闽宁协

---

① 习近平：《摆脱贫困》，福建人民出版社 2018 年版，第 2 页。

② 习近平：《摆脱贫困》，福建人民出版社 2018 年版，第 3 页。

作扶贫开发事业注入不竭动力，成为东西部扶贫协作的中坚力量，这就是闽宁对口扶贫协作援宁群体。1996年以来，福建省选派援宁挂职干部11批183名，帮助宁夏培训教师一万多人次，派遣支医、支教工作队员和科技工作者2000人次，宁夏也先后选派344名干部到福建挂职锻炼。一批批优秀的八闽人把宁夏作为第二故乡，真情投入、真心付出、真诚奉献，办成了大量实事好事，解决了许多急事难事，带来了先进发展理念。2020年7月，中宣部授予闽宁对口扶贫协作援宁群体"时代楷模"荣誉称号。

（一）援宁干部真情实意倾力投入

一任接着一任的援宁干部前往宁夏贫困地区，与当地干部一起围绕脱贫致富寻找新思路、新方法。他们积极修建入村入户道路，完善周边基础设施建设；为给土豆找销路，带着不同种类的宁夏马铃薯样品向各地推销；[①] 积极克服饮食、气候等诸多不适，因地制宜为宁夏发展制定扶贫项目与计划。中宣部授予闽宁对口扶贫协作援宁群体"时代楷模"称号，是对福建援宁群体20多年接续奋斗辛勤付出的充分肯定。

（二）援宁干部真抓实干严保质量

课题组调研之时，"爱拼才会赢"的标语挂在众多村委会的门口，而这是一批又一批福建援宁干部所发扬的进取精神产生的影响。宁夏地域较为偏僻、气候干旱，援宁干部坚决克服由于气候、环境等带来的不利影响，基于宁夏客观情况从生态扶贫、产业合作、易地搬迁、劳务协作等工作出发，攻坚克难、苦干实干，取得了显著成效。如积极为帮扶地区与闽籍企业家搭建合作平台——宁夏福建企业家协会，千方百计动员闽籍企业来宁发展。

---

① 《不负使命，携手圆梦》，2020年7月1日，人民网，见 http://cn.chinadaily.com.cn/a/202007/01/WS5efbe2eba310a859d09d5235_1.html。

（三）援宁干部真帮实扶确保成效

站在“两个一百年”奋斗目标的历史交汇点上，闽宁携手共奔小康。福建援宁干部在宁夏挥洒汗水，将扶贫成果写在了祖国大地上。实际工作中，援宁干部积极在宁夏各项工作开展中注重市场化机制，通过市场化运行确保扶贫成效。如在宁夏回族自治区盐池县一家企业调研时，福建援宁干部起到了良好的桥梁作用，积极对接当地企业家促进企业项目规模扩大。该企业不依赖任何政府财政补贴，年产值可达 2 亿元，对吸纳当地贫困人口就业发挥一定作用，也是市场主导下当地产业发展的良好典范。从政府工作人员、宁夏本地企业家，至建档立卡贫困人口，谈及援宁干部最突出的贡献时，众人均提及援宁干部敢拼敢闯、有勇有谋的发展意识发挥了巨大作用。

（四）完善干部交流机制助力乡村振兴

第一，应坚持干部互派互选的制度设计。调研中发现，援派干部在贫困地区产业布局、扶贫工作推进、项目对接中，均发挥了积极的桥梁作用，对促进贫困地区脱贫攻坚取得决定性胜利发挥了不可替代的作用。思想互通，既对援派干部在日常工作中产生影响，也为贫困地区巩固拓展脱贫攻坚成果与乡村振兴有效衔接注入新的活力。闽宁协作中，援宁干部坚持将市场化机制引入产业园区、扶贫车间、产业扶贫等多项工作，在乡村振兴阶段仍应坚持和完善干部挂职交流机制，促进宁夏欠发达地区实现乡村全面振兴。

第二，应适度扩展援派干部的工作范畴。座谈时发现，援派干部前往贫困地区仅仅关注当地扶贫工作的推进，这对援宁干部引入沿海地区较为先进的工作理念产生一定不利影响。因此，今后的东西部协作中，应不仅仅局限于巩固脱贫攻坚成果，而需将视野延展至乡村振兴及可持续发展维度上，立足区域协同协调发展，在更大范围内发挥挂职交流干部在乡村振兴、经济和社会发展中的重要作用。

第三，应逐步加强援派干部的生活保障。闽宁两地在气候、饮食习惯、环境等因素差异较大，援宁干部积极克服不利因素，真抓实干投入扶贫事业。作为迈向共同富裕目标的长效机制，东西部协作工作中应进一步加强挂职交流干部的生活保障，确保干部可心无旁骛投入当地发展建设。同时，需适度引入相应的激励机制，确保挂职交流干部留得住、干得好、能发展。

二、健康扶贫扫除脱贫路上“拦路虎”

2020年是脱贫攻坚战最后一年，收官之年遭遇新冠疫情影响，给打赢脱贫攻坚战带来新的挑战。在全面建成小康社会征途中，因病致贫、因病返贫是部分贫困群众和低收入人群脱贫致富的“绊脚石”和“拦路虎”。近年来，福建省各地卫生部门通过开展医院对口支援、医联体建设和远程医疗等方式，引导大型公立医院充分发挥公益性，鼓励各类医务人员积极投身宁夏健康扶贫行动，全方位带动宁夏贫困地区医疗事业发展，在医疗设备、医疗技术、人才培养、临床专科能力提升等方面为当地健康扶贫注入强劲动力。

（一）协作医院医疗管理水平显著提升

针对宁夏医院实际情况，福建省派出涉及医院管理、经济管理、医院感染控制、临床重点学科等方面的专家，弥补协作医院的发展短板。援派医生深入协作医院每个行政职能科室帮助提升医院管理水平，在细致分析医院收入分配的基础上，帮助制订绩效分配方案，建立激励约束机制。援派医生深入临床一线科室查找薄弱环节，全面掌握临床重点专科建设的实际困难，提升临床重点专科建设水平。如2017年，福建省援建原州区人民医院门诊楼，出资20万元资助培训重点专科医疗骨干；2019年，福建省紧盯贫困乡村医疗条件薄弱问题，筹资1160万元支持海原县、盐池县、闽宁镇等县（区）乡镇卫生院改造提升，购置医疗器械，搭建远程医疗平台。

（二）助力打造“留得下”的医疗人才队伍

福建省支医专家将自己多年来的临床经验、临床新技术、新业务，结合协作地区医疗机构的实际，毫不保留地传道、授业、解惑，有效提升宁夏各级医疗机构医务人员综合能力。考虑到支医专家援派时间有限，需逐步加大人才交流力度，从帮扶地区遴选出一批适合培训交流的本院医生前往福建省各医院交流学习。如 2018 年，两省区卫生健康委召开联席会议，签订医疗卫生精准帮扶合作协议。宁夏回族自治区 19 家医疗卫生机构与福建相关医疗机构建立了结对帮扶关系，选派 131 名医疗骨干赴闽学习培训，引进新技术、新业务 44 项。这不仅助力协作医院水平得到提升，而且帮助协作医院进行医疗人才的人力资本积累，对医院后续发展产生重要影响。

（三）贫困群众健康水平明显提高

健康扶贫最大的受益者是贫困群众，援派医生为部分患病贫困群众切实进行了有效治疗，并为患病群众节省了一定程度的求医成本，如交通、住宿和陪护等费用。调研时发现，在支援医生的帮扶下，贫困县人民医院诊疗能力获得显著提升，并吸引周边非贫困县患病群众前来看病。患病群众在无须转诊到地市、省会医院的前提下，就可以享受到沿海地区先进的诊疗技术与诊疗服务。如 2018 年，宁夏回族自治区协调对接福建省立医院专家团队等为贫困县区 33 名先心病患儿进行免费手术治疗，帮助贫困家庭节省了大量的医疗费用。

在莆田市第一人民医院临床专家林志勇的指导下，西吉县人民医院重症医学科、胃镜室全体工作人员密切配合，成功完成了西吉县首例胃镜下空肠营养管置入术。74 岁的患者韩某因急性心肌梗死后深度昏迷入住西吉县人民医院重症医学科，由于病人长期处于深度昏迷，无法进食且伴有胃肠道反流，亟需经空肠给予营养。经援宁医生林志勇会诊，决定为病人进行胃镜下空肠营养管置入术。“通过这个手术，帮助医生掌握了先进的医疗技术，也利于患者后期康复。”西吉县人民医院重症医学科医生吴学瑞说。自2016年莆田市第一人民医院开展医疗帮扶以来，西吉县人民医院已经创下不少“首例”。“医院先后成立新生儿科、重症医学科，新建透析室。”西吉县人民医院医教科主任陈珣说。重症医学科在莆田市第一人民医院专家林君洪的带领下，通过开展CRRT（床旁连续性肾脏代替治疗）新技术，成功救治了一名误服有机磷农药中毒患者。2016年5月，莆田市第一人民医院与西吉县人民医院签订为期5年的对口帮扶协议，结合西吉县医疗实际，确立了内窥镜、腔镜、血液透析等为重点帮扶建设学科；2018年10月，莆田市涵江医院与西吉县人民医院达成帮扶协议，开展相关工作。自莆田市开展医疗帮扶西吉县以来，两地医院情牵“医”线，硕果累累。莆田市先后派血液透析科、妇产科、儿科、神经外科、心血管内科、急诊科等方面专家21人，通过传、帮、带，使西吉县人民医院学科建设水平、业务创新能力、人才队伍建设等方面得到了进一步提升和改善，专科对口支援项目成效明显，县域内就诊率达到90%以上。帮扶专家累计接诊病人5000人次，住院诊疗4000人次，指导教学查房近500次；指导开展疑难病例讨论63例，手术示教73例，抢救危重病人72人次。①

（四）完善医疗协作提升医疗卫生服务水平

第一，共享福建农村医疗保障经验，推动宁夏农村医疗保障再上新台阶。包括合作医疗、医疗保障和救助制度在内的医疗保障体系建设，是从源头预防因病致贫、因病返贫，分散农户治病财务风险的有效手段。在乡村振兴阶段，医疗协作不仅要在医疗体系和医疗卫生人才队伍建设上做文章，还

① 《跨越两千多公里的闽宁情》，2020年6月30日，人民网，见http://cpc.people.com.cn/n1/2020/0630/c433130-31765461.html。

应在农村医疗保障体系建设上，吸纳转化发达地区的经验，将医疗协作与乡村振兴有效衔接，与县域综合医改、健康中国行动融合推进，持续推动农村医疗保障体系建设。

第二，完善医疗协作人才支撑体系、加强疾病预防与控制、妇幼保障、乡村卫生室标准化建设等工作，补齐贫困地区医疗服务短板。一是要强化人才培养，加强欠发达地区医疗和公共卫生人才培养。充分发挥福建在医学类高校、科研院所人才智力优势，采取协作开展继续教育、进修等途径改变宁夏欠发达地区医疗卫生人才存在的学历低、职称低、医疗技术水平低等现象，提升其职业技能水平。二是酌情在宁夏欠发达地区乡村卫生院、村卫生室推行数字化医疗卫生服务，包括远程诊疗、医保结算支付、药物派送等，方便农村低收入人口就医，增加农村医疗资源的可及性和可得性。

第三，加强公共卫生服务，提升预防保健水平。现有的健康扶贫内容和功能还较为单一，主要是为贫困户提供医疗费用补偿和疾病诊治。在此基础上，乡村振兴阶段还可以考虑拓展扩大到公共卫生服务领域，在疾病预防与控制、健康教育、妇幼保健、残疾人康复和健康养老等方面，依托互联网+医疗、诊疗大数据、参保大数据等加强公共卫生服务，为贫困群众撑起健康保护伞，降低居民的健康脆弱性，从而消除因病致贫的隐患。

三、教育扶贫阻断代际贫困“传递链”

扶贫必先扶智，教育扶贫是国家打赢脱贫攻坚战的基本组成部分。在东西部协作教育扶贫中，既包括针对义务教育学生的扶贫协作措施，也包括职业教育和大学教育的扶贫协作措施。我国《职业教育东西协作行动计划(2016—2020年)》，推进东西职业院校协作全覆盖、东西中职招生协作兜底、支持职业院校全面参与东西劳务协作三大行动。实际工作中，闽宁协作立足宁夏回族自治区教育所需，积极投入人力、物力及资金，助力宁夏贫困地区在教育扶贫工作上取得明显成效。

（一）坚持精准对接，做好顶层设计规划

教育扶贫工作始终是两省区重点关注的扶贫内容之一。如2017年，闽宁两省区教育、扶贫部门联合印发《闽宁职业教育协作助力脱贫攻坚工作实施方案》，安排福建10家高等职业学校、18家中级职业学校与宁夏28家高等、中等职业学校建立结对帮扶关系；实施闽宁中职招生协作兜底行动，在18对中等职业学校30个专业联合培养学生1680人。2018年，闽宁两省区教育厅签订新一轮教育协作协议，进一步推进结对帮扶、教师选派等工作。两省区积极实施中小学结对帮扶工程，福建省承担对口帮扶任务的市、县（区）选择1所本地优质学校与帮扶县（区）中小学开展结对共建。到2020年，宁夏回族自治区4所普通高等院校、10所高职院校、20所中职院校与福建省相关院校建立结对帮建关系，职业院校实现结对帮建全覆盖。

（二）夯实教学基础，坚持人才互派交流

2017年，福建选派第19批30名优秀中小学骨干教师赴宁中南部山区9个县（区）和闽宁镇开展为期一年的支教活动，宁夏选派40名中小学校长来闽跟岗学习。2018年，宁夏选派40名中小学校长到福建省相关学校挂职学习、选派近1000名教师到福建省参加培训。2019年，福建省开展“福建院士专家宁夏行”活动，选派了88名优秀教师来宁开展为期1年的支教活动；宁夏回族自治区组织40名中小学校长赴福建中小学挂职学习，选派1200名教师赴福建院校学习培训，100名中小学骨干教师到福建开展“互联网+教育”和校企合作专题培训，20名职业学校专业技术骨干教师赴福建跟岗学习，1000名贫困地区学生到福建企业顶岗实习。

（三）创新教学理念，打造教育扶贫样板

20多年来，一任接着一任的支教教师为贫困地区带来沿海地区先进的

教学理念。调研中发现，贫困地区学子普遍喜欢听福建支教教师授课，老师们所讲述的福建世界也为他们的人生打开了一扇新窗口。在日常教学工作中，支教教师积极将授课内容与当地受教育水平相结合，因地制宜开展教学工作。而在教学管理工作中，福建支教教师积极将原学校的管理理念引进贫困地区，促进贫困学校教学管理能力的提升。除了语文、数学等基础课程外，还引入音乐、舞蹈、绘画、创新创业等更加丰富的教学内容。如宁夏回族自治区吴忠市同心县，正是由于支教教师的积极推进，第一届机器人大赛成功举办。此外，闽宁两省区积极加强高等教育院校合作，推进福建厦门大学等 4 所本科学校与宁夏 4 所本科学校建立“一对一”对口合作。

（四）持续推进教育协作

第一，全方位搭建教育协作平台，不断提升教育水平。脱贫攻坚期间，重点解决了贫困地区义务教育有保障，在建设社会主义现代化国家新征程中，0—3 岁早期教育、学前教育是欠发达地区的教育短板，应着眼我国现代化建设的中长期发展需要，充分利用东部发达地区的教育优势，寻找新的契合点和发力点，加强科学规划、精心设计教学项目，全方位搭建教育协作平台，助力欠发达地区不断提升教育水平。

第二，建立支教教师传承机制，打造一批留下来的教学人才队伍。教育扶贫是一项需要传承创新、久久为功的伟大事业，既要立足当下，又要惠及长远。因此，应始终坚守教育扶贫的初心，不断创新教学模式、拓展教学范围，助力贫困地区完善教学理念与教学管理制度。

第三，延展教育扶贫视野，将扶贫范围拓展至学前教育及高等教育。实践证明，九年义务教育有保障在一定程度上阻断了代际贫困“传递链”，但是从巩固拓展脱贫攻坚成果与乡村振兴有效衔接的视角来看，贫困地区实现可持续发展需进行更多的人力资本积累。因此，应注重学前教育协作工作的推进，适度加大高等教育的协作力度。

四、劳务协作就业托起脱贫致富新希望

习近平总书记多次对就业扶贫作出重要论述，强调一人就业、全家脱贫，增加就业是最有效最直接的脱贫方式，长期坚持还可以有效解决贫困代际传递问题。闽宁协作中，福建省与宁夏回族自治区立足各自比较优势，针对劳务协作做了大量工作，取得了显著成效。由于篇幅有限，本节不能详尽所有内容，故以“飞毛腿”就学就业、隆德残疾人就业及闽宁劳务协作三个方面进行总结。

（一）就学就业双策并举推进“校企合作”

在推动“校企合作”中，福建省飞毛腿集团探索出一条针对贫困地区学子就学就业齐抓共管的新思路。福建省福州市马尾区结对帮扶宁夏回族自治区固原市原州区。原州区经济发展水平较为落后，当地就业机会有限。原州区每年初中毕业生人数达到8000人左右，不能接受普通高中教育的学生达4000人左右。这些学生中，相当一部分因家庭经济原因未经技能培训就直接步入社会，人力资本积累不足导致这些学生陷入贫困的可能性增大。如果能够在原州区直接培养技术工人，学成之后到电子信息企业就业，正好达成技能扶贫和增加企业技工储备的双赢效果。鉴于此，福州市马尾区和固原市原州区深化闽宁劳务协作，推动福建飞毛腿技师学院原州分校建成。原州分校是首个外省技工学校在宁夏开设的分校，不仅填补了原州区无高级技工学校的空白，也为本地职业教育的发展提供了契机。

第一，授人以渔扶智扶志，提升贫困学子就业能力。福建飞毛腿技师学院原州分校实行三年“定向培养、校企对接”办学模式，学生“零门槛入学、吃住学全免”，为当地贫困学生提供技能培训服务。充分发挥校企一体、协同办学优势，实现了技能培训与劳动就业无缝对接。学生入校即签订就业协议，100%安排在飞毛腿公司就业。学习模式为“1 + 1 + 1”，即第一年

在原州分校进行文化和理论学习；第二年到马尾总校重点学习技能实操，考级考证；第三年在飞毛腿集团公司下属工厂顶岗实习，即可拿到劳动报酬。2018年8月学校开始招生，当年招生74人；2019年招生近150人。2020年，将校址及其设施整体租赁移交飞毛腿集团，企业三年投入4500万元，对原州分校进行全面改扩建，并将其招生规模逐步扩大至1000人。同时，将企业在深圳的部分生产线搬迁至学校建设现代化实训基地，进行人岗适配的孵化式教学培训，逐步实现“教学+实训+工厂”产业模式，从根本上解决原州区及其周边部分贫困青年稳定就业脱贫问题。

第二，免费入学就读就业，有效破解贫困学子教育难题。针对部分贫困家庭不愿对教育投资过多的情况，该校采取“援宁工作组+人社部门+企业+学校”的方式共同打造“免费入学”模式，招收的学子全免试入学、全免费就学，入口门槛低，极大减轻了贫困学生家庭负担。在三年学习期间，学校还免费发放校服、免费提供食宿、提供到福州总校学习实训路费，并对家庭条件特别困难的学生给予一定的生活资助。在承诺毕业生100%安排在飞毛腿企业就业的同时，还无条件允许学生自行就业，提高了学生就业自由度。

第三，红利奖补措施到位，激发就业能动性。飞毛腿集团“异地办学、两地携手、校企对接”扶贫模式不是孤立产生的，而是在马尾、原州两区劳务协作、转移就业惠民大政策推动下结出的典型成果。两区携手出台了多项优惠的转移就业配套政策，如2019年马尾区对在马尾稳定就业6个月以上的原州籍建档立卡贫困劳动力给予合计13500元的奖补，原州区为在闽就业的建档立卡贫困劳动力每人每月补助岗位工资600元，补贴期限6个月。

（二）精准施策助力残疾贫困人口脱贫致富

隆德县地处六盘山集中连片特困地区，贫困状况的显著特征之一是残疾人数量较大。据统计，全县共有残疾人1.3万人左右，占全县总人口的

7.2%，其中农村贫困重度残疾人 6198 人，是全县脱贫工作“最难啃的硬骨头”。面对重度残疾人“无业可扶、无力脱贫”的客观限制，闽宁协作以隆德县重度残疾人脱贫工作为突破口、以残疾人托养中心为依托，探索出了集安居社区、康复基地和就业平台为一体的重度残疾人脱贫攻坚新路径。

第一，东西协作，精心建设残疾人安居社区。发展残疾人机构托养服务是实现政府兜底保障，解决重度、一户多残残疾人家庭精准脱贫的有效途径。2017 年以来，隆德县将残疾人托养中心建设纳入重点民生项目，坚持“政府主导、政策扶持、社会参与、公办民营、社会化运行”的原则，将符合条件的建档立卡贫困残疾人进行集中托养。福建省援宁工作队给予鼎力支持，从资金投入、设施改造、服务理念等多方面进行帮扶。如隆德县共投入闽宁协作资金 1550 万元，建成残疾人托养创业中心 4 个，购置各类康复器材 550 台、床位 300 张，桌椅床柜一应配齐，并建成食堂、医务室、图书室、活动室等生活设施。

第二，山海携手，倾心打造残疾人康复基地。在托养中心建立之前，由于隆德县缺乏专业的辅助康复医疗机构，这导致不少重度残疾患儿因抢救性康复不及时而错过最佳康复期，最终造成患者残疾程度加重。此外，由于成年重度残疾人照料护理和康复成本较高，这在较大程度上影响家庭其他劳动力外出务工。隆德县一户多残、以老养残的贫困问题尤为突出。因此，福建援宁工作队隆德工作组积极协调，购置各类康复器材、购买专业医疗社会服务、设立综合康复训练室等，为重度残疾人，特别是重度残疾患儿进行抢救性康复。此外，援宁干部积极对接清华大学第三附属医院、厦门大学医学院等，为残疾人康复进行专业指导，帮助部分残疾人进行治疗。2020 年，21 名重残患儿在托养中心医疗康复，87 名成年重度残疾人在托养中心享受照料护理和医疗康复。

第三，创新举措，合力搭建残疾人就业平台。隆德县与福建援宁工作队隆德工作组聚焦残疾人就业短板，合力搭建残疾人创业致富平台，助力残疾人就业增收。一是充分利用托养中心毗邻闽宁扶贫产业园的区位优势，配套建设适合残疾人从业的人造花加工、纸箱加工、花灯制作、工艺品加工等扶贫车间，引导有劳动能力的残疾人和照料残疾人的家庭劳动力在扶贫产业园和扶贫车间就近就业增收。二是搭建电商平台，引导支持青年残疾人创建电商合作社，经营淘宝、微商城等线上店铺以及闽侯、隆德、厦门等线下展示体验店。2019 年 2 月以来，累计销售农副产品 2000 万元，利润 500 万元，带动 300 户健全建档立卡户销售增收或务工增收；2020 年全国助残日前后，联合中残联、厦门大学、福州团市委等 30 家蓝 V 账号进行“扶贫助残隆隆薯”品牌宣传，浏览量突破300万次。电商合作社共销售农副产品2000万元，实现全县 2263 名贫困重度残疾人分红全覆盖，并带动 127 名边缘户残疾人增收，共分红 186 万元，每人分得 600—2000 元。

（三）优势互补，精准施策深化闽宁劳务协作

脱贫攻坚以来，福建省援宁工作队坚持把闽宁劳务协作作为助力脱贫攻坚的主抓手，通过多层次、高水平的持续工作推进，逐渐形成贫困人口“想就业、能就业、爱就业”的良好局面。

第一，注重产业合作，带动劳务收入持续增长。就近就地解决就业问题，既可以帮助贫困人口节约务工成本，也可以缓解“留守儿童”“留守老人”等社会问题，助力贫困人口实现增收、顾家两不误。脱贫攻坚初期，宁夏回族自治区经济发展有限，就业岗位不足。福建省积极引导闽籍企业落地宁夏，坚持把产业协作促进转移就业作为闽宁协作的重中之重。双方坚持政府引导、市场化运作，广泛发动闽籍企业到宁夏投资落户，带动当地贫困人口就业增收。2019 年，福建省引导企业来宁夏投资 128 个，企业投资金额达 63.77 亿元，企业吸纳贫困人口就业人数 2198 人，通过利益联结机制带动贫困人口 19035 人，举办劳务协作培训班 116 期，贫困人口就业培训达 4825 人次，贫困人口转移就业达 2.58 万人次，投入劳务协作资金 5179 万元。

第二，加强劳务对接，助推贫困群众稳岗就业。在转移就业方面，福建省出台政策积极鼓励宁夏籍建档立卡贫困人口来闽就业。一是夯实平台建设基础。充分发挥驻外劳务中心的作用，及时掌握企业的用工需求，组织宁夏籍务工人员进行技能培训并相对集中就业，及时做好务工人员一对一、点对点、面对面稳岗跟踪服务，增强务工人员的归属感和安全感，促进稳定就业。二是把握政策支持关键。为让务工人员有就业，留得住、能安心，用好用足各级政策，并出台系列政策鼓励扶持。如福建省出台奖补政策对连续来闽务工 6 个月以上宁夏籍建档立卡贫困人员给予 13500 元奖励工资及交通生活补贴。2019 年，福建省共吸纳 25764 个宁夏建档立卡贫困人口实现就业，其中组织宁夏建档立卡贫困劳动力来闽就业 1281 人、就近就业 18543 人；2020 年，长期稳定在福建就业的宁夏籍人员 4.5 万人，月均收入 3000 元以上。

第三，坚持双策并举，推动“劳务输转”与“就地就业”相结合。通过劳务对接、提升服务、加大奖补力度等，助力贫困人口“走出去”；通过产业协作、扶贫车间、加强技能培训等，助力贫困人口“留下来”。随着脱贫攻坚工作力度不断加大，宁夏产业发展态势良好，释放出要求具备一定专业技能的工作岗位需求。两省区根据贫困人口劳务需求及工作岗位要求，精准推进就业扶贫工作，坚持打好“劳务输转”与“就地就业”政策组合拳。因地制宜建设扶贫车间，到 2020 年底，投入援助资金 4789 万元，采取新建、改造、认定等方式，累计建成扶贫车间 184 个，带动就业 6996 人，其中包括建档立卡贫困人口 3169 人。

（四）延伸讨论

稳定就业是打赢脱贫攻坚战的主要抓手，促进贫困人口就业增收是打赢脱贫攻坚战的重要内容。脱贫攻坚以来，闽宁协作立足实际困难与优势，因势利导、精准施策，在校企合作、残疾人脱贫、就近就地就业等方面均取得了一定成效。本案例通过对闽宁协作就业扶贫工作的调研，总结出可供其他贫困地区参考借鉴的创新模式与脱贫经验。

第一，加强技能培训，促进从“一个农民”到“一个产业工人”的转变。面对部分具备劳动力的贫困人口由于传统观念等因素影响，缺乏到工厂学习技能、长期就业务工意愿的问题，福建省依托飞毛腿技工学校、劳务培训基地、闽宁科技园、扶贫车间等多个平台，不断加大交流、培训力度，将东部的先进理念带回宁夏，促进贫困人口转变就业观念，认识到产业工人才是自我脱贫、致富奔小康的重要途径。同时，通过劳务协作培训和工厂实践等工作，帮助宁夏贫困人口掌握了一技之长，并逐步由体力型劳动者向技能型劳动者转变。

第二，精准因户施策，促进从“兜底保障”到“产业发展脱贫”的转变。面对隆德县残疾人“无业可扶、无力脱贫”的现实难题，福建省与宁夏回族自治区创新成立残疾人托养中心，采用“托养+康复+就业”的模式，让原本无依无靠的贫困残疾人自食其力，重拾自尊自信，得到社会各界充分肯定。同时，闽宁两省区残联进一步加大推广力度，在公益岗位设置、集中托养、创业就业等方面予以重点帮扶，对巩固拓展残疾人脱贫成效、助力残疾人实现可持续发展产生积极作用。

第三，深化产业协作，促进从“外出务工”到“就近就地就业”的转变。面对部分贫困人口由于气候环境、饮食习惯、家庭影响等因素不愿前往沿海地区务工的问题，闽宁协作坚持劳务“西部内循环”与“东西间协作”协同推进。在精准对接劳务协作、提高就业服务的同时，始终把帮助宁夏发展减贫带贫产业作为闽宁协作的重点，多渠道、多形式组织企业到宁夏投资兴业，积极鼓励和支持在宁闽籍企业使用当地农村劳动力。同时，联合开展“村级车间”试点，支持企业把车间建到贫困村，利用贫困村闲置房屋设立来料加工基地，吸引贫困劳动力就地就业，让务工人员既不耽误正常的农业生产，又能在家门口实现稳定就业。

第七章　粤桂协作实践报告

第一节　粤桂协作的发展历程与工作机制

粤桂扶贫协作（以下简称“粤桂协作”）始于国家“八七”扶贫攻坚计划，旨在推动空间相邻、文化相近、优势互补的广东广西结成紧密的帮扶关系，一方面充分发挥广东先进要素、大湾区市场规模和对外开放等优势，另一方面充分发掘广西资源禀赋优势，通过扶贫协作带动广西发展、消除贫困、逐步迈向共同富裕。粤桂协作从 1996 年的初创奠基，到进入新世纪后被纳入“五年规划”而制度化发展，再到 2016 年银川座谈会后全面升级，粤桂高层领导亲力亲为、加大人财物投入力度、广泛动员各类各界力量、创新工作方法和体制机制。脱贫攻坚以来，广东与广西、四川、云南、贵州 4 省（区）14 个市(州)93 个贫困县开展东西部扶贫协作，走过了波澜壮阔的扶贫协作、促进协同发展的光辉历程。本章以粤桂扶贫协作为主，部分案例涉及与其他地区扶贫协作的案例，如佛山市结对帮扶凉山州。

一、粤桂协作的发展历程

（一）粤桂协作初创奠基（1996—1999 年）

为贯彻落实《国家八七扶贫攻坚计划》和党的十四届五中全会精神，在广泛征求意见的基础上，1996 年 2 月 13 日，国务院扶贫开发领导小组向国务院提交了《关于组织经济较发达地区与经济欠发达地区开展扶贫协作的报告》，确定广东省与广西壮族自治区开展扶贫协作。1996 年 7 月 6 日，国务院办公厅转发了国务院扶贫开发领导小组《关于组织经济较发达地区与经济欠发达地区开展扶贫协作的报告》，标志着东西扶贫协作全面启动。

1996 年 10 月，两省区主要领导在京座谈并形成《两广负责同志座谈纪要》，落实广州市和百色地区、东莞市和河池地区“结对子”，确定了两广扶贫协作的基本框架。至 1999 年底，广东向广西财政援助 2.4 亿元，社会各界捐赠 8480 万元，经贸合作 2000 万元，帮助广西异地安置移民 1.6 万户 8 万人，建成希望小学 191 所，达成经贸合作项目 414 项，接收广西劳务输出 33.7 万人，培训广西领导、干部、教师等各类人员 800 多人次，为广西在 1999 年基本解决农村贫困人口的温饱问题作出了贡献，提前一年实现了《国家八七扶贫攻坚计划（1994—2000 年）》规定的目标。

（二）粤桂协作制度化发展（2000—2015 年）

进入新世纪之后，粤桂协作进一步常态化、制度化，广东帮扶力度进一步加大、帮扶内容进一步拓展。两广于 2000 年 3 月签订《2000 年至 2002 年两广扶贫协作计划纲要》，2004 年 2 月签订《关于全面加强广东广西合作的协议》及一系列单项协议，协作内容进一步拓宽到交通、环保、文化、卫生、建设等多个方面，开启了全方位的合作。2000—2005 年，广东向广西财政援助 3.578 亿元，社会捐款捐物折合 2.251 亿元，帮助广西异地安置贫困群众8万人，接收广西贫困地区劳务输出115.35万人，帮助广西培训扶贫干部4037人，支持广西援建、改建学校874所，实施经贸合作项目3078项，投入项目建设资金达311.69亿元。广东给予的巨大援助，有力促进了广西的扶贫开发和经济社会发展。

从2006年开始，粤桂协作在顶层设计上被纳入到“五年规划”，开始以五年为周期系统设计谋划。两省区于2006年9月签订《“十一五”时期广东广西扶贫协作计划纲要》，2008年4月17日签署《关于进一步加强广东广西合作的协议》，2010年8月28日签订了《关于建立桂粤更紧密合作关系的框架协议》。2006—2010年，广东共向广西财政援助3.532亿元，主要用于异地安置贫困群众、整村推进扶贫开发示范村建设、建设学校和卫生院（所）、培训扶贫干部、援助贫困生、建设村屯公路和人畜饮水工程等，有力推动了广西扶贫开发工作，为促进民族团结、边疆巩固及社会和谐作出了重要贡献。在广东扶贫协作的支持下，广西顺利完成了《中国农村扶贫开发纲要（2001—2010年）》确定的减贫任务。

进入“十二五”，2011年11月和12月，两广先后签订了《“十二五”时期广东广西扶贫协作计划纲要》和《“十二五”粤桂战略合作框架协议》，明确了“十二五”扶贫协作的发展目标、合作思路和工作重点。据不完全统计，“十二五”期间，广东省及广州市、东莞市累计向广西提供财政援助1.82亿元，社会捐款3519.8万元，捐物折款1602.54万元。在广东的大力帮扶下，广西累计减贫560万人，农村贫困人口从2010年年底的1012万人减少到2015年年底的452万人，农村贫困发生率从23.9%下降到10.5%。扶贫协作取得重大成效，为做好“十三五”两广扶贫协作打下了坚实基础。

（三）新时代粤桂协作全面升级（2016—2020年）

在东西部扶贫协作开展20年的历史节点上，东西部扶贫协作座谈会于2016年7月在银川召开，习近平总书记主持会议并发表重要讲话，强调要

“认清形势聚焦精准深化帮扶确保实效，切实做好新形势下东西部扶贫协作工作”。随后，中共中央办公厅、国务院办公厅印发《关于进一步加强东西部扶贫协作工作的指导意见》，东西部扶贫协作吹响了助力脱贫攻坚、全面建成小康社会的冲锋号。

粤桂两省区迅速跟进，加强顶层设计并提高政策执行力度、加大资金资源投入配置的力度和强度。广东、广西先后签署《“十三五”时期粤桂扶贫协作框架协议》、印发《关于进一步加强粤桂扶贫协作工作的意见》、编制《粤桂扶贫协作规划（2016—2020年）》，并每年签订《东西部扶贫协作协议》，出台了《粤桂扶贫协作优惠政策》《广东帮扶广西财政扶贫协作资金管理办法》等政策文件，2016年后由粤桂两省区联合出台的规划和政策文件数量明显增加。

脱贫攻坚期，粤桂两省区不断提高工作标准、拓展帮扶内容，做到“规定动作做到位、自选动作有特色”，通过工作机制、协作内容、结对关系的深化和拓展，全面助力广西打赢了脱贫攻坚战，详见第三节。

此外，结对关系拓展。银川座谈会后，粤桂两省区于2016年9月召开粤桂扶贫协作第一次联席会议，调整了由深圳市接替广州市、东莞市结对帮扶百色市、河池市及所辖17个贫困县。2017年3月召开第二次联席会议，广东新增了江门、肇庆、湛江、茂名5个市与南宁、柳州、桂林、来宾、崇左6个市结对帮扶，实现了对广西33个国定贫困县的结对帮扶全覆盖。

二、粤桂协作的工作机制

（一）完善政策体系，提供制度保障

在“十二五”扶贫协作基础上，广东广西先后签署《“十三五”时期粤桂扶贫协作框架协议》、印发《关于进一步加强粤桂扶贫协作工作的意见》、编制《粤桂扶贫协作规划（2016—2020年）》，每年签订《东西部扶贫协作协议》，出台了《粤桂扶贫协作优惠政策》《广东帮扶广西财政扶贫协作资金管理办法》《粤

桂扶贫协作和区域合作工作清单（省级层面）》，针对2020年疫情影响还制定印发了《关于做好“就业复工促扶贫”行动的通知》《广东帮扶广西财政扶贫协作资金支持消费扶贫若干措施》等一系列政策文件，进一步健全完善粤桂扶贫协作工作机制，为推动粤桂扶贫协作工作有效开展提供了政策支撑和制度保障。

（二）建立健全高层联席会议制度

自银川座谈会之后，广东广西进一步建立健全了高层联席会议制度，双方党政主要领导坚持每年互访对接，并召开高层联席会议，共同统筹谋划、高位推动扶贫协作各项工作。坚持一年一度的联席会议制度，是从机制上确保粤桂扶贫协作持续带动、持续发力、持续突破的重要举措。该制度旨在共同总结扶贫协作经验、共同研究解决重大问题、共同谋划部署扶贫协作各项工作、共同推动工作落实。通过充分发挥联席会议制度作用，两省区就深化粤桂扶贫协作交换意见，达成共识，签署协议，明确协作内容和职责分工，顺利搭建起粤桂扶贫协作顶层设计框架。在产业、人才、劳务等方面达成一系列合作事项，共同推动了扶贫协作举措落到实处。2016年至2020年7月期间，广东广西已联合召开联席会议5次（见表7–1）、座谈会4次。

表7–1　2016—2020年粤桂扶贫协作联席会议

	主要议事内容	会议成果
第一次联席会议（2016年）	1. 调整结对关系 2. 派驻扶贫协作工作组 3. 加大资金支持度 4. 建立健全扶贫协作工作机制 5. 明确重点帮扶项目、加强产业合作、深化劳务协作、加强社会事业帮扶 6. 推动扶贫协作与两广区域合作有机结合	调整结对关系，由深圳市接力原来的广州市、东莞市，对口帮扶广西百色市、河池市17个国家扶贫开发工作重点县（片区县）。

续表

	主要议事内容	会议成果
第二次联席会议（2017年）	1. 开展全面结对关系 2. 加大对16个新结对县帮扶力量(干部和资金) 3. 加强统筹协调和科学规划，完善健全扶贫工作机制，抓紧协商编制制定各类规划和实施方案 4. 继续深化人才和劳务协作 5. 抓好深度贫困地区扶贫协作 7. 提升社会力量参与度 8. 深化粤桂区域合作 （1）深化产业合作 （2）完善两省区高快速交通网络	1. 新增江门、肇庆、湛江、茂名市对口帮扶广西其余16个国家扶贫开发工作重点县（片区县）贫困县，实现对广西33个国家扶贫开发工作重点县（片区县）对口帮扶全覆盖。 2. 签署《关于进一步加强粤桂扶贫协作工作的意见》。
第三次联席会议（2018年）	1. 加强协商对接，制定工作清单，建立完善扶贫协作项目库 2. 深入推进携手奔小康行动 3. 督促开展镇镇、村村基层结对帮扶 4. 加大资金投入力度，优化资金使用投向 5. 深入推进产业合作，加强劳务协作 6 加快推进经济一体化发展 （1）推进交通基础设施互联互通 （2）加强产业合作 （3）共建共享对外开放合作平台	签署《2018年粤桂扶贫协作重点工作备忘录》。对组织领导、产业合作、劳务协作、人才支援、教育协作、医疗协作、社会扶贫协作、基础设施协作、环保协作、投资促进合作和金融合作等十个方面的协作重点明确了时间表、路线图、任务书。
第四次联席会议（2019年）	1. 加强沟通对接和统筹谋划 2. 扎实开展携手奔小康行动 3. 加大帮扶资金投入力度，加强帮扶资金监管使用	签署《2019年粤桂扶贫协作重点工作备忘录》。明确了涉及组织领导、产业协作、劳务协作、人才交流、

续表

	主要议事内容	会议成果
第四次联席会议（2019年）	4. 加强产业扶贫协作，提升产业扶贫协作实效 5. 加强消费扶贫协作 6. 做实劳务协作 7. 促进粤桂区域协调发展 （1）携手参与粤港澳大湾区北部湾经济区建设 （2）谋划推进陆海空交通互联互通 （3）共享共用广交会、高交会、文博会、东博会等交流平台	教育协作、医疗协作、社会扶贫协作、基础设施建设协作、环保协作、投资合作、残疾人扶贫协作、消费扶贫协作等12类重点工作41项具体协作事项。
第五次联席会议（2020年）	1. 多措并举克服疫情对脱贫攻坚的影响 2. 加强组织领导和沟通对接 3. 动员社会力量加大对挂牌督战县、村的倾斜支持力度 4. 健全完善长效帮扶机制 5. 提升产业扶贫协作实效 6. 加强粤桂消费扶贫工作 7. 强化粤桂劳务协作 8. 深化拓展区域合作	两省区延续开展“贺电送粤”。

资料来源：作者根据广东、广西两省区扶贫办提供资料整理。

（三）建立健全工作组促统筹抓落实机制

广东、广西两省区扶贫办密切沟通，及时协商解决工作中遇到的困难问题，联合成立粤桂扶贫协作办公室，抽调粤桂双方相关人员集中在广西办公。结对市县党政负责人定期互访，加强调研对接，共同推动扶贫协作事项落到实处。此外，广东省还单独派出第二扶贫协作工作组到广西各结对市县扶贫一线开展扶贫协作工作，确保广东广西决策部署落地落实。第二扶贫协作工作组发挥牵头抓总、统筹协调作用，负责统一管理广东省派出的扶贫协作干部以及资金、项目。工作组扶贫协作干部在当地党委、政府的领导下，一是按照两省区达成的扶贫协作协议，与当地协商确定年度重点帮扶项目，组织企业赴广西考察对接产业合作、投资开发事宜，落实好相关帮扶项目；二是加强双方沟通交流，推动两地交流交往，充分发挥桥梁纽带作用；三是做好"传帮带"，促进受援地干部人才队伍建设。自 2016 年第一次召开联席会议，广东第二扶贫协作工作组到广西 17 个结对贫困县实地考察，在深入调研摸底的基础上起草了深圳市与百色市、河池市对口扶贫协作五年实施方案和 2016—2017 年工作计划，制定了扶贫协作项目和资金管理规定、扶贫协作项目评审细则等，促进各类项目和资金精准实施、见到实效。

（四）建立三级遍访制度并推向深入

广东省、市、县三级党政主要领导带头部署、积极推动，分别遍访了所有被帮扶地区。广东省委书记李希、省长马兴瑞连续两年率广东省党政代表团到广西调研对接，同时，与来粤调研对接的广西党政领导座谈。承担帮扶任务的深圳、江门、湛江、茂名和肇庆市等 5 个市及辖内参与携手奔小康行动的各县（市、区、镇）党政主要领导，实现 100%到被帮扶地区调研对接，推动具体工作落实、落地。

三、脱贫攻坚协作机制深化

在东西部扶贫协作推进过程中，粤桂两省区始终坚持按照国家战略部署和统一安排，投身实践，积极开展协作交流各项活动。脱贫攻坚期，随着协作工作的不断深入、交流互鉴程度不断加深，两省区在协作实践中不断丰富拓展了结对帮扶关系、工作机制、协作内容等三方面内容。

（一）结对帮扶关系越来越丰富

脱贫攻坚期，按照国家战略部署和统一安排，广东勇挑重担、积极承担更大责任，逐渐将帮扶协作地区扩大至西部四省（区）14个市（州）93个贫困县，取得明显的带贫帮扶成效。

一是协作帮扶范围不断扩展。2016年银川座谈会后，广东重新调整了扶贫协作结对关系，明确广东省帮扶广西壮族自治区，主要由深圳市负责，重点帮扶百色市、河池市；广东省帮扶四川省甘孜藏族自治州（继续按对口支援方式实施）；广州市帮扶贵州省黔南布依族苗族自治州、毕节市；珠海市帮扶云南省怒江傈僳族自治州；佛山市帮扶四川省凉山彝族自治州；东莞市、中山市帮扶云南省昭通市。2017年9月，广东进一步增加江门市、肇庆市、湛江市和茂名市所辖县（市、区）与广西壮族自治区崇左市、桂林市、贺州市、柳州市、南宁市和来宾市所辖16个国定贫困县（石漠化片区县）建立结对关系，开展“携手奔小康”行动。至此，形成了帮扶广西、四川、云南、贵州4省（区）中14个市（州）93个贫困县的广东—西部扶贫协作格局。

二是结对帮扶关系不断下沉。银川座谈会后，粤桂两省区于2016年9月召开粤桂扶贫协作第一次联席会议，调整了由深圳市接替广州市、东莞市结对帮扶百色市、河池市及所辖17个贫困县。2017年3月召开第二次联席会议，广东新增了江门、肇庆、湛江、茂名5个市与南宁、柳州、桂林、来宾、崇左6个市结对帮扶，实现了对广西33个国定贫困县的结对帮扶全覆盖。

（二）工作机制越来越完善

一是加强省级指导，形成立体化合作框架。同时，两省区地市层面也签订了相应的帮扶协议和专项制度，如佛山—凉山针对扶贫资金使用、劳务协作等制定了专项制度。

二是建立健全三地党政联席会议制度，加强高层互访。

三是形成地方层面特色工作机制。如广州市与贵州黔南、毕节市开通了东西部扶贫协作工作的“绿色通道”。

四是形成协同危机应对机制。针对2020年暴发的新冠疫情，粤桂两省区制定了《关于做好“就业复工促扶贫”行动的通知》《广东帮扶广西财政扶贫协作资金支持消费扶贫若干措施》等一系列政策文件，以应对危机、转危为机。

（三）协作重点越来越突出

一是重点解决边境“两不愁三保障”突出问题，加强边境村建设。针对广西边境线长，边境地区和民族地区深度贫困高度重叠的特点，粤桂协作精准投入实施一批边境村村容村貌提升、危旧房改造、农村饮水安全、贫困乡村或易地扶贫搬迁点学校（教学点）、卫生院（室）、边境基础设施建设以及贫困户产业扶持等项目，让每一分钱都能使边境村贫困群众受益，通过让“边境富、边境美”，实现“边境就稳固”。

二是做好城乡建设用地增减挂钩节余指标跨省域调剂，助力脱贫攻坚。2018年，广东省根据国务院办公厅《城乡建设用地增减挂钩节余指标跨省域调剂管理办法》、自然资源部《城乡建设用地增减挂钩节余指标跨省域调剂实施办法》等文件规定，制定了《广东省城乡建设用地增减挂钩节余指标跨省域调剂实施细则》，对节余指标调剂任务落实流程、节余指标规范使用、节余指标调剂监督管理等进行了详细规定，确保了广东规范推进城乡建设用地增减挂钩节余指标跨省域调剂工作，并取得实效。2019年，广东实际完成国家下达的增减挂钩节余指标跨省域调入任务的139.8%，调剂资金总额214.5亿元，接近东部九省财政援助资金的总和。其中承担广西帮扶的深圳、江门、肇庆，提供调剂金额44.5亿元，有力支援广西深度贫困地区脱贫攻坚。

三是特别关注特殊群体，多措并举开展残疾人帮扶。坚决落实习近平总书记提出“2020年全面建成小康社会，残疾人一个也不能少”的要求，粤桂签订了《残疾人扶贫协作协议》，明确了粤桂残疾人扶贫协作的原则和协作重点，提出围绕争取对口支援项目、推进基层残联结对帮扶、开展残联干部挂职锻炼、残联干部培训、残疾人职业培训、残疾人转移就业项目、残疾人康复等方面内容进行深度合作。深圳市残友集团、碧桂园集团与田东县携手开展“阿里巴巴云客服”残疾人就业创业培训项目，创新开展“政府+企业+个人”的精准助残模式，凝聚扶贫助残合力。在双方共同努力下，带动1.29万建档立卡残疾人，近200名残疾人在广东就业。

四是依托湾区大市场，助推消费扶贫融入双循环。广东利用粤港澳大湾区巨大消费市场，不断完善产销渠道，建设广东东西部扶贫协作产品交易市场；实施粤港澳大湾区“菜篮子”工程、认定“菜篮子”生产基地500余个；在各地各类市场建设扶贫产品展销平台，在商场、社区设立专柜、专区，且一律四免（免入场费、免场租费、免管理费、免办公场地费）；充分利用中国社会扶贫网、互联网+5G消费扶贫、“跨境说”电商聚集平台、广东移动岭南优品等线上平台；通过“圳品”认证、打造“碧乡”品牌等方式，提高西部消费扶贫农产品的标准化、品质化、规模化程度。不断推动西部贫困地区农产品融入大湾区市场、渗透进入海外市场。

五是立足当地所需、发挥自身优势，立体组团推进教育医疗帮扶。在教育帮扶上，通过返聘优秀退休教师+发动志愿者和组织等社会力量参与+免费招收贫困“两后生”等方式立体推进教育帮扶，并重点改变“顶岗”“包办”式支教，强化“传帮带”，组织教科研专家、骨干教师、名师工作室主持人等赴西部开展驻扎式帮扶，指导受帮扶地学校教师更新教育教学理念、改革教学方法，达到“就业+扶智+扶志”的综合效果。在医疗帮扶上，指导和协助受援单位规范管理、建立健全一系列管理制度；全面提升当地医学检验水平，有效解决当地基层检验人员不足和能力不足问题，推动检验报告互认，实现同质化，降低重复检验；让优质医疗资源下沉至基层，让乡村老百姓在家门口支付一级医院的费用，享受二级医院的诊疗水平，切实改善贫困地区看病难、看病贵的问题。

六是强化智扶双扶，阻断贫困代际传递。大力推进职业教育“1 + 2”(一年当地、两年广东)、“0 + 3”（三年广东）合作模式，优化“两后生”教育管理模式，免费兜底招收建档立卡贫困家庭学生入读广东的职业学校，毕业后在广东就业。

四、创新工作做法

（一）构建“三个三”就业体系，创新劳务协作

广东省严格落实“省负总责、市县抓落实”工作机制，省级层面成立省际劳务协作工作领导小组，负责省际劳务协作工作的统筹协调；与协作地区签订劳务协作框架协议，建立定期联席会议制度，畅通输入输出地沟通对接渠道。围绕解决协作地区贫困劳动力就业技能低、优质岗位少、稳岗率低等问题，在劳务协作方面创新“三平台 + 三渠道 + 三服务”的就业体系。

一是搭建校企合作、用工招聘、就业信息三个平台。校企合作方面，加大“两后生”培养力度，深圳、江门等市积极引导职业院校定向招收广西建档立卡贫困学生，培养了众多以黄承志为代表的优秀技能人才。用工招聘方面，利用“春风行动”“南粤春暖行动”等契机，举办园区招聘、校园招聘、乡村招聘等各类针对性强的招聘活动。特别是在崇左市龙州县开展广西首次残疾人专场招聘会，用行动践行“全面建成小康社会，残疾人一个也不能少”。就业信息方面，拓展“互联网 + ”应用，通过手机 APP、微信公众号、公共人才就业服务网站等互联网媒体，搭建实时对接的网络平台。通过与输出地进行贫困户数据交换、数据对碰、各地核实等方式，定期统计各项劳务协作数据，及时掌握就业信息。2020 年疫情期间，广东省各级人社部门积

极与广西对接，借助各市县“互联网+”就业平台实现劳务供需精准对接。

二是畅通异地转移就业、就近就地就业、就业权益保障三个渠道。异地转移就业方面，设立劳务协作机构或劳务办事处，同时鼓励专业化人力资源机构等社会力量参与劳务协作工作，加强贫困劳动力外出就业的组织安排。就近就地就业方面，建设扶贫车间，促进贫困人口实现就地就近就业。就业权益保障方面，妥善解决异地就业人员社会保障工作，积极推动养老保险跨省区顺畅转移接续，探索建立异地就医结算协作机制，与帮扶地区建立健全跨地区劳动保障监察案件协查机制，规定企业招聘需与贫困劳动力签订劳动合同，购买社保。

三是抓好“定制化”培训、完善“一站式”服务、强化“全覆盖”激励三项服务。“定制化”培训方面，上岗前开展岗前适应性培训，就业后参加职业技能提升培训，不断提高贫困人口就业水平。截至2020年8月，粤桂联合举办“粤菜师傅”、南粤家政工程等劳务培训班1032期，培训贫困人口5.05万人次，带动贫困人口3.7万人。“一站式”服务方面，联合输出地共同为贫困劳动力提供精细化就业服务，解决好吃、住、行、工作适应等问题。推动社保接续和医保异地结算等城市融入服务，做好贫困人口稳岗就业。“全覆盖”激励政策方面，保障贫困劳动力稳岗就业，激发其内生动力。如珠海市每年预算奖补资金约900万元，对贫困劳动力、用工企业、劳务中介机构、劳务经纪人等给予奖励；佛山市对符合条件的凉山州贫困劳动力，给予岗位补贴、交通补贴和一次性岗前培训补贴。

（二）深化产业合作，创新产业协作交流机制

粤桂扶贫协作始终将产业扶贫作为实现广西贫困人口稳定脱贫的主要途径和长久之策。两地政府不断强化战略对接，深化拓展合作领域。坚持市场导向，引导广东资金、技术和人才等要素向广西贫困地区转移。加大产业协作力度，选准产业对接点，有计划地推进双方产业对接，因地制宜探索产业

发展长效机制，实现巩固脱贫攻坚成果同乡村振兴有效衔接。

充分利用市场优势，助力广西拓宽产业招商引资渠道。粤桂扶贫协作工作组联合两地政府举办多场产业扶贫投资项目签约洽谈会，着力引“湾企入桂”、“民企入桂”。截至2020年，粤桂合作特别试验区入驻重点企业超过350家，完成固定资产投资超过280亿元。累计共建产业园区67个，援建扶贫车间333个，入驻园区企业131个，总投资额23.88亿元。

充分利用技术优势，助力广西打造一批产业亮点项目。首先，共建产业园区。两地携手在广西建设一批贫困人口参与度高的扶贫产业园，加快推进产业园区和粤桂合作特别试验区共建，主动承接东部产业转移。如重点推进深巴大健康合作特别试验区、田东深百产业园、德保静脉产业园、深圳（龙岗）·百色（靖西）龙邦跨境合作产业园等产业园区建设。其次，培育打造专供粤港澳的菜篮子基地。利用广西农产品丰富、绿色环保以及地理毗邻广东的先天优势，联合培育现代特色农业示范区精品工程。以广西崇左市龙州县甘牛循环产业链项目为例，利用龙州当地丰富的甘蔗尾叶资源和大湾区充裕的肉牛市场，打造出一条适宜当地农业提效且多维带动贫困户增收的全产业链体系，涵盖甘蔗尾叶青饲料加工、肉牛养殖、有机肥生产、智能屠宰、牛肉深加工、冷链物流和无害化处理等生态高值循环产业链。再次，推动旅游协作全域联动。充分发挥广西旅游资源禀赋和广东资金、龙头企业、旅游客源优势，创新协作机制，多层级签订框架协议，推动旅游协作全域联动，先后达成“深圳共识”，结成“南宁成果”，启动“珠海快车”，发布“广州政策”，推动“肇庆行动”。

（三）构建消费生态链，创新消费扶贫全链升级

粤桂扶贫协作始终将消费扶贫作为脱贫攻坚的重中之重。为了积极解决贫困地区和贫困户农副产品“卖难”“滞销”问题，广东省以广西33个结对贫困县的扶贫农副产品储存、运输、流通环节，以及当地扶贫农副产品销售

的主要市场主体为扶持对象进行消费扶贫。按照"短期见成效、长期可持续"原则，以强有力的组织领导支持构建消费扶贫生态链。具体而言，消费扶贫工作举措分为以下四个方面。

一是共建供应基地，做强生产链。在33个结对贫困县统一规划布局，联合广东安排资金6.73亿元投入53个扶贫协作项目，并计划用3年时间共建50个供粤供深农产品基地，加大田头冷藏、县级分拣、清洗包装和冷链运输等基础设施建设，完善广西农业产业化链条，打通从农产品到商品的"最初一公里"，着力打造成供应粤港澳大湾区"菜篮子""果盘子"基地。

二是搭建供销平台，畅通供应链。除了支持各地在广东对口帮扶城市设立消费扶贫专柜和生活馆创新试点外，积极筹建广东东西部扶贫协作产品交易市场"广西馆"，组建专业管理公司，制订运营方案，办好主题活动，做好产品推介，打造品牌标识，大力推介广西绿色、有机、长寿等优质农产品融入粤港澳大湾区乃至全国市场。

三是加强展销对接，拓展销售链。将消费扶贫纳入粤桂广东广西重点协作工作内容，联合印发省级层面工作清单，定期开展农产品推介会、农博会、展销会、交易会等一系列大型促进消费扶贫的活动。尤其是2020年面对突如其来的新冠疫情，主动加强与广东、深圳等网上农产品销售龙头企业合作，利用"供销e家""扶贫832"网络电商平台直销，开展"战疫战贫与你同行"暨520消费扶贫云上行活动，通过线上线下齐发力，大力销售广西农产品。

四是推动品牌互认，提升价值链。推进农产品标准化建设，将广西优质特色农产品纳入广东、深圳等地管理体系，提升品牌价值，推动品牌互认，打通从商品到市场的"最后一公里"，助推广西农产品走向粤港澳大湾区市场。目前，"特色、绿色、长寿、富硒"成为广西"桂"字号、"壮"字号品牌的亮眼标签，市场影响力不断提升。百色芒果、融安金桔等6个品牌入选首批中国农业品牌目录，首批10个基地7个特色农产品被认定为"圳品"。

（四）充分发挥社会力量，创新结对帮扶模式

2016年银川座谈会后，粤桂深入推进携手奔小康，在强化“县县”结对协作的同时，积极拓展“乡乡、村村、村企”等基层结对帮扶覆盖面、拓展结对帮扶新形式、夯实携手奔小康具体工作。

一是扩大结对覆盖面，充分发挥企业、社会组织减贫带贫作用。粤桂协作在区县、镇街、村居精准对接帮扶的基础上，扩大至社会组织、行业部门结对帮扶，不断扩大结对覆盖率。建立“村企”结对，组织发动广东企业结对帮扶贫困村，主要帮助发展产业、吸纳就业、捐资助学、技术培训等，带动当地发展脱贫。广东广西两省区工商联签署了扶贫协作行动框架协议，深入开展“万企帮万村”活动，在全国率先实现三级工商联对接全覆盖。如广东碧桂园集团帮扶建设的田阳县苗木产业精准扶贫项目，带动30户贫困户受益，培训劳动力6856名，3568人实现就业。

二是拓展帮扶形式，开展多领域、多形式的帮扶行动。结合各帮扶市实际，创新“一对多”“多对一”结对帮扶模式。在产业合作、劳务协作、教育医疗等方面加大帮扶力度的同时，广泛动员组织更多机关、企事业单位、民营企业和其他社会力量参与粤桂携手奔小康行动，不断深化“万企帮万村”行动，积极对接广东高校、慈善机构组织大学生、义工、企业等到广西贫困地区开展“三下乡”志愿服务、支教、支医、关爱留守儿童、慰问贫困户、资助贫困学生等帮扶活动，共同构建政府、市场、社会协同的大扶贫格局。

三是抓实帮扶行动，全方位提升扶贫带贫效果。2016年以来，两省区各结对县的双方党政主要领导每年均完成互访对接1次以上，做到领导走访全覆盖、驻县干部全覆盖，抓实携手奔小康行动。推进镇镇、村村、村企、社会组织开展实质结对帮扶活动，如2019年深圳市结对河池、百色的深度贫困村，每村落实帮扶资金或实物不少于10万元。要求因地制宜创新帮扶模式，形成立体帮扶格局。建立“企业＋贫困户”“合作社＋贫困户”等多

种模式，带动贫困户抱团发展、共同脱贫。如碧桂园与田东县开展结对帮扶活动，累计投入1900多万元实施“党建扶贫、教育扶贫、就业扶贫、产业扶贫”等“4 + X”扶贫重点项目。腾讯定点帮扶广西都安大崇村，因地制宜规划基础设施建设和文旅产业发展，打造“龙布日出”品牌。格力集团对云南怒江展开教育帮扶，出资5431.32万元捐建泸水市格力小学及幼儿园。深圳宝安帮助安排500万元资金为河池都安深度贫困村无劳动力的625户贫困户实施“贷牛代养”产业致富项目。

第二节　经济协作：地缘优势助力协作共赢

广东以东部地区的先进生产要素和消费升级引致的广阔需求，带动协作地区产业链、价值链和供应链升级，为东西部劳务协作、产业合作和消费扶贫协作提供价值创造机遇和空间，助力协作地区打赢脱贫攻坚战，并形成协作共赢的经济协作局面。

一、劳务协作：最直接的脱贫方式

习近平总书记强调：“一人就业，全家脱贫，增加就业是最有效最直接的脱贫方式，长期坚持还可以有效解决贫困代际传递问题。”①凭借庞大的劳动力市场需求和劳务输入大省的管理服务经验，广东省在东西部劳务协作中探索了一系列创新机制和做法，如“三个三”就业体系、“三来三往”模式、“粤菜师傅”等，提高了劳务输出脱贫的组织化程度，成为全国吸纳贫困劳动力就业规模最大的省份。遵循劳务协作中“对接匹配—职教培训—稳岗服务”的逻辑，本章选择三个典型案例予以介绍，以点带面，呈现东西部劳务

① 王宝杰等：《就业扶贫促增收决战脱贫有底气——全国人社系统全力做好贫困劳动力就业工作》，2020年8月12日，中国政府网，见http://www.gov.cn/xinwen/2020—08/12/content_5534322.htm。

协作的广东经验。

（一）搭建“互联网＋”就业平台，助力劳务协作高效精准对接

“互联网＋”就业平台是双边市场理论的充分展现。贫困地区务工人员和企业两类用户通过对口凉山劳务协作就业服务扶贫平台进行匹配和面试招聘，降低了信息不对称程度，减少了交通成本，实现了供需双方高效精准对接。平台的创建和推广更有助于务工人员“走出去”。

凉山彝族自治州贫困劳动力因与佛山招工企业之间交通不便，加之外出务工意识不强、职业技能相对较弱，因此进入人力资源市场的机会少、成本高、效果差。为实现两地劳务供需精准对接，2018—2019 年间，佛山市人社局共投入 528 万元，将佛山智能化人力资源市场的先进模式推广到凉山，在当地 11 个贫困县建设对口凉山劳务协作就业服务扶贫平台以及大型信息宣传设备，将便捷高效的求职招聘智能服务从佛山延伸至凉山 379 个乡镇。

一是搭建平台，实现高效精准对接。运用“互联网＋”思维和大数据技术，搭建对口凉山劳务协作就业服务扶贫平台，同时通过投放自助一体机、远程面试设备等招聘设备，把远程招聘服务延伸到凉山 379 个乡镇一级，让务工人员在当地乡镇就可以与佛山招聘企业进行视频面试。“互联网＋”就业平台降低了劳务供求双方的对接匹配成本，提高了对接匹配效率和成功率。

二是搭建设备，打通“最后一公里”。针对凉山信息闭塞、劳动力获取就业信息难的问题，佛山出资为凉山人社局及 11 个贫困县建设户外 LED 广告屏、拼接屏、大屏电视等硬件设备。设备不仅滚动播放企业招聘信息，如招工人数、招工条件和员工待遇等，同时宣传党和国家的扶贫政策和各地政府对劳动力转移就业的补贴政策，激励贫困劳动力“走得出”。

三是对碰数据，全程精准监测。平台运行的整个过程中，佛山、凉山两地社保局、经信局同人社局实现了数据共享，并依据公安、工商等部门的业

务数据进行后台对碰校验。精准化管理技术为数据来源的真实性、有效性提供保障，支撑人社部门随时掌握凉山建档立卡户就业情况，实现精准施策与精准监测。

四是平台拓展。对口凉山劳务协作就业服务扶贫平台运用“互联网+”和大数据赋能劳务协作，链接了贫困劳动力信息和企业用工需求，降低了劳动力市场的信息不对称，提高了供需对接效率，并初步产生了双边市场的网络效应。下一阶段，两地计划将“互联网+”就业平台拓展到稳岗服务上，加大对凉山劳动力精准摸查和精准服务力度，对劳动力进行实名管理，对其流动情况实行动态监测和分析，及时采取有针对性的稳岗就业措施。此外，平台还可拓展功能，对接“五险一金”和社会救助数据平台。通过数据关联和智能跟踪，推动劳动力高效流动，为进城务工劳动力市民化工作提供数据支撑。

（二）江海情，青春梦：“怒江班”扶智+扶志+就业

珠海市工贸技工学校创立“怒江班”对“两后生”（指城乡未继续升学的初、高中毕业生）进行职业技能教育，可提高“两后生”受教育水平和人力资本水平，也是阻断贫困代际传递的重要途径。职业技能教育让“两后生”掌握一技之长、靠就业拔掉“穷根子”，在脱贫致富中“走得更远”。

云南省怒江傈僳族自治州多年来积累了规模庞大的“两后生”群体。“两后生”往往缺乏职业技能，易成为新一代青年贫困人群，也造成怒江有限人力资源的浪费，阻碍怒江经济长远发展。珠海市和怒江联合组织动员“两后生”接受中等职业教育，让每个“两后生”掌握一门实用的技能，提升“两后生”毕业后就业创业能力，既促进了西部贫困劳动力的稳定脱贫，也部分解决了东部市场用工难的问题。

珠海市工贸技工学校隶属于金网国际教育管理集团（该集团2008年被确立为党建示范点），是一所以培养技能人才为主的市属民办全日制技工学

校。学校从2018年开始与怒江人力资源和社会保障局签订“0 + 3”中级技工班培养协议，承担对口怒江技工教育帮扶任务。截至2020年6月，该校已接收了来自普米族、怒族、苗族、瑶族、傈僳族、基诺族、独龙族、藏族、白族等11个不同少数民族的718名学员(其中127人为非建档立卡户)。其中，586人为初中毕业的怒江三年制中技班的学生，40人为凉山三年制中技班的学生，92人为劳动力转移和“粤菜师傅”短期技能培训班学员。

一是定制专业，分散学习。学校对怒江学生开设幼儿教育、烹饪、汽车维修、酒店服务、计算机应用与维修、数控加工等优势专业。开学初，学校对怒江学生的兴趣方向进行摸底，通过怒江大讲堂为学生提供各专业培养方案和职业规划的详细讲解，并为学生定制专业选择方案和培养方案，学生根据兴趣和老师建议选报专业。在学习过程中，学生还可向班主任提出调换专业申请，经教务处批准后进行调换。在学习上，学校将怒江学生分散在各个专业班级中，以帮助他们快速融入环境。学校为其配备优秀教师担任班主任，根据学生文化水平特点，调整专业教学计划，合理安排教学内容，使其接受全面的技能教育。在生活上，考虑到怒江少数民族同学的生活习惯，学校专门为怒江同学安排了生活区域，配备生活班主任，提供精细照顾和管理。

二是开展第二课堂，素质拓展。在职业技能教育之外，为了提高怒江学生综合素质、开阔其眼界格局，学校积极开展第二课堂教育。积极为怒江学生宣传党和国家的扶贫政策，教育学生爱国爱人民。每周五下午定期开展工贸“怒江大讲堂”，聘请校内外名师、业界企业家和专家开展有关人文科学、心理健康、专业技能、职业方向等方面的专题讲座，帮助怒江同学提升综合素养。此外，学校还举行了大量校园文化和技能比赛活动，包括“三自教育”、爱校行动和陶艺制作活动等，帮助怒江学生培养自立自信的品格、增强学习的信心、培养与人交往的能力、展现自身风采。

三是千叮万嘱，人文关怀。在东西扶贫协作财政扶贫资金的支持下，学校对怒江建档立卡户学生实行学习、伙食、住宿、交通、学习用品、校服、床上用品等全面免费政策。学校每年会组织学生进行游览珠海、端午节包粽子、中秋篝火晚会等活动，让学生尽快融入学校生活。寒假来临，集团领导及学校还为怒江学生准备了澳门特产，让学生将学校的问候带回家。2020年1月，学校部分校领导及班主任还赴云南省怒江开展了历时一周的爱心家访活动，把怒江学生在学校的学习生活情况向家长做了详细汇报，让家长放心，让家人安心。

四是校企合作，推荐就业。为实现“扶智+就业”、毕业即就业的综合效果，学校通过“校企合作、定向培养”，结合珠海产业特征，采取多种形式与珠海优势企业建立人才合作培养关系，已形成招工即招生的“校企双制”合作办学模式。双方合作定向培养冠名班，由双方共同制订人才培养方案，根据公司岗位需求，开设与岗位对接的技能课程，公司派出技术人员组织专项技能训练，适时安排学生到公司见习，毕业后学校为公司优先推荐。当被问及“毕业后想在哪里就业”时，“怒江班”一名高二的同学说：“想要留在珠海就业，感觉这里环境很好。大企业很多，工资也很高。”

伴随以人工智能为代表的新一代产业技术革命，东部发达地区对劳动力技能和素质的要求将越来越高。然而，从供给端来看，劳动力技能水平和综合素质滞后于市场需求，这一点在贫困地区表现得尤为突出。劳动力供需结构错配，既限制了贫困劳动力的稳定脱贫，也加剧了东部市场用工难的问题。对即将就业的“两后生”进行职业技能教育，培养符合市场需求和技术升级趋向的劳动技能，并帮助毕业生实现就业，是阻断代际贫困和实现勤劳致富的长效方式。

目前来看，“两后生”职业技能教育成果显著，但部分学生依旧存在交流沟通不适应和学习积极性偏低等问题。今后的相关政策更应关注激发“两后生”接受职业技能教育的内生动力，例如设立职业教育奖学金以及有条件现金转移支付等激励政策。

2020年3月，伴随珠海市新冠疫情态势转好，企业复工复产成为全市防控工作中的紧急任务。金网教育集团党委和珠海市工贸技工学校积极响应政府复工复产号召，与合作企业珠海纳思达电子科技有限公司对接，倡议学生参与支援活动。倡议发出后，怒江学子踊跃报名，分三个时间段返珠进厂，最晚的一批在12号深夜抵达珠海。

为组织好此次支援，珠海市工贸技工学校及珠海纳思达电子科技有限公司紧密配合。不仅认真做好动员和岗前培训，而且提供了优良的食、宿条件，同时安排专人专车接送。学生实习期间，学校还与公司成立专门管理小组，由双方领导直接参加，并安排教师进厂指导和管理，对在支援中出现的问题及时反馈和沟通。2020年6月29日，珠海市工贸技工学校与珠海市纳思达股份有限公司举行了“纳思达怒江冠名班”的签约仪式，打造新的合作模式，加深怒江学生就业对接，实现校企共同发展。

（三）是处有亲朋：“怒江员工之家”服务稳岗就业

帮助贫困劳动力“走出来”，是劳务协作的第一步。能否“稳得住”则关系到其稳定脱贫和长远发展。在珠海结对帮扶怒江伊始，尽管多次动员和组织怒江贫困劳动力到珠海务工，但稳岗率不高的问题既困扰着两地扶贫干部，也给相关企业造成不便。为提高怒江员工稳岗率，让其“留得住、能安心、稳就业、增收入、促脱贫”，珠海市探索了一系列创新举措，其中，最具代表性的便是“怒江员工之家”。

“怒江员工之家”由珠海农业投资控股集团有限公司属下珠海市南方人力资源服务有限公司（以下简称“南方公司”）设立，为前来珠海的怒江员工免费提供吃、住、行、岗位匹配、岗前培训、管理协助以及爱心活动等全方位服务。截至2020年10月底，“怒江员工之家”共接纳怒江籍劳动力56批次3812人次。

一是上岗前全方位服务，消除务工人员后顾之忧。南方公司根据怒江提供到达珠海的务工人员信息，提前安排好接送人员及车辆到车站（轻轨站）接送员工，怒江员工一下站，即被接送到“怒江员工之家”。在怒江员工进驻“怒江员工之家”后，派出专人妥善安排怒江员工的食宿，免费为他们提供吃、住等。次日，南方公司安排车辆组织员工参观珠海市容市貌，熟悉珠海的工作和生活环境。

二是组织技能培训，提高务工人员的整体素质。根据用人单位的实际需求，南方公司在“怒江员工之家”组织专业讲师及用人单位的人力资源负责人对员工进行培训。培训内容包括员工入职的日常管理、用工企业所需的专业技能及珠海的风土人情、用人单位的企业文化、交通安全常识、如何预防交通事故、如何防范治安事故等。使员工能更快、更好地了解珠海，适应珠海的工作生活，让这些外出务工人员找到归属感，明白自己的工作职责和岗位情况，学会处理工作、生活中遇到的问题，提高入职后的岗位稳定性。培训结束后，南方公司组织员工进行岗前常规性军训，提高员工劳动纪律和岗前适应能力，历练和培养员工的抗压减压能力。

三是组织企业招聘，并做好后续跟踪服务。南方公司将外出务工人员的个人资料发送至有意愿招收怒江员工的企业，由企业进行初步筛选。在员工参观、培训及军训结束后，通知企业到“怒江员工之家”现场面试、招录员工，并由企业派车将录用员工接回企业办理体检、入职等手续。同时，南方公司派专人登记、跟踪好怒江员工的后续服务工作，逐步实现劳动力转移就业的台账化管理，完善信息交流机制，做好人员和事务对接，与接收企业一起共同做好务工人员的后勤保障服务工作，得到了怒江员工的一致好评和认可。

四是弘扬关爱怒江员工的良好氛围。“怒江员工之家”承办“江海情·携手行 怒江员工返乡篝火晚会”“年夜饭”等关爱活动，让到珠的怒江员工真正体验到在珠海务工的融入感、归属感和幸福感，体现了政府、企业及社会组织共同参与珠怒江员工家活动，营造全社会关爱怒江员工的良好氛围，引导怒江贫困劳动力转移珠海稳定就业。

贫困地区劳动力受传统观念和生活习俗影响深刻，在就业初期难免对东部的生活习惯和管理方式难以适应，需要专业人员进行人文关怀和指导培训。目前，各地政府对贫困地区劳动力的稳岗工作进行了积极探索，包括对符合条件的劳动力给予生活补贴、稳定就业奖励和夫妻住房补贴等，以及类似怒江员工之家这样的人文关怀活动。然而，真正能让劳动力“稳得住”，还需东部各地政府保障其享有配套的教育、医疗卫生等基本公共服务，并对西部符合条件的劳动力优先落户，有序实现市民化。

二、产业合作：龙州甘牛生态循环产业链

习近平总书记在陕西考察时指出：“发展扶贫产业，重在群众受益，难在持续稳定。要延伸产业链条，提高抗风险能力，建立更加稳定的利益联结机制，确保贫困群众持续稳定增收。”[①] 广东鹤山市与广西龙州县于2018年开始合作打造龙州甘牛生态循环产业链。项目以资源优势互补为指导，将龙州富集的甘蔗尾叶资源变废为宝，发展生态养牛；采取“政府管建、企业管牛、农户管养”的组织模式、“贷牛还牛、借牛还牛”的种子模式和基于龙头企业纵向一体化的全产业链模式，形成了一二三产业融合发展的生态循环产业链；综合多种利益联结机制将贫困户和脱贫户嵌入产业链中，提升其内生动力与造血能力，做到授人以鱼也授人以渔，实现产业增效与农民增收同步。

龙州县地处广西西南边陲，与越南接壤，是集革命老区、民族地区、偏远山区与边境地区为一体的国家扶贫开发工作重点县，也是国家滇桂黔石漠化片区县。2016年底尚有贫困人口41269人，贫困发生率达到19.44%。广

① 《确保贫困群众持续稳定增收 习近平总书记陕西考察重要讲话引发热烈反响》，《人民日报》2020年4月25日。

东省江门市鹤山市与广西崇左市龙州县于2017年建立扶贫协作关系，鹤山驻龙州扶贫工作组（以下简称工作组）进驻龙州后，通过走访调研发现全县工业基础薄弱，但农业特色资源丰富。龙州县是国家糖料基地，甘蔗种植面积稳定。甘蔗经榨糖后，绝大部分尾叶被当作废料焚烧，造成浪费与环境污染。同时大湾区肉牛需求量巨大，市场广阔。龙州县每年30万吨甘蔗尾叶产量，最多可育肥肉牛约12万头，拥有巨大的发展空间。

工作组找到了鹤山市养牛世家第四代传人温兆轩先生，带领企业家到龙州县考察。工作组又先后到广西都安县、河南修武县等地调研和考察以青饲料养牛、屠宰、加工、冷链为一体的全产业链经验，论证项目可行性。2018年9月，温兆轩先生联合鹤山三家商会会长注册成立广西龙州甘牛集团有限公司，从事肉牛养殖、屠宰、加工、冷链物流的全产业链生产。在甘牛集团带动下，龙州已先后引进四野牧业、中禾恒瑞、树春牧业等一批龙头企业加盟，项目覆盖12个乡镇72个行政村。截至2020年12月，全县牛存栏达4.11万头，累计出栏1.28万头，其中甘牛公司那渠园出栏1872头，甘牛总园出栏3703头，带动47个贫困村村集体增加收入，惠及贫困户9260户、贫困人口34445人。

（一）以“种子”理念引育完整产业链，助推可持续发展

工作组在招商引资时发现，大湾区肉牛需求量巨大，市场广阔，利用甘蔗尾叶资源发展养牛产业，将东部市场与技术和西部资源结合起来，正是“西部所需，东部所能”的体现。工作组总结以往项目失败的教训，提出采取产业培育的“种子”理念。具体来说，“种子”理念是指，贫困地区要么产业单一，要么没有产业，要么产业没有配套，要么配套不齐全，因此引进的产业必须要像种子一样，自带营养，能够发展成为具备内生造血能力的闭环产业链。

甘牛集团的引进便是“种子”理念的一次生动体现。通过结合龙州当地

甘蔗尾叶资源与东部市场、技术资源，形成产业链闭环。整个产业链涵盖新饲料加工、种植、幼牛养殖和有机肥生产及无害化处理，加上二三产业肉牛屠宰、加工和冷链，解决了产业引进后配套不足问题。按照规划，产业链项目由4个子项目组成，包括生态循环养牛项目、屠宰加工冷链项目、无害化处理（工业油脂）项目和牛粪生产有机肥项目，预计带动投资46亿元。2020年4月15日，甘牛集团肉牛屠宰、加工、冷链物流项目奠基，同年8月，甘牛集团龙州养殖总园开园，标志着龙州县甘蔗叶养牛全产业链架构全部启动。

（二）授人以鱼也授人以渔，提高贫困户内生能力

产业扶贫带贫机制分为两个层次，第一个层次是提高贫困户内生动力，即让贫困户看到收入提升的渠道。龙州县甘蔗叶养牛产业实施“政府管建、企业管牛、农户管养”的“三管模式”，多维度提高贫困户收入。第一个层次主要体现在从以下三个方面增加收入。

一是提高贫困户经营性收入。包括饲料供应、加入“企业＋村级养殖小区＋家庭农场”和牛粪回收三个方面。龙州县组织农户成立青储饲料合作社，收储甘蔗尾叶或种植全株玉米制成饲料供应给甘牛公司；全产业链建成后，龙州50万亩甘蔗如果全部收购完，每年将带动贫困户及附近农户总增收5000万元。为解决贫困户养牛启动资金困难问题，工作组与甘牛公司借鉴都安“贷牛还牛”经验，低价向农户提供带孕母牛，母牛产子后归农户所有，农户养大后由公司按市场价保底收购。对各养牛小区、家庭农场产生的牛粪，统一由甘牛公司签订协议回购，制成有机肥料后可在甘蔗地还田或销往市场。

二是提高贫困户工资性收入。甘牛养殖场为贫困户提供“家门口”就业机会，贫困户在务工中既能获得劳动收入又可学习掌握现代养牛技术，学成之后再回村屯成为养牛骨干，带动其他农户养牛。2019年甘牛养殖那渠

园已招收当地村民务工 33 人（29 人为贫困户），月工资 3000~3500 元不等，年收入可达 36000 元以上。

三是提高资产性收入。土地出租方面，2019 年，现有养牛厂房所在的扶伦村村集体与农户土地租金收入共 16.2 万元；甘牛养殖龙州总园每年土地租金 109.8 万元，惠及贫困户 271 户 1115 人。委托经营方面，扶伦村与该村 269 名贫困户将资金委托甘牛集团短期经营三个月，已带动扶伦村 269 户贫困户分红 49855.9 元，扶伦村集体经济增收 3.3 万元。

第二个层次是提高贫困户造血能力。一方面通过全产业链模式解决农村地区第一产业在内，第二、三产业在外所造成的产品附加值流失问题，以求价值链内化，实现农业增效与农业增收同步。另一方面是让贫困户习得提高收入的技能。龙州县成立甘牛办，与甘牛公司一起提供饲料配方和技术支持。2020 年 5 月下旬到 6 月上旬，龙州县农业农村局组织贫困户及有意参与养牛的农户和各乡镇兽医开展了粤桂扶贫协作甘牛养殖技术培训。甘牛办技术人员讲解和演示粉碎青饲料、调配精饲料等技术，再由学员亲自操作演练；兽医站技术人员讲解养牛防疫知识；农业农村局工作人员介绍与甘牛合作养牛的政策及收益，传授生态牛栏建设及肉牛日常饲养管理的知识。

（三）“目标管理理念＋质量管理体系”，品质把控确保产业高质量发展

目标体系分为三个层次：总目标、上级目标与本地目标。总目标指中央层面提出的高质量脱贫，携手奔小康。上级目标指东西扶贫考核指标。本地目标指龙州和鹤山提出的三年年度计划，年度计划进一步细化为工作清单。本地目标设置时经历“选论定”过程。“选”指在当地的扶贫项目库里选择“龙州所需，鹤山所能”的项目。这里的“龙州所需”，还强调了要是鹤山所需，广州所需的项目，例如甘牛产业链项目为大湾区输送了大量的优质牛肉。“鹤山所能”也强调了双向对接、协作，而非单向努力。“论”指讨论项目可行性、

适宜性、可推广性和可持续发展性。“定”指通过两地的党政联席会议确定，转化为目标，进一步转化为工作清单。在工作清单里包含相应的考核指标，使得每一项工作都有管控和目标约束。质量管理体系指一旦目标明晰，即将责任清单、项目分布位置，项目进度要求上图上墙，实行挂图作战工作体系，直观快速有序推进项目实施。使产业扶贫工作责任更加明确和到位，督办更有依据和目标性。

（四）经验与启示

第一，“有为政府+有效市场”打造粤桂产业扶贫的“龙州样板”。甘牛项目能够落地得益于三个层面的顶层设计。一是中央层面顶层设计。明确东西部产业扶贫协作方向，坚持优势互补，鼓励改革创新。二是省级层面顶层设计。明确“广西所需、广东所能”，坚持市场主导、强化优势互补。三是鹤山、龙州两地政府层面顶层设计，结合龙州当地实际、产业基础和资源禀赋条件与鹤山市企业、技术、市场优势，根据项目筛选和主体参与机制，谋划产业扶贫项目，助推经济实体带贫能力建设，构建产业扶贫与贫困户利益联结机制的有效载体。

第二，兼顾政府、企业、贫困户利益。产业扶贫过程中，政府的核心任务是打赢脱贫攻坚战；企业是市场导向，需要通过盈利实现可持续运转；贫困户急需提高生计资本，摆脱贫困。三方利益诉求必然要求产业扶贫项目在短期内具备带贫效应，同时使企业维持运转，长期内企业利润增长、贫困户具有持续增收渠道，因此需要政府、企业与贫困户各司其职，各尽所长。龙州县政府着力解决企业落地“最后一公里”问题，充当企业与贫困户的中介角色，建立企业与贫困户之间的利益联结机制。具体来说，龙州县政府一方面在土地流转、基础设施建设、农户技能培训等方面帮助企业节约组织成本、建设成本、时间成本，快速投产以获得收益。另一方面，充当贫困户诉求的代理人，要求企业在社会责任、经营期限、对农户的服务以及农户之间的股权和红利分配等方面形成明确制度设计，保障农户合法权益。企业作为产业扶贫中的市场主体，按照市场需求定生产、定标准，构建生产链、供应链、价值链，将贫困户纳入其中。以“优势互补+产业链”思维，遵循经济规律办产业。甘牛产业取得成功的关键在于，一方面遵循产业发展规律与市场规律，摒弃传统的产业转移思路，立足当地资源禀赋组合与东部技术、市场条件；另一方面采用全产业链模式引进产业，克服和解决企业入驻后配套不齐全，无法适应和生存的问题，同时实现价值链内化，将产业附加值留在当地，使产业可发展、可持续、可推广，扶贫成效更稳固。

第三，志智双扶——提升贫困户参与意愿与能力。产业扶贫项目带贫机制的发挥依赖于贫困户主观参与意愿与能力。甘牛养殖产业与贫困户间建立多层利益联结机制。这种多维带贫机制既在贫困户内部形成多干多得，少干少得的激励机制，也确保无法参与生产经营活动的贫困户能从产业发展过程中获取红利。甘牛产业链有针对性地解决贫困户技术不足与资金匮乏带来的进入困难问题。在政府的组织领导下，甘牛企业无偿为贫困户提供相关技术服务，同时采取低价向农户提供带孕母牛，母牛产子后归农户所有，农户养大后由公司按市场价保底收购的模式，解决贫困户启动资金问题，让贫困户在第一期生产过程中就尝到甜头，激发参与热情。

三、企业帮扶：东西协作的重要力量

企业是我国扶贫大格局中的重要力量，同时也是东西部扶贫协作中的重要参与者。在“万企帮万村”行动的号召下，粤桂扶贫协作中涌现了一批主动承担社会责任的先进企业。碧桂园所形成的“4 + X”立体帮扶模式和腾讯在广西都安瑶族自治县大崇村的“龙布日出”扶贫项目便是其中的典型代表。

（一）“4 + X”立体帮扶：碧桂园扶贫协作方案

碧桂园长期投身于扶贫公益事业，做党和政府扶贫工作的有益补充。碧桂园在全国范围内结对帮扶了9省（区）的14个县，立足当地资源禀赋和发展需求，充分发挥自身的资金、人才、技术、市场优势以及民营企业机制灵活的特点，坚持精准扶贫方略，探索形成“4＋X”立体帮扶模式，“4”是指党建扶贫、产业扶贫、教育扶贫和就业扶贫等集团统一规定的动作，“X”是结合帮扶地区实际情况的自选动作，切实做到精准扶贫。截至2020年底，碧桂园已投入超87亿元扶贫资金，帮扶项目覆盖16省份的57个县，助力14个贫困县脱贫摘帽，直接受益人数逾49万人次。①

第一，党建扶贫。党是领导一切的核心，为帮助贫困户转变观念，碧桂园探索形成了党建扶贫的系列做法。一是组建党支部，在地方政府的指导下，碧桂园或与政府建立联合党支部，或在扶贫项目部单独建立党支部，或与政府各对接扶贫单位的党组织开展党建共建。二是开展党日活动，面向不同群体开展形式多样的党群关爱活动，如面向因残因病群体开展慰问、送义诊下乡活动，让贫困户了解党的扶贫工作。三是聘请一批像廖志其这样德高望重的“老村长”作为“脱贫攻坚服务队队长”兼碧桂园一线扶贫项目部党支部副书记，让乡村贤达参与扶贫。四是尝试结合当地资源禀赋开发红色旅游。

第二，产业扶贫。扶贫谋长远，长远看产业。真正让贫困户稳定增收的长远之策，是根据当地资源禀赋结构特征发展产业，并将贫困户嵌入其中。

发展哪些产业是碧桂园帮扶过程中碰到的首要难题。碧桂园在入驻结对帮扶县前，深入调研帮扶县资源禀赋特征，挖掘其特色资源，并将其集团内部资源、外部资源（产业联盟、商业联盟和上下游企业联盟）与贫困地区特色资源整合联动，提供扶贫产业发展方案、搭建产销对接平台和培育致富带头人。例如，碧桂园扶贫工作队进驻临夏州东乡族自治县后发现，东乡羊营养丰富肉质细嫩，不膻不腻，有极大的潜在市场，但由于地处偏远，东乡羊

① 崔璨：《让村子更美 让村民更富》，《人民日报》2021年2月16日。

的发展受阻在“最后一公里”。为此，碧桂园携手当地企业和养殖场，共同发展冷链系统，并将东乡羊加入其扶贫品牌“碧乡”，同时搭建线上线下销售体系，使东乡羊走出深山，成为“名牌”。现全县羊饲养量达到154万只，其中贫困户养殖量18.3万只。

发展产业之后，如何构建激励约束机制让贫困户积极参与其中呢？为了能将贫困户引入到项目中来，在利益分享机制的设计上，碧桂园通过与村集体、农户民主协商，在明确了各方的权、责、利之后再开展项目合作。例如，碧桂园在具备种植条件的帮扶县推广绿色苗木产业，按照“借本你种，卖了还本，赚了归你，再借再还，勤劳致富”的资金运转模式，采用“公司＋合作社＋贫困户”的合作模式，发展集约化、规模化的苗木农场或发动农民分散式、房前屋后推广庭院经济，贫困户可以通过土地出租或入股、农场务工等形式获得财产性收入和劳动性收入，实现有效增收。

产品生产出来之后，又如何实现产品生产和销售的对接呢？碧桂园利用其“社区”全国分布的规模优势、多业态经营优势，对贫困地区处于分离状态的产业进行整合，促进各市场主体与贫困村建立长期稳定的产销关系。例如，东乡县的“东乡羊”和“东乡土豆”品质绿色天然，碧桂园帮助提升包装设计和品牌管理，根据市场风向和消费者喜好定制，再通过遍布全国各地的碧桂园小区，销售给碧桂园业主，并借助“凤凰优选”这个品牌将产品销往全国各地，解决了销售难题。

碧桂园在履行企业社会责任的同时，也为它自身发展赢得了良好的社会声誉。碧桂园近些年也在不断调整自己的发展方向，在非房地产行业也有所涉足，真正实现了企业与帮扶县的共赢。例如，2018年碧桂园正式进军现代农业，成立农业公司，引进顶尖级农业生产技术，发展新型现代农业。在此基础上，碧桂园在具备条件的帮扶县规划建设循环农业、智慧农业等现代农业产业园区，帮扶贫困地区发展现代农业；结合帮扶县现有产业规划和发展基础，挖掘出有特色的优质农副产品，为“一村一品”和“一县一业”品牌的设立提供支持，引导和扶持贫困村创办合作社。

第三，教育扶贫。在教育扶贫的理念设计上，碧桂园把重点放在了职业教育上，面向贫困群体开办免费学校。让贫困群体能有一技之长，能自力更生，就能在很大程度上缓解贫困户的贫困现状了。碧桂园开办广东碧桂园职业学院，推行“产教融合、校企共育”模式，向贫困家庭高中毕业生提供全免费职业教育。2018 年 350 名毕业生实现全部就业，其中 20 名毕业生在毕业之初就实现了月薪过万。

第四，就业扶贫。在就业扶贫上，通过利用自身庞大的产业链优势，对建档立卡贫困户开展了订单式职业技能培训。对于愿意外出务工但缺技术的贫困人口采取集中培训、远程培训或送教下乡等形式，通过集团及其下属公司以及合作伙伴提供的大量就业岗位，实现劳动力供给和需求的对接；对于愿意留在本地或就近就业的贫困人口，开展当地农业产品重要环节的新技术推广和生产技能培训、培养农村电商从业人员，协助农产品商品化，帮助农产品通过互联网等平台销售。

甘肃东乡县的多数妇女受教育水平不高，受当地习俗的约束，也不愿意外出务工，但她们却有一手好的刺绣绝活儿。受限于贫困，很多绣娘都很少再绣东西了。东乡创业者马箫箫创立“土本土刺绣工坊”，借助碧桂园提供的资金和平台，其工坊生产的手帕、壁画、茶席等产品走出了东乡，解决了绣娘们的就近就业问题，每月能增收 1000 多元。

第五，其他因地制宜的扶贫举措。在致贫的诸多因素中，与健康、医疗相关的问题较为突出。因此，在自选动作中碧桂园做了健康扶贫的尝试。碧桂园捐赠 1 亿元支持国家“光明扶贫行动，白内障复明”项目，在帮扶的 14 个县为患白内障的贫困户提供免费治疗；在河北崇礼县推进贫困儿童大病医保项目，为 0—16 岁建档立卡贫困户子女购买全病种大病医保；为贫困户进行义诊，将健康知识送下乡；开展基层医护人员培训。

碧桂园在美丽乡村的建设上，通过“三清三拆三整治”、“厕所革命”、污水处理等公共设施和基础建设项目，改变了贫困村“脏乱差”现象，并引入人文景观项目及旅游相关业态，建设旅游接待室、农家乐及配套设施，促进当地农村经济持续发展。

碧桂园扶贫协作方案的经验与启示：第一，创新可造血的扶贫模式。碧桂园“4 + X”立体帮扶模式充分地把“想干”“要干”和“能干”“怎么干”的问题有效地结合起来，重塑“造血”机制，培育了贫困户的内生动力。碧桂园集团一方面扶志扶智扶技相结合，党建扶贫聚焦扶志，让贫困户形成“我要脱贫”的共识，解决了贫困户积极性的问题；教育扶贫聚焦扶智，让贫困学子接受教育，阻断贫困代际传递；就业扶贫聚焦扶技，让贫困户有一技之长，从而全面提升贫困户的内生发展动力；另一方面，产业扶贫增强了“造血”机制，并为贫困户提供资金、技术、市场等支持，帮助贫困户发展特色产业。

第二，探索可复制的扶贫模式。在碧桂园“4 + X”立体帮扶模式的实践中，他们也尝试着将其标准化，从而可复制化。一是碧桂园扶贫工作的制度看作是“4 + X”立体帮扶模式的重要保障。将公司化的管理引入扶贫工作，打造制度化的扶贫工作模式；召开周、月例会，设立扶贫周报、月报，部署工作、推广先进案例；制定工作规程和考核激励制度。二是实现帮扶措施的精准化。建立扶贫“四库”。建档立卡数据库，自行研发覆盖 9 省 14 县建档立卡贫困户的信息化系统；产业资源库，实现扶贫资源的精确化配置；专家智库，聘请国内外知名专家担任集团扶贫顾问，确保扶贫工作方向正确、措施精准；就业岗位资源库，为贫困人口精准匹配适合岗位。此外，碧桂园目前还在积极申报国家教育扶贫和消费扶贫标准，着手制定教育扶贫和消费扶贫的标准规范。

第三，构建可持续的扶贫模式。为了实现扶贫模式的可持续，碧桂园把扶贫作为双主业之一。由集团总裁亲自任集团“精准扶贫乡村振兴领导小组”组长，同时下设“精准扶贫乡村振兴办公室”。在扶贫的具体工作中由集团扶贫办统一指挥，各扶贫区域统一行动，统一行动的标准规范，统一实行激励机制，统一进行宣传推广。

在“4 + X”立体帮扶模式中，碧桂园借力多方力量，构建多赢局面，保障扶贫的可持续。碧桂园发动子公司、合作伙伴及其他爱心企业等，建立“公益联盟共同体”。企业结合自身优势，促进企业产业优势和平台优势与贫困户脱贫致富的有机结合。碧桂园集团以产业扶贫为重点，通过产业的可持续发展，实现了“帮扶贫困户也是帮扶企业发展”的双赢甚至多赢的格局，使得这样的扶贫模式可长期持续下去。

（二）龙布日出：腾讯的深山扶贫试验

广西都安瑶族自治县大崇村地处大石山区深处，是典型的喀斯特地貌区，不仅山多、石头多、自然灾害多，还土地少、水资源少、矿产资源少、动植物资源少，是广西 47 个国家挂牌督战贫困村之一。在国家脱贫攻坚政策影响下，腾讯公司主动承担起了大崇村剩余 98 户 590 人贫困人口的结对帮扶工作。

经过实地调研，腾讯集团推出“龙布日出”项目，为大崇乡村振兴可持续发展提供切实可行的解决方案。借助互联网企业核心能力，用互联网思维跨界整合资源，打造企业小投资撬动社会大投资的创新扶贫样本。腾讯公司在大崇村的“龙布日出”项目，通过互联网思维下资源跨界整合和传播，也为社会力量参与扶贫提供了具有鲜明特色和显著成效的腾讯智慧。

第一，建立“龙布日出”客栈，发展旅游扶贫。2020 年 4 月，腾讯负责人在实地调研后提出了一个大胆的想法，在山顶搞一个“龙布日出”客栈。首先，招募村民作为工作人员，送到县城最好的酒店接受培训，学习厨艺、安保和酒店招待与服务等职业技能。第二，在通往龙布屯山顶的盘山公路上，腾讯在政府修建的基础上，又将弯道处拓宽至 10 米，路面宽度增加至 4.5 米，顺畅了龙布屯的交通出行。第三，在龙布屯山顶，规划建造了一组由 14 个集装箱组成的山顶客栈；修建标准化的水柜，并因势利导，借助贫困户屋顶改造用于就餐的农家乐。2020 年 9 月 1 日，14 个集装箱在龙布屯山顶完成安装与室内软装布置，成功通水通电，9 月 10 日起开始试运营。9 月 15 日迎来第一批客人，国庆中秋双节期间，客栈 9 间客房入住满房，接待了来自两广的 19 位客人，仅客房收入就超过 2 万元。

第二，整合多方资源，打造“龙布日出”品牌。腾讯公益人整合多方公益资源，打造“龙布日出”品牌。在设计方面，由腾讯用户研究与体验设计中心主持品牌设计和特色农产品包装设计，推出“龙布日出”品牌。在营销方面，以“龙布日出”客栈为平台，设计推出吃住行游购娱系列文旅活动，“龙布日出”品牌入驻微店，并运营注册微视、视频号、快手、抖音等短视频账号以及微信、QQ 的官方账号。同时，都安大崇种养专业合作社注册申请“龙布日出”官方微信服务号，在开展立体式宣传营销的同时，记录脱贫攻坚和乡村振兴的每一刻，形成特色文化品牌。目前，正在规划建设“龙布日出食品加工厂”，整合都安县农产品资源，通过线上线下营销，带动整村乃至全县的消费扶贫。“龙布日出”品牌系列农产品 2020 年 6 月面市，通过腾讯 HR 与管理线“大崇村荣誉村民”及腾讯云团队的扶贫采购，帮扶销售农产品近 15 万元。

第三，现代产权制度与村集体经济相结合，形成可持续发展模式。腾讯启动已有但僵化的村民合作社，将“龙布日出”客栈固定资产按每股 25 元折算为 8 万股原始股，捐赠给大崇村集体经济主体“都安大崇种养专业合作社”，所有大崇村满足限定条件的家庭都能免费获得原始股分红权。腾讯公司计划先将“龙布日出”管理与运营的方法教给村民，在“龙布日出”能运营成熟后，将在市场上通过公开招标的方式引进专业的团队接手整个项目的推广和宣传。2020 年 10 月“龙布日出”客栈正式开业后，按测算合作社每年的收益超过 13 万元。通过合作社利润分红，将村民引入这个项目，并且让这个项目成为持续增收的重要引擎。

第四，打造“腾讯为村”网络平台，助力村民脱贫致富。“龙布日出”之所以能顺利运营，带领全体村民致富是因为有着“腾讯为村”平台的支撑，有着“互联网＋乡村”这种模式的创新。截至2020年2月29日，全国共有29个省份、215个市、845个区县、2395个乡镇中的15176个村庄上线“为村”平台，覆盖16个省市的57个国家建档立卡贫困县，464个贫困村，超223万位村民实名认证加入自己的村庄，用户互动超2.5亿次，规模十分庞大。

“腾讯为村”平台指导大崇村建立属于自己的微信公众号，指引村民、村两委、基层党员等实名认证加入，这样就搭建起了外出务工村民与家乡的情感连接渠道，密切了基层干群关系，推动了大崇村集体凝心聚力谋发展，激发了村民脱贫的内生动力。

“腾讯为村”平台为大崇村搭建起了“连接信息”的便捷通道，并面向乡村基层干部和村民开展各类移动互联网能力培训活动，挖掘培养乡村互联网人才。大崇村两委及驻村干部，可通过“为村”平台传递村庄正能量，推进信息公开和基层党建工作并进行招商引资。

“腾讯为村”为大崇村提供一个连接地方政府、优质企业、社会资源的平台，助力乡村获取更多综合发展机会。大崇村加入了“腾讯为村”平台后，村里组织起了大崇“为村”团队，带领全村村民打造“龙布日出”品牌，从教乡亲们学会上网，到教乡亲们对出售的农特产品做品控，为农特产品设计包装盒网络推广方案，借助微信公众号把“龙布日出”品牌打得越来越响。

四、消费扶贫：短期见成效，长期可持续

习近平总书记强调，要切实解决扶贫农畜牧产品滞销问题，组织好产销对接，开展消费扶贫行动，利用互联网拓宽销售渠道，多渠道解决农产品卖难问题。消费扶贫不仅是解决贫困地区农产品销售难题、帮助贫困群众增收脱贫的有效方式，更是确保产业扶贫可持续、形成长效脱贫机制的重要举措。广东坚持政府鼓励与市场机制相结合，将粤港澳大湾区的市场与西部丰

富的农产品资源有效对接，既满足了城市居民消费需求升级，又帮助贫困群众持续增收、扶贫产业持续发展。

“跨境说”和“碧乡＋社区”分别代表着广东企业参与东西部消费扶贫协作的两种典型模式。其中，“跨境说”充分发挥跨境电商平台优势和粤港澳大湾区市场资源优势，用新理念（互联网和市场化运营理念）和新科技（AI 引擎、大数据及反向云计算）赋能消费扶贫，为兰坪县扶贫产品提供产品整体升级服务，开展电商培训为当地培养致富带头人，助力产品走出大山。“碧乡＋社区”充分发挥碧桂园地产龙头企业优势，通过建立自有扶贫品牌“碧乡”整合扶贫产品，以品牌效应提升产品附加值和知名度；积极探索“社区＋消费扶贫”模式，创新性地把其分布全国的社区转化为扶贫产品消费场景和渠道；广泛发动其内外部资源建立社会扶贫共同体，形成消费扶贫的集群效应。

（一）“跨境说”：科技赋能助力扶贫产品走出大山

兰坪县位于云南省怒江傈僳族自治州的横断山脉纵谷地带，由于地处高寒山区，其独特的气候与地理环境孕育了丰富多样且原生态的农特产品，尤以兰坪高山松茸、松露、羊肚菌等而闻名世界。但受交通阻塞、农特产品销售渠道单一等诸多限制，许多优质农特产品藏在深山不为人知，农户增收乏力。

珠海横琴跨境说网络科技有限公司诞生于澳门、成长于横琴，是一家专注于 bringbuys 反向云计算平台研发的跨境电商服务商，以领先的 AI 引擎、大数据、云计算技术方面的开发与应用，为实体经济与数字经济、跨区域融合提供专业的信息赋能整体解决方案。

在横琴新区的积极引导下，跨境说于 2018 年承接兰坪县电商扶贫项目，帮助兰坪优质农特产品走出大山、走出国门。2018 年以来，跨境说通过线上和线下实现超 600 万元的扶贫产品销售额，直接惠及 342 多户建档立卡贫困户，人均增收600元。在兰坪当地已经形成了以“兰坪山水”为首的特色农产品品牌。截至2020年11月，为扶贫地区的400多家企业授信，金额达600多万元。

第一，AI技术+大数据引擎，助力精准分析定位市场。跨境说依托多年汇聚的海量市场数据及敏锐的市场需求，能通过AI技术+大数据引擎，形成具有区域针对性、成体系的扶贫项目方案及服务标准。为培育并提高当地农特产品在投放高端市场时的竞争力，帮助兰坪建立区域品牌、扩大品牌影响力及销售规模，跨境说从产品定位、包装、规格、认证、深加工、价格指导等方面，对优选产品提供品牌升级咨询服务并执行落地。

第二，规范标准+区块链溯源，对品控严格把握。由于原生态农特产品生产标准不一、生产质量不可控、产业链下游缺少监管等因素，消费者对这类农特产品大都持有不信任态度。跨境说帮助扶贫农产品从“三无”产品变为合格产品。为确保兰坪县生产采摘的农特产品符合国家标准，顺利进入城市大型商超及各大电商平台进行销售，跨境说为农特产品申请食品生产许可证书，帮助其通过SC食品生产认证。同时引入与国际接轨的港澳食品安全标准，以更为严格的港澳标准加强品控，为农特产品打通跨境销售渠道，开拓广阔的海外市场奠定产品标准和品控基础。

自主研发区块链溯源系统，对每一件农特产品的生产种植、仓储、批发、物流和门店零售全过程进行各环节的数据采集，实现对农特产品的全生命周期监控，建立丰富可查询的溯源档案，打造独一无二的“身份ID”。消费者可随时通过附着在产品上的芯片，用手机获取产品在生产供应链上的准确信息，从而得到更好、更安全的消费体验。

第三，组合营销+跨境推广，助推扶贫产品走向更大市场。跨境说具有多年的互联网营销经验和专业团队，采用多样化的营销手段帮助兰坪农特产品快速进入新市场。线上营销方面，一是通过搜索引擎SEO&SEM、广告投放、新媒体营销、SNS公众号营销、网站推广等技术帮助怒江兰坪农特产品吸引关注、促成销售。二是为便捷农特产品出海，推出针对出海贸易的互联网产品“出海易”，并接入海外社交媒体，经过对商品及目标消费群体的大数据分析，实现营销广告一键精准投放，还打通了检验检疫、通关报关、海外物流等渠道，以数字化流程加速农产品销往海外。三是利用自身中葡平台优势在横琴新区搭建中葡中拉跨境电商直播基地，邀请网红在短视频平台进行直播带货，开启“电商＋农产品”的“带货”新模式。

线下营销方面，一是推出优质农产品组合套餐、体验活动，经过AI＋大数据分析，精准剖析消费者趋势、高端客户偏好、原材料营养和成分分析等，以食谱研究、澳门大厨烹制、线下店体验试吃的形式，向市场大众推出迎合需求的定制组合套餐，如云南松茸配葡语系国家进口红酒套餐。二是依托跨境说扎根粤港澳大湾区的平台优势，积极参加各大国际性展会推介会，如澳门国际MIF展会、海上丝绸之路国际展会等，扩大兰坪农特产品品牌影响力，为销售和大宗采购转化铺垫。

第四，强化电商人才实训，扶贫扶智与扶志。坚持“当地人带当地货、当地人讲当地故事”的理念和目标，跨境说依托旗下科技职业培训学校，为兰坪电子商务输送平台、运营技术及培训服务，综合提升农村电商从业者的社交电商、直播带货的理论与实操水平，助力兰坪农村电子商务产业发展。通过针对性的实训课程设置，指导对接就业用工需求，形成跟踪服务而非“一锤子”培训模式。如2018年11月委派专业讲师在兰坪县电子商务公共服务中心举办了“兰坪县电子商务进农村综合示范村站站长、企业实操培训”。2020年9月跨境说在兰坪开办了第一期农村电商直播创业课程。

第五，跨境结算＋金融服务，满足企业结算与资金需求。基于澳门作为自由港的优势，目前，跨境说已经对接了全球54种支付方式，提供9种语言版本供使用。跨境说联手人银金融、联想集团、中通瑞丰、巨立鼎曜，在跨境电商、金融科技和服务、资金资源、风险控制和客户管理领域共同为企业提供服务，帮助解决贫困地区企业最为核心的资金需求，为兰坪县中小微企业、创业者、个体生产者等提供完善的供应链金融服务。

兰坪野生菌类以松茸、牛肝菌、羊肚菌、松露为主，营养价值高，依靠自然种养，均为人工采摘，特色鲜明，附加值较高。跨境说利用平台汇聚的市场数据信息，通过 AI 技术分析，明确该系列产品对标高端市场，主要针对城市中消费能力较强的中产阶级，瞄准有养生需求的亚健康人群和需要送礼馈赠长辈的消费者。

鉴于兰坪野生菌类定位为高价值商品，商品包装容易影响产品印象，跨境说将包装设计为自用简装和送礼精装，以区分消费用途、凸显菌类的价值以及稀有性，拓宽销售市场。为野生菌安排拥有 SC 认证的生产工厂进行分装生产、产品检测等系列工作，提升野生菌类的食品安全系数，让消费者放心购买。

考虑到野生菌的季节性生长情况，跨境说通过线上线下结合举行了多场运营活动。线上进行微信自媒体推广，线下联合澳门、南屏、横琴等地的餐饮中心做松茸等野生菌试吃推广体验活动。经过跨境说的一番改造，兰坪野生菌类已经实现了从扶贫农产品到珍馐美食的华丽转身。

（二）“碧乡＋社区”打造消费扶贫双支柱

在消费扶贫实践中，面对帮扶地区普遍存在的“好山好水好土养一方好物，山高水远路长却难觅市场”的窘境以及扶贫产品“卖难”现象，碧桂园认识到销售难题是制约贫困群众增收脱贫的一大痛点。作为中国地产行业龙头企业，碧桂园在全国建设运营 2000 多个社区，服务超 160 万业主，庞大的业主群体为其开展消费扶贫提供了坚实的需求保障。集团消费扶贫已累计推出 30 个帮扶县超过 270 个特色农产品，销售金额约 1.2 亿元，累计帮助超 11.2 万个贫困户实现稳定增收。

第一，“立品牌”，创立扶贫自有品牌“碧乡”。为了对扶贫农产品进行统一运营管理，扩大社会影响力，碧桂园集团创立了扶贫自有品牌“碧乡”，以“助力乡村产业振兴和农民脱贫增收”为使命，致力于打造“有品质、有温度、有故事”的扶贫产品。“碧乡”聚焦农产品转化销售，以品牌升级提升产品附加值。通过碧乡电商、碧乡扶贫专柜、参加展会等外部渠道和碧桂园食堂、工会福利等内销途径，将优质农产品从田间引向市场、推向全国，解决贫困地区农产品销售问题，助力贫困地区农户脱贫增收，实现城乡资源的良性互动。

一是品牌效应提升农特产品附加值。围绕当地特色农产品，通过收购、精深加工、升级包装环节，将“改造”后的农特产品纳入“碧乡”，帮助优质农产品进入城市，再运用多种营销推广方式扩大品牌效应，提升贫困地区农特产品认知度和竞争力，挖掘潜在的消费需求，进而打开销路，拓宽销售渠道，从而促进贫困户多产增收。

二是溯源系统确保农特产品安全可靠。碧桂园积极探索“一品一码一户”模式，搭建产品溯源平台，严格把控每件产品质量，规范资质证件、核实扶贫收益资料，实现所有推介产品的渠道可追溯、品质有保障、扶贫可追踪。“碧乡”的每款农产品都真实链接到具体贫困户，都有专属的扶贫故事，能够与贫困群众形成紧密的利益联结机制。

三是通过自身渠道和资源拓展市场。“碧乡”帮助产品提升包装设计和品牌管理后，再通过遍布全国各地的凤凰优选门店销售给碧桂园业主，同时结合淘宝、京东、有赞、碧优选线上商城、凤凰会等电商平台，搭建了立体化线上销售体系，减少了扶贫产品销售的中间环节，提高了产品的交易效率。

第二，“拓渠道”，借助社区平台联动社会多方参与。碧桂园凭借自身服务大量社区业主的优势，创新性地将优质而苦于销路的农产品引入社区，满足业主消费需求，用好产品接轨社区生活需求，① 使社区和业主成为消费扶贫的中坚力量。集团依托旗下新零售品牌碧优选的众多社区门店网点，推动

① 碧桂园服务控股有限公司：《探索社区扶贫新模式》，《中国物业管理》2019 年第 1 期。

贫困地区特色农产品进社区，让社区居民在日常消费中就能支持扶贫工作。如，碧桂园与宁陕县政府、“疯婆娘”合作社共同投资“中蜂产业链”，并借助“碧优选”零售渠道将产品销往全国各地。

一是大力开展社区消费扶贫活动。2019 年 7 月，国强公益基金会、碧桂园集团与碧桂园服务联合承办“社区的力量”消费扶贫攻坚战专项行动，发动约 150 万户业主参与消费扶贫，通过“带一斤回家”号召，以最简单的行动直接帮助贫困地区农户打开销售渠道，社区认购农产品达 100 万斤。2020 年 7 月底以来，碧桂园在继续开展“社区的力量”消费扶贫行动的基础上进一步创新，为更好发动社区居民力量，通过招募消费扶贫代言人，设置分销激励等方式助力贫困地区特色产品销售。

二是发挥集团优势，联动社会多方共同参与。通过大型展销平台推广贫困县农特产品。如参加第六届中国公益慈善项目交流展示会，展出“碧乡”25 款扶贫产品；参加第九届广东现代农业博览会，联动旗下现代农业、碧优选以及碧乡，在“农业创新馆”展出 30 余款扶贫产品。2019 年 9 月 28 日，“碧乡”线下实体展销馆“臻碧乡”在首届广东东西部扶贫协作产品交易博览会上亮相，通过产品展销、现场体验、路演推介等方式宣传贫困地区优质特色产品，为贫困地区打造具有知名度、影响力的“永不落幕”农产品交易市场。

三是首创“消费扶贫月”，倡导以购代捐。从 2018 年起，碧桂园结合“双 11”，将 11 月定为集团“消费扶贫月”，发动集团 10 多万员工、数百万业主及众多社区“以购代捐”。在扶贫月期间，连续两年在碧桂园社区举办慈善晚宴，助力位于“三区三州”深度贫困地区的甘肃临夏州东乡县销售农特产品东乡羊。通过大型展销平台推广贫困县农特产品。

第三，“稳机制”，建立长期稳定的产销关系。碧桂园不仅着眼于短期消费扶贫效果，还致力于建立长期稳定的产销关系。

一是强化销售渠道保障。碧桂园集团为贫困地区发展特色产业提供资金、技术、市场、渠道等资源，并利用集团全国分布、多业态经营的优势，对贫困地区处于分离状态的产业进行调整、组合和一体化。延伸农特产品深加工产业链，开展从生产到销售的全链帮扶，推动各市场主体与贫困村建立长期稳定的产销关系，将需求转换为订单。通过采取预售、众筹、订单农业等方式，让贫困群众有计划、有目标地种植生产，既保证了产品质量，又增加了实际收入。

二是激发贫困群众生产积极性。产品被销往全国各地并得到社区居民的喜爱，让贫困群众能够更加安心地投入到生产中，减少了辛苦生产农产品却卖不出去的顾虑，促使他们更加努力地生产出更多优质农产品，实现光荣脱贫。

第三节　社会协作：建立广泛动员参与体系

粤桂协作中，除了依托广东省在市场、技术、信息等优势促进就业、产业、消费等经济合作外，还将帮扶网络进一步拓展至社会包容性发展方面。结对帮扶以来，广东省在教育帮扶、医疗帮扶、社会组织扶贫等方面建立了广泛动员、全员参与、全面提升的帮扶体系，助力广西多项“软实力”的提升。

一、引入先进理念，彰显教育协作力量

习近平总书记指出，治贫先治愚。要把下一代的教育工作做好，特别是要注重山区贫困地区下一代的成长。下一代要过上好生活，首先要有文化，这样将来他们的发展就完全不同。义务教育一定要搞好，让孩子们受到好的教育，不要让孩子们输在起跑线上。古人有“家贫子读书”的传统。把贫困地区孩子培养出来，这才是根本的扶贫之策。

教育扶贫协作在我国东西部扶贫协作中同样占据重要位置，广东的教育扶贫协作工作可分为两大方面，一是教育“硬件”帮扶，主要是指学校及其

配套设施的援建；二是教育“软件”帮扶，主要是指教学、育人和管理理念与方法的帮扶。

在教育“硬件”帮扶方面，格力集团援建怒江州泸水市维拉坝的格力小学和幼儿园是其中的典型代表。尤其是幼儿园的建成，极大改善了当地儿童早期教育和养育的短板。除了建设校舍，珠海市每年选派5位教师到格力小学、幼儿园支教，为当地学生和老师传播先进的教学理念，引入并拓展美术、体育、音乐、足球、心理等课程，为贫困地区学生全面发展提供了良好条件。

在教育“软件”帮扶方面，“佛山班”和高春艳的“名师工作室”是两个典型代表。其中，“佛山班”是指佛山市在凉山州盐源县中学高一年级学生中，通过平行录取组建的班级。高春艳是广东支教教师的优秀代表，她脚踏实地、因地制宜、因材施教，通过“四课一室”拓展课程、改进教学、助推教研、提升管理、精细育人，使都安县高岭镇中心小学发生了巨大变化。

（一）兴办学校织“摇篮”，放飞傈傈求学梦：维拉坝格力小学和幼儿园

维拉坝教育资源相当匮乏。由于上学要翻山越岭，维拉坝及附近村庄的孩子，从四岁上幼儿园就开始住校，每上十天课才可以回一次家。又因为学生人数多、宿舍数量少，附近村庄的几百名孩子，只能在简陋的维拉坝完小读到三年级，四到六年级必须到十几公里以外的大兴地镇就读。为了完成小学教育，大山里的孩子需要走20多公里的山路才能到达学校。伴随易地扶贫搬迁项目落成，周边7个村的居民汇聚在维拉坝易地搬迁安置点，而当时的维拉坝完小完全无法满足激增的学位需求。

珠海市国企格力集团在了解到维拉坝学子的实际困难后，积极响应市委、市政府号召，践行社会责任，彰显国企担当。2017年6月，集团决定出资5431.32万元捐建泸水市格力小学及幼儿园，并由旗下建安集团负责施

工。2018年9月3日，在距离珠海2000多公里之外的怒江之畔，滇西边境盘旋的大山之中，格力集团捐建的怒江州泸水市大兴地镇维拉坝格力小学和幼儿园开学。首批450名傈僳族学子正式入学，在崭新的校园里放飞他们的求学梦。

第一，攻坚克难，项目如期投用。格力小学、幼儿园自启动建设便遇到不少技术难题。当时工地铺满了巨大、坚硬的石头，由于地形复杂无法进行大型爆破，只能靠工人敲钢钎分解巨石，最多一次工人在石头上打了6000多个孔；又因为唯一通往工地的道路在维修，运送施工机械和材料的大货车都无法进场，只能将材料拆下来分装到小车里拉进工地。施工单位克服维拉坝地质结构复杂、施工环境恶劣、交通条件艰险、地质灾害频繁及建材紧缺、用工困难等难题，扎实推进各项工作开展。格力集团“出钱出力，用心用情”，把格力小学及幼儿园建设视作一项重大政治任务，以高度的责任感和使命感加紧推进，如期建成投用。

第二，独树一帜，完善建设风格。格力小学、幼儿园选址泸水市大兴地镇维拉坝，采用高起点规划、高标准建设。学校总用地面积达17207.7平方米，总建筑面积达10245.39平方米，包括行政及食堂楼、宿舍楼、阶梯教室楼、小学教学楼、幼儿园教学楼等5栋大楼，以及操场、羽毛球场、篮球场、足球场等运动场地，可满足近千名学子就读，是全国东西部扶贫协作开展以来教育领域单体投资规模最大的项目。学校外墙采用与当地土著建筑民居类似的土黄色为主色调，屋面则选用灰黑色的瓦片，结合当地的一种片岩石材勾勒建筑勒脚部分，使现代化楼房中有了当地传统民居的元素。南北贯穿的大连廊，将教学楼、食堂、宿舍连为一体，解决了老师和学生雨天出行的不便。建成后，格力小学成为怒江州一所现代化、标准化、规范化的一流特色学校，格力幼儿园则成为该镇首所规范幼儿园。

第三，硬件支持，改善教育基础。随着格力小学和幼儿园投入使用，当地教学硬件条件大幅改善。格力幼儿园有两层教室，设置了6个教学班，可满足 270 名儿童入学，配备了舞蹈、音乐教室，每间教室都有卫生间并安装了适用于儿童的马桶。小学共建有 18 个教学班，可容纳 810 名学生，有计算机、美术、音乐、科学等特色教室。宿舍楼共建 4 层 41 间，可满足 410 名学生的入住需求，每层有公共浴室，每间宿舍有独立卫生间，并配备空气能热水器。位于行政及食堂楼一楼的食堂，面积约 300 平方米，能同时容纳 300 人就餐，老师们可以在楼上办公。阶梯教室可用作报告厅或家长会等会议场所，能容纳 218 名学生。教室内有饮水机，且所有教室都安装风扇。此外，学校特别配备了亲情电话和亲情视频室，便于在校学生与家长及时联系与沟通。

第四，软件支援，助力教育发展。有了优良的硬件作为基础和载体，珠海市对口怒江州扶贫协作工作组将珠海优质的教育管理团队引入本地，在软件上助推怒江基础教育跨越式发展。在师资方面，格力幼儿园配备 6 名教师，小学配备 30 名教师，其中语文、数学等基础学科 24 名，另有音乐、美术、英语、体育、信息技术等专业课教师 6 人。同时珠海市香洲区每年都会派出 5 位教师参与学校的管理和教学工作，力争将学校打造成为全州学校管理、教学质量的示范学校。在课余活动方面，学校组建了怒江第一家校园童声合唱团，创办了第一家小学心理健康辅导室、创客室，学生小记者站等，特别是从广东引进了一位专业足球俱乐部的青训教练，组建男女校园足球队，开展训练比赛。

第五，教育扶贫协作成效明显。一是极大改善教学软硬件基础设施，彻底解决当地儿童上学难问题。学校投入使用后，维拉坝拥有了真正意义上的小学，不仅满足了一至六年级学生就近上学的需求，而且在硬件配备和软件方面都得到了前所未有的改善，使大兴地镇的教育从达不到“基本均衡”直接跨入“优质均衡”发展阶段。

二是促进当地学前和早期教育发展。在移民搬迁安置点建设幼儿园并配备优秀的幼儿园教师，不仅解决了儿童上学难的问题，而且为他们提供了优质的教育资源，有利于培养学生良好的认知能力和社会情感能力。

三是引入素质教育理念，培养学生全面发展。贫困山区的孩子对大自然有深刻的洞察力，拥有良好的身体素质，在美术、音乐、体育等方面有不同于城市孩子的优势，通过挖掘与培养学生这些方面的兴趣爱好，促进学生全面发展。

四是树立怒江小学教育新标准。高标准、现代化、规范化的小学和幼儿园起到了辐射带动作用，珠海支教教师引入先进的教学、管理理念，有助于推动当地教师团队的发展，配套的硬件设备为维拉坝附近学校师生提供了学习交流的平台，这也为怒江州教育资源匮乏的地区提供了教育改革的方向。

怒江维拉坝格力小学和幼儿园彻底解决了当地学前和小学教育资源严重不足的问题。来自珠海香洲区第十二小学的美术老师许玉辉，在操场台阶上雕刻的 1700 多个正楷汉字为当地教育事业注入了一种精神力量。来怒江后，许玉辉老师发现傈僳族孩子汉语薄弱，许多孩子在入学前只会讲傈僳语。许老师便在心里琢磨，如何帮他们认好、写好汉字。一天饭后，他在校园的火山石阶上散步，突发奇想，找到毛笔在石砖上写起字来。“火山石是天然的水写纸，遇水则黑，用清水就能在上面练字。把小学必会字刻在上面，学生就能在上面描画，既能巩固所学，也可以感受书法魅力，还能在上面拓印拼接诗句。不仅能传承优秀传统文化，而且低碳环保。”于是，他向校长和支教队长表明想法，并得到了支持。经过反复试验，这项“大工程”在 2019 年 6 月 11 日动工了！“当我抬头与孩子们对视的那一刻，感受到了莫大的鼓舞，只要孩子们能受益，再辛苦也值得！”小学阶段共 2500 个必写字，他顶着烈日在不到 50 天内刻了 1700 多个。支教结束前，他特意刻下“江海情”3 个字，意指怒江珠海穿越山水阻隔结成的深厚情谊。字下的拼音缩写是由损坏钻头拼接而成。

（二）筑班育人，圆梦启航："佛山班"提升教学育人理念

为切实做好佛山市和凉山州教育结对帮扶工作，凉山州教育局决定在盐源县中学校 2018 级高一新生中平行录取 56 名学生组建"佛山班"。创建"佛山班"宗旨是利用佛山先进的教育理念、管理模式、教学方式和教学手段，在凉山州建立佛山普通高中教学示范点，通过点位突破、以点带面，辐射引领凉山州深度贫困县普通高中教育教学水平的提升。佛山市教育局积极推进"组团式"教育人才援凉模式，整合了优势资源，发挥了团队力量，扩大了教育援凉的综合效应。

第一，多措并举教学改革，引入佛山教育教学理念。

一是学风建设。针对"佛山班"学生基础相对薄弱、学习方法不科学、学习习惯较差、缺乏学习主动性和积极性等实际情况，"佛山班"以学风建设为重点，从培养学生学习习惯入手，激发学生学习兴趣和热情，充分调动学生的积极性和主动性。注重学习方法指导，加强赏识教育，树立信心和决心，从而形成良好的班风和学风。

二是小组合作。借鉴佛山市顺德教学经验，结合盐源中学学生实际，积极探索课堂教学改革，提出了"小组合作探究"的教学模式。根据学生性别、成绩、特长、兴趣和性格等因素，把学生分成七个学习小组，每组 8 人。各小组设组长 1 名，副组长 1 名，语文、数学、英语、物理、化学和生物等 6 个学科课代表各 1 名。而教师在课堂教学中积极倡导"少讲多学、精讲多练、小组合作"的教学方式，坚持"以学生为主体、以教师为主导、以训练为主线"的"三主"原则。把课堂的时间交给学生，充分调动学生的积极性和主动性，培养学生良好的学习素养。

三是导学案编写。积极推广"导学案 + 小组合作"学习模式，改变传统"填鸭式"的教学模式，重视培养学生学习能力。结合佛山市顺德经验，提出"1 + 1 主体构建"的教学模式。所谓"1 + 1"即在一节正课之前，先上

一节自习课。自习课上学生首先要完成“导学案”，“导学案”包括：课前预习案、课堂探究案和巩固提升案三个部分。“课堂探究案”包括文本中学生合作探究的问题（主要是对文本内容和写作特色等相关问题的分析和探究），“巩固提升案”主要是训练题（通过对文本知识点的训练来提高学生理解和运用能力）。学生将“导学案”完成之后交给老师，老师及时批改，并根据学生对文本知识掌握的情况，有针对性地在课堂上予以讲解，做到“少讲多练”“精讲精练”。

第二，班级管理，严爱有度。在班级管理方面，“佛山班”坚持“爱、严、细”的管理原则，重点加强学生日常管理，实行班主任跟班负责制，负责学生在校学习期间的日常管理，并做好家校沟通；注重做好学生思想工作，着力培养学生良好的生活习惯和学习习惯。

一是养成教育。“佛山班”学生大多来自盐源县的偏远山区，彝族、藏族和蒙古族等少数民族学生占班级学生人数的70%以上，学生普遍存在着时间观念不强、学习不自觉、是非观念和法纪意识薄弱、文明礼仪和卫生清洁习惯差等现象。“佛山班”全体老师在班主任的带领下，齐抓共管、通力合作，加强对学生进行行为习惯的养成教育。制定全方位的管理跟进策略，做到了学生管理全方位无死角，切断各种社会不良影响对学生思想浸染的渠道，在学生心中播下文明进取的种子。

二是班风建设。鼓励学生早读前、晚修前、周六日和节假日自愿回校自修，班主任牺牲个人休息时间进行守候管理，并实行签到制度，培养学生利用课余时间进行学习的习惯。针对学生文化功底薄弱的问题，老师们利用周末，召集学生回校举行思维导图绘画、学科讲座、读书分享会等活动，鼓励学生放下手机，多看书，扩充视野和知识面。

三是心理教育。“佛山班”有近二十位学生是单亲家庭，部分存在心理健康问题。在教育过程中，老师们特别重视对学生进行心理疏导，并聘请佛山支医的李勇基和杨涛两位医生，多次给学生开展心理健康知识普及和心理健康疾病的预防、治疗等讲座，对学生身心健康发展起到了很好的作用。

第三，案例成效明显。自“佛山班”成立以来，学生成绩始终处于同层次班级首位。特别是自高一下学期分班以来，该班学生成绩突飞猛进，遥遥领先于同层次其他班级。在最近一次的期末考试中，该班无论是总分还是各学科平均分均居首位，理科六个学科中的五个学科成绩为同层次第一。

这种教育帮扶模式在广东东西扶贫协作中得到了推广和应用。例如，珠海在怒江也设立了“珠海班”，并获得了很好的成效。2020 年 7 月，怒江州民族中学第一届“珠海班”毕业生 50 人，100%高于云南省一本重点线，高考平均分 600 分。泸水一中高三“珠海班”34 人，本科上线率 91.2%。兰坪一中高三“珠海班”37 人，本科上线率 64.9%，三所学校的“珠海班”均取得该校历史最好成绩。

（三）建设“四课一室”：高春艳的名师工作室

2019 年 8 月，滨海小学科学教师高春艳从深圳市宝安区到广西都安瑶族自治县高岭镇中心小学支教。在一年多的时间里，高春艳老师与学校、当地教育部门密切沟通，根据学校所需开设了“四课一室”。在教学过程中，高春艳老师重视“常规课”、开设“文明课”、组织“辅导课”及开发“校长微课”，在提高基础课教学质量的同时也注重培养学生的兴趣爱好。此外，高春艳老师还将深圳的“名师工作室”搬到了高岭镇小学。在一年多的支教时间里，高春艳老师带去了新的教育理念与教育模式，并促进整个乡镇教育质量的提升，受到当地教育局的高度赞赏，被称为当地教育的“一池春水”，同时也获评 2020 年宝安区“年度教师”殊荣。

一是重视“常规课”，上好科学课、引领阅读课，做好班主任。高老师将从深圳带来的实验材料进行展示时，学生们兴奋至极，因为之前学校从来没有专职的科学教师，学生从来没上过科学课。因此，高老师把创新课堂搬到这里。精心设计每个科学实验，带着孩子们仔细观察、发现问题、认真记录、分析数据。同时，在支教的过程中，高老师关注到学校阅读课开展遇到困难，便首先将一年级绘本阅读引入到课堂中，带领一年级语文老师开展阅读课教学，以“引导课”的方式带领其他老师从模仿开始，学习上阅读课。此外，高春艳老师还主动担任一个班的班主任。在这个过程中，她将深圳的班主任经验带到了这里，规范学生行为、鼓励学生表达、带领学生建设班集体。

二是开设“文明课”，帮助学校形成有序、优雅、文明的校园氛围。高春艳老师刚到高岭镇小学时，观察到在午餐时间，学生们捧着饭盆在校园里席地而坐，经常会把饭粒、菜汤掉落在地面上。便向学校倡议开设“就餐课程”，规范学生用餐行为，使学生就餐变得井然有序。并以此为突破口，对学生广播体操、升旗仪式、入校问好、放学路队等活动进行了一系列改革，并帮助校长策划和实施“校长微课程”。

三是组织“辅导课”，引领当地教师提高教育教学专业技能。高春艳老师积极秉承“扶贫要扶智、输血更造血”的扶贫理念，将名师工作室搬到了高岭镇小学，吸收当地教师为成员，培养骨干教师。名师工作室线下开读书会、书写公众号、开发“校长微课程”；线上通过两地连线、空中课堂，请深圳的名师为广西老师上课，迅速提升了当地教师的教育教学能力，孵化名师，打造一支带不走的优秀教师队伍。其次，高老师组织教师开展学习，带领学校的老师读书，为每位老师购买了“读书卡”，自己担任后台管理员，带领和指导大家进行阅读。高春艳老师和其他老师一起，辅导学校的韦老师参赛，获得市级一等奖。

四是开发“校长微课”，传播校园正能量及社会时事热点。“校长微课程”是陈阵校长的创新之举，他利用每天上课前的 2 分钟时间，以定时播放音频课程的方式聚焦学校近期热点工作及学生存在的热点问题，并及时提出解决策略。同时，微课程中也将中华传统文化、时事热点等内容列为重要内容，让孩子们每天通过聆听微课程了解国家大事、了解外面的世界。此外，课程以音频和文字两种方式呈现在学校官微上，家长也可以了解微课程，与学校合力促进学生进步。

高春艳老师将深圳的“名师工作室”搬到高岭镇中心小学之后，工作室招收 15 名工作学员，并将一支 5 人的“科学教师小分队”和 9 人的 2020 年新教师“共同体”纳入到工作室。

一是示范课引领教学。高春艳老师所在的支教学校为广西都安瑶族自治县的镇级中心小学，由于结构性缺编，除了设置语文、数学、英语学科外，其他学科开设得不够齐全，教师严重缺编。高春艳老师利用驻校支教的便利，把她在深圳的“名师工作室”搬到了大山里。此外，高老师针对支教学校所需，联系学校，引入了阅读课、数学课、美术课等。张老师千里迢迢送来的阅读课、袁老师精彩纷呈的数学课、向老师妙笔生花的绘画课点亮了大山里孩子的眼睛。其中，张老师和向老师都是教师工作室的成员，他们将工作室聚焦的“创学融合课程”用有效的方式应用到山区学校里。张老师带来了“阅读融合课”，向健老师的绘画创作课在山区学校里如同刮起一阵创新之风，让老师们看到了更多教学变革的可能。

二是空中课堂链接资源。校本教研和心理健康这两方面是支教学校教师急需指导的两个重要方面，高春艳老师利用网络引入深圳名师讲座，切中教师所需，讲解“教师如何教科研”“教师怎么写论文”“教师怎么解读学生心理问题”等。

三是公众号分享教学故事。老师们一起带着问题走进课堂，让每一次听课都能推动成长；并通过写作激活梦想，通过微信公众号来反思教学，让文字表达成为一种研究方式。经过指导，目前工作室的学员基本已经开设了微信公众号，并通过这个平台分享自己的教学故事。

四是读书点燃心灵。高春艳老师联系了“樊登读书会”，并申请了后台管理权限。在带领老师们读书的过程中，她发现，即便只是点燃几颗星，也会照亮一片天空。在学校里，老师们虽然收入并不太高，但是她们拿出一部分钱来购买樊登读书卡。高春艳通过不断地向老师推荐名著名篇，让老师们走进文化世界。

此外，高春艳老师对支教生活产生了浓厚感情，做了很多分外的事情，组织爱心捐赠、支援学校建设。一是发动在宝安的学生家长、企业等捐款19.4万元，援建受援学校的洗手池及购买1100多套深圳校服相赠；二是发动企业为受援学校捐赠价值40万元的“听见时代”智慧教学系统，助力山村学校走向现代化教育；三是主动担任网络直播主播，为当地老乡直播带货，创下了四小时带货200万元的佳绩。

案例启示：高春艳老师的支教在当地学校产生了显著的溢出效应，传播了先进的教学方法、育人理念和管理方法，帮助当地学校在教学、育人和管理方面更上一层楼。因此，建议在下一阶段的东西部协作中，更加突出教育协作的重要性，探索建立东部教师支教、交流的常态机制，加大对产生良好支教效果的教师的精神和物质激励。由高春艳老师的案例可知，经过近年来脱贫攻坚的教育投入，贫困地区基础教育的硬件短板基本补齐，然而在课程设置和教学育人理念上依然是弱项。尤其是科学课、艺术课等关乎学生眼界与综合素质培育的课程存在明显短板。教师的教学育人理念和方法与先进地区相比也有较大差距。因此，后续的东西部教育协作可将“软件”帮扶，尤其是教学育人理念和方法帮扶作为工作重点。

二、技术管理双飞翼，喜德医院扶摇起

解决好因病致贫、因病返贫问题是打好脱贫攻坚战的关键。喜德县是地处凉山中北部彝族山区的深度贫困县。全县6.8万贫困人口中，患有94类重特大疾病的有1391人，占全县贫困人口的2.1%。这里经济社会发展滞后，医疗卫生资源严重不足。尽管成昆线穿县城而过，但落后的医疗条件却是阻碍群众奔小康的大“拦路虎”。“大病跑西昌”早已成为喜德人民的看病常态，也无疑增加了看病成本。因病致贫、因病返贫现象十分突出。

脱贫攻坚以来，广东逐渐加大医疗扶贫协作力度。2016 年 8 月佛山工作组入驻以来，坚持“中央要求、喜德所需、佛山所能”的原则，统筹佛山卫生资源开展精准扶贫，在佛山最好的五家三甲医院轮流抽调上百名骨干医生，组团式帮扶喜德县人民医院。佛山医疗工作组通过引入绩效考核机制，提升医院管理水平；创建 1 个省级重点专科、增设 2 个科室，打造 3 个州级重点专科，补齐喜德县人民医院诊疗能力的短板；将“互联网 + ”赋能医疗扶贫；构建分级诊疗体系，把喜德县人民医院打造成为县域龙头医院，其医疗服务能力在州贫困县中处于领先地位，辐射州中、北部县乡，为深度贫困地区医疗扶贫补短板树立了一个良好的典范。

（一）协助构建现代医院管理制度

佛山医疗组助力喜德县人民医院进行现代医院管理制度改革。协作双方互派管理人员到对方医院开展为期 1—3 个月的业务交流和学习培训。按照县级公立医院的改革要求，建立现代医院管理制度、推进人事管理制度、薪酬分配制度、后勤服务社会化等改革。特别地，还邀请第三方咨询公司对全部医护人员进行绩效考核，并对在佛山组团帮扶工作中认真钻研业务本领、提高管理和技术水平、积极开展新技术和新业务、推进医院高质量发展的员工每年予以表彰奖励。

落实整体帮扶喜德医院职责，对改善医疗服务、保障医疗质量、加强学科建设和医院文化建设等予以全方位指导。指导检验科、超声科、影像科、心电图室等功能科室规范科室建设与质量管理，强化医护人员“以临床为中心”的服务意识。抽查运行病历监控医疗质量，加强常见和多发病的诊疗培训与指导，每年组织 1—2 批专家团队到喜德医院开展专题学术讲座、查房、义诊、疑难病例讨论、新技术和新业务指导等。

（二）加强薄弱科室建设

把喜德医院仅有的一个州级重点骨科打造成省级重点专科。一方面，加强骨科康复护理队伍建设和人才培养，双方互派骨科康复护理人员到对方医院开展为期3—6个月的带教指导和进修培训；另一方面，提升骨科急诊科服务能力，每年组织1—2批骨科专家到喜德医院，开展专题学术讲座、疑难手术示教指导、查房、义诊、新技术新业务指导等。

为喜德医院增设急救科和重症监护室。从乡镇卫生院抽调医师组建急诊科，组织佛山专家团队参与喜德医院急诊科的建设、指导急救设备配备和使用，互派急诊科相关专业技术人员带教指导和进修培训。面向全国招聘学科带头人，对ICU病区设计和布局进行改造和设备配置采购。双方互派重症医学专业医师、护士到对方医院开展带教指导和进修培训。规范重症医学科质量管理与服务流程，确保ICU病区按时启用、安全运行，提升医院危重症病人救治服务能力。

将眼科、妇产科和儿科打造成州级重点专科。根据患者需要，每年组织1—2批眼科专家团队特地到喜德医院开展眼科手术，进行示教指导、专题讲座和义诊等服务。经过互派相关专业技术人员到对方医院开展为期6—12个月的带教指导和进修培训，如今1名眼科执业医生已经到位，能够开展白内障复明等眼科常见手术。

在妇产科和儿科的建设上，佛山医疗工作组加强对住院分娩和补助政策的宣传，派医生对当地孕产妇摸底、调查和上报，并对孕产妇传授婴儿保健知识。为避免急诊分娩到不了县医院，工作组还将5个乡镇卫生院设为待产点，随时观察孕妇病情，适时转诊县医院。此外，佛山医疗工作组给喜德医院医护人员加强了妇科阴式手术、腹腔镜手术人才培养和技术培训。帮助指导儿科新设新生儿室、新增新生儿诊疗业务，加强儿科人才培养和技术培训，提升儿科常见病、多发病和急危重患者救治能力。

现在喜德县孕产妇已经逐步转变观念，妇产科和儿科服务能力的提升已经使得去医院生孩子成为当地的新风尚，在喜德医院也完成了喜德县历史上的首例腹腔镜手术、首例无痛分娩手术，产妇和新生儿死亡率大大降低。当地孕产妇在家分娩“有命喝喝鸡汤，无命见阎王”的状况得到根本扭转。

（三）推动分级诊疗体系建设

佛山医疗团队通过喜德县人民医院牵头，联合乡镇卫生院和村卫生室构建远程医疗平台，推动建设“喜德县人民医院—乡级卫生院—社区卫生服务中心”分级诊疗体系，形成上下联动的分级诊疗模式。佛山的帮扶医生和喜德县人民医院的医生就可以通过这个平台直接去指导下级卫生院和卫生室的医疗工作。

为了推动形成分级诊疗体系，佛山医疗工作组采取两大有效举措。一是构建医联体利益联动机制，使县人民医院、乡镇卫生院和村卫生室在病源和诊疗费用上形成联动机制；二是专业医疗技术人才下沉乡镇。定期派专家去乡镇卫生院和村卫生室义诊和坐诊；当地的村医在专家的指导下开展医疗服务，提升他们的业务能力，留下专家的医疗技能，更好地方便村医服务本村百姓。

（四）互联网赋能医疗扶贫

打造远程医疗服务平台，留下一支带不走的医疗队伍。借助互联网技术，加强“佛山市—喜德县远程医疗会诊网络”建设，畅通疑难病例远程会诊渠道，及时组织佛山专家帮助、指导喜德县疑难病例诊疗，提高专家会诊效率，减轻疑难病患者看病就医经济负担，将远程医疗送到村民家门口。

实施“互联网＋健康保障”医疗项目。建设县域智慧医疗中心软硬件平台，在乡镇配置“流动医院”、云巡诊车和远程大屏一体机。乡镇卫生院的医生利用巡诊车，巡回式对贫困村民进行健康体检和随访，提高医务人员的工作效率，更好地服务贫困户患者，让贫困户在乡镇就可以接受基本治疗；在村里配置云诊箱、远程一体机，为村民进行电子签约建档、慢性病管理等，提升家庭医生签约服务效率。通过远程一体机和云平台，为村医提供“21世纪赤脚医生”AI辅助诊疗系统，教会村医50种常见病的标准化诊疗方案，让群众特别是贫困人口在家门口、在乡村就能享受到安全、有效、方便、廉价的医疗服务。

三、都安社工服务站，助力扶贫协作

深圳市宝安区扶贫协作驻都安社工服务站，是在深圳市宝安区民政局以政府购买服务的形式，在广西河池市都安瑶族自治县开展的扶贫协作社工服务项目。社工服务站于2019年5月8日正式揭牌成立并开始运行，自运营以来积极探索创建党建引领，社工助力、多方资源联动共同推进脱贫攻坚工作的新模式，旨在为都安县域内的各类贫困群体提供专业社工服务。服务站现配备全职工作人员7名，其中包括1名中级社工师，3名助理社工师和1名行政辅助人员。

深圳宝安区民政局采取政府购买的方式，通过招投标选择负责项目运营的社会组织，并提供资金的支持；都安县民政局负责对接当地的相关单位，配合支持社工服务，并根据当地情况提供相关反馈信息。第三方社会组织紧紧围绕中央相关政策及宝安区民政局制定的规划目标开展工作。

都安社工服务工作的周期为3年，按照第一年打基础、第二年见成效、第三年巩固发展的服务规划，以安置点和偏远山村不同群体的实际需求为切入点和出发点，因地制宜、因人而异，按照社工专业服务方法和服务标准，为都安县两个重点区域内的贫困群体提供专业化的服务。具体服务内容包括：参与贫困群众救助帮扶，促进易地搬迁贫困群众融合适应，关爱其他特殊困难人群，参与贫困群众脱贫能力建设、贫困地区留守儿童关爱保护及扶持当地社会工作专业建设。

（一）实施“关爱留守，益同成长”暑期成长营项目

该项目主要聚焦于都安县八仙安置点 7—14 岁留守儿童，致力于为留守儿童提供假期看护、兴趣培养、作业辅导、安全教育、生活与学习习惯培养、心理疏导及志愿服务理念培养等服务，以实现丰富留守儿童暑期生活、缓解留守儿童暑期无人看护的现状、增强留守儿童自我保护能力和生活能力及帮助留守儿童接触新鲜事物，促进其成长与发展。

（二）实施“心手相牵，点亮未来”爱心图书角项目

爱心图书角项目主要为贫困村小与安置点儿童，提供图书募捐与捐赠、爱心图书角建立、文娱兴趣培养与安全卫生教育方面的服务，以帮助解决贫困村小儿童课外书籍缺乏的现状、保障贫困村小儿童成长与发展及帮助留守儿童开阔眼界，坚定学习的信心。经过一期、二期的项目开展，共调研 13 个村小，在 3 个村小和安置点展开服务，共服务 832 人，2496 人次，捐赠图书 2000 余本，建立爱心图书角 4 个，对贫困村小进行了资源支持、实现了对村小贫困儿童的成长呵护。

（三）开展“守护困境儿童，托起瑶乡希望”困境儿童关爱

针对安置点贫困儿童，都安社工服务站为每一个困境散居儿童建立有针对性的社会工作服务档案，协助散居困境儿童完成微心愿，满足其基本愿望，为困境儿童健康成长与发展提供支持，并通过文娱兴趣培养，丰富困境儿童日常生活。该服务共举办 5 场，服务 722 人，建档 322 份，对服务儿童按照国家困境儿童标准进行了进一步筛查，捐赠价值 16000 元的学习用品与体育用品，为后续服务奠定了基础。

（四）实施安置点居民新环境适应项目

为促进八仙安置点新搬迁群众个人成长与发展、群众邻里和谐与社区参与、营造良好的社区氛围及巩固安置点建设的扶贫目标，都安社工服务站针对易地搬迁群众开展了新生活与生活技能适应、心理疏导与心理适应、人文关怀、社区氛围营造等方面的服务。共开展 13 场服务，直接服务 2320 人，间接服务 20000 余人，促进了社区融入、社区氛围营造与新环境适应，初步形成了志愿者队伍、普及了志愿者服务意识。

（五）开展特困老年人探访与健康宣传活动

都安社工服务站为特殊困境老年人提供精神慰藉、健康宣传、定期探访及专业建档，以促进服务对象的精准识别和精准管理，推动特殊困境老年人自我健康监测，普及健康生活方式和促进其健康生活技能学习。特困老年人探访与健康宣传项目已经举办 9 场，共服务 452 人，实现了为特殊困境老人建立专业服务档案、了解了困境老年人健康状况、普及了健康知识。

都安社工服务站助力扶贫协作项目，在以下几方面做出了有益的探索。第一，服务模式由探索到规范化，确定了项目化服务模式，目前已经开发 5 个特色项目，在今后服务中还将继续发掘新的服务项目。第二，链接资源支持当地贫困群体，所募捐物资已经用于支援 4 个安置点和 7 所贫困村小学，为后续服务的开展和困难帮扶提供了物质基础。第三，推动了本土社工队伍与志愿者队伍发展，截至目前，社工服务站先后帮助 10 名本地人解决就业问题，包括 2 名建档立卡的贫困家庭子女，同时培育了 2 名本土专业社工人才。第四，获得了良好的群众基础和社会影响力，每一次服务都得到居民的好评和赞誉。在专业发展方面，都安社工服务站 2019 年取得两项专业研究成果，获得深圳慈善创新活动奖，社工专业研究成果两项。

第四节 粤桂协作成效

2016年银川座谈会以来，粤桂协作双方在解决绝对贫困问题、促进区域协调发展上取得了一系列成果，加快了协作地区脱贫步伐，为缩小两地区域发展差距，巩固拓展脱贫攻坚成果同乡村振兴有效衔接，形成了东西部扶贫协作的广东经验。

一、加快了协作地区脱贫步伐

2016年银川座谈会以来，广东、广西结对双方按照党中央、国务院的统一部署，紧抓落实，开拓创新，通过政府支援、企业协作、社会帮扶多层次、多主体协作，在资金、劳务、产业、人才、教育医疗等领域全方位强化投入与合作，切实加快了协作地区脱贫步伐，助力协作地区脱贫攻坚取得决定性成就。

（一）资金支持全覆盖，为协作地区提供脱贫资源

广东省级统筹，各级各方筹集，对协作地区的所有贫困县予以资金支持。财政援助资金聚焦深度贫困地区，重点用于推进贫困户危房改造、易地扶贫搬迁、就业创业、产业扶持等脱贫攻坚项目。企业、社会组织和个人向协作地区捐助主要用于深度贫困地区贫困人口的民生建设。以粤桂扶贫协作为例，2016年以来，各级财政援助资金从1.99亿元迅速增长到2019年的17.76亿元，县均财政帮扶资金从0.1244亿元增至2019年的0.5383亿元；各类社会帮扶资金从0.3575亿元增至3.8843亿元；累计实施扶贫项目1000余项；累计带动建档立卡贫困人口619522人（见图7–1）。

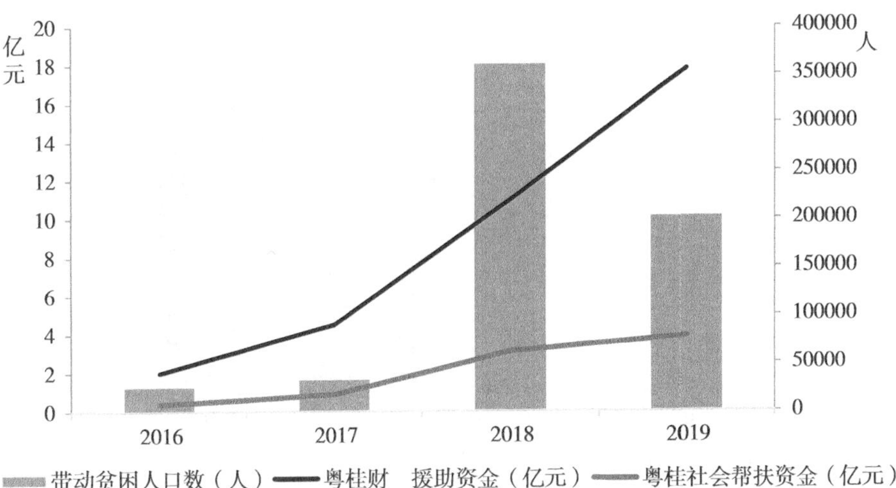

图 7-1　2016—2019 年粤桂扶贫协作资金投入与带贫人数

（二）产业合作全覆盖，为协作地区提供发展动力

广东发挥自身市场、产业、技术优势和协作地区的资源优势，注重“造血式”帮扶，在推动粤企和湾企到协作地区投资兴业、园区开发、旅游合作、消费扶贫等领域取得了一定成效，带动了一大批贫困人口发展生产和就近就业。2016 年至 2019 年间，广东引导到协作地区开展扶贫企业 13498 家，企业实际投资额累计达 3029.04 亿元，企业累计带动 121146 人脱贫，其中，通过利益联结机制带动 102967 人脱贫，通过就业带动 16679 人脱贫（见图 7-2）。2018 至 2019 年，消费扶贫实现 220.41 亿元销售额，带动 264215 人脱贫。

（三）劳务协作全覆盖，为贫困人口就业提供渠道

广东始终把劳务协作作为一项重要的政治任务，按照“政府推动、市场主导、有限目标、逐步扩展”原则，围绕“搭建平台、畅通渠道、抓好扶贫”劳务协作三项核心环节，不断完善、推广、应用试点经验，全方位深化贫困人口就业脱贫精细化服务，不断探索促进贫困人口就业脱贫的工作机制

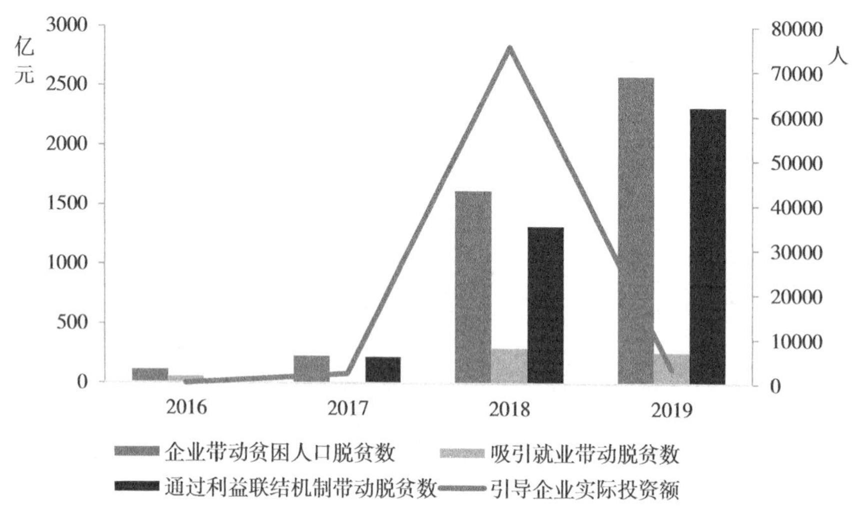

图 7–2　2016—2019 年粤桂扶贫协作中企业实际投资额与带贫人数

和政策措施，取得明显成效。根据国务院扶贫办信息中心 2019 年数据，广东吸纳并保障了来自全国 24 个省（区、市）建档立卡贫困劳动力 331.67 万人稳定就业，占全国已就业建档立卡贫困劳动力 660 多万的近一半，带动全国贫困家庭近千万人增收。以粤桂扶贫协作为例，2016 至 2019 年累计举办贫困人口就业培训班 1202 期，累计培训贫困人口 51507 人次，累计帮助 118.8259 万贫困人口实现就业（见图 7–3）。

（四）民生帮扶全覆盖，为缓解多维贫困提供支撑

在扶贫协作中，广东不仅聚焦“两不愁三保障”存在的突出问题，而且从实现稳定可持续脱贫的角度看待和抓好教育、医疗以及基础设施建设等民生建设，综合资金支持、人才支援、动员社会帮扶等手段，解决贫困地区的教育、医疗和基础设施建设短板。以粤桂扶贫协作为例，2019 年共向广西拨付财政帮扶资金 17.76 亿元，向深度贫困地区投入帮扶资金 13.94 亿元，其中，投入道路、住房安全和安全饮水等基础设施建设 4.87 亿元，占投入

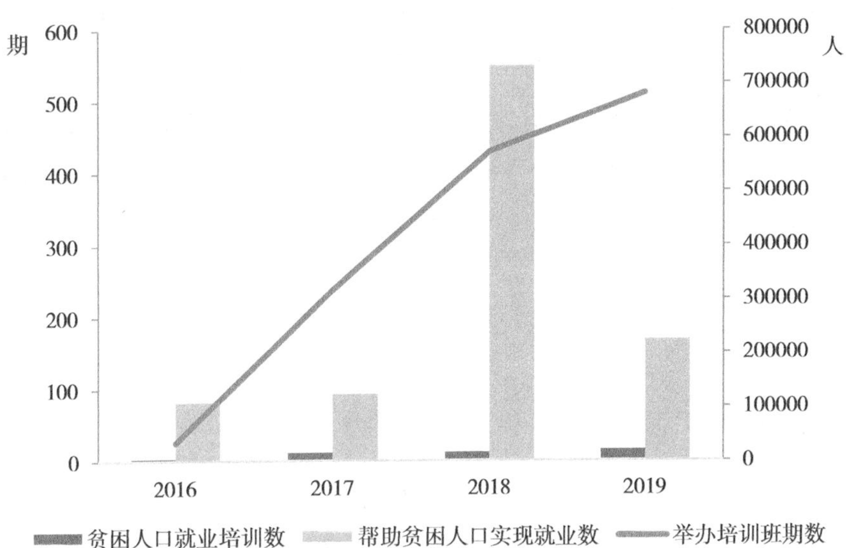

图 7–3　2016—2019 年粤桂劳务协作带动贫困人口培训和就业数

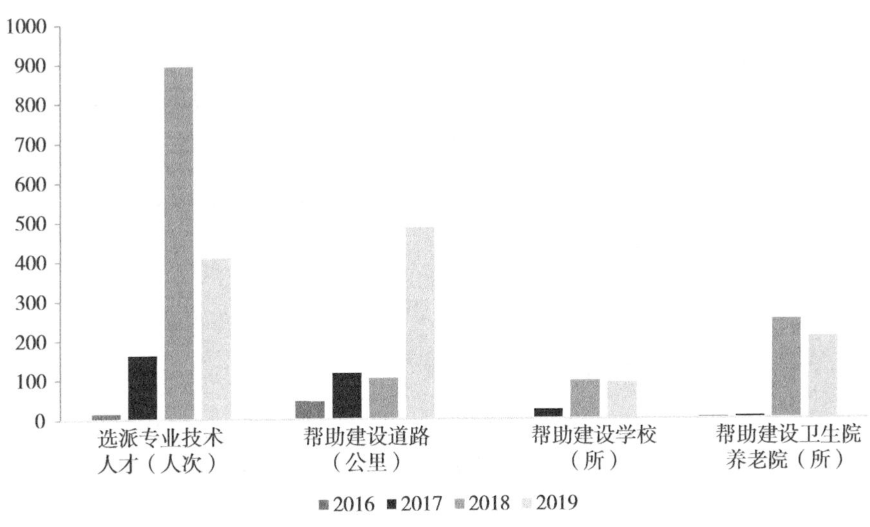

图 7–4　2016—2019 年粤桂民生协作成果

深度贫困地区帮扶资金的35%，投入教育、医疗（含校舍、卫生室等）建设6.2亿元，占投入深度贫困地区帮扶资金的44.48%。2016年至2019年，广东不断加大投入力度，累计向广西选派教育医疗领域专业技术人才1477人次，帮助建设道路748.57公里、学校211所、卫生院和养老院464所，累计资助贫困学生11870人次（见图7–4）。

二、缩小了区域发展差距

（一）结对县与非结对县收入差距缩小

粤桂协作促进广西结对帮扶贫困县农民收入水平显著提升，不仅与非结对县农民收入水平差距缩小，而且与东部地区农民收入水平差距缩小。自2016年东西部扶贫协作进入新阶段后，结对帮扶县农民人均可支配收入水平与非结对帮扶县的差距明显缩小。对比收入增幅，广西结对帮扶县农村居民人均可支配收入的均值从2014年的6082.52元增长至2019年的11584.94元，6年间名义增长了90.46%；非结对帮扶县农民人均可支配收入的均值在此期间由8638.98元增长至14764.48元，名义增长了70.91%。结对帮扶县农民人均可支配收入增幅显著高于非结对帮扶县（见表7–2）。同样地，广西结对帮扶县农民人均可支配收入增幅也明显高于同期东部、西部和全国平均水平。如果用广西结对帮扶县农民人均可支配收入占东部平均水平的比重作为西部贫困地区与东部农民收入差距的代理变量，表7–2最后一列则显示，这一差距在2016年有一个明显的缩小。

表7–2　广西结对帮扶县与其他地区农民人均可支配收入对比

指标	农民人均可支配收入					
年份	结对县	非结对县	东部	西部	全国	结对县占东部水平比重
2014	6082.5	8639.0	13144.6	8295.3	10488.9	46%
2015	6657.8	9442.9	14297.4	9093.4	11421.7	47%

续表

指标	农民人均可支配收入					
年份	结对县	非结对县	东部	西部	全国	结对县占东部水平比重
2016	8680.6	11122.9	15498.3	9918.4	12363.4	56%
2017	9553.3	12216.2	16822.1	10828.6	13432.4	57%
2018	10503.5	13446.6	18285.7	11831.4	14617.0	57%
2019	11584.9	14764.5	19988.6	13035.3	16020.7	58%
增幅	90%	71 %	52%	57%	53%	

资料来源：相关年份的《中国统计年鉴》与《广西统计年鉴》。

（二）结对县与非结对县经济增长差距缩小

东西部扶贫协作促进广西结对帮扶贫困地区经济增长，不仅与非结对帮扶地区经济增长差距缩小，而且增长快于东部地区。2016 年后，结对县人均 GDP 与非结对县的差距显著缩小，意味着前者在此期间获得了更快的经济增长。对比人均 GDP 增幅，广西结对帮扶县人均 GDP 从 2014 年的 18126.94 元增至 2019 年的 25829.61 亿元，名义增长了 42%，高于同期非结对县的 25%，也高于同期东部地区的 36%（见表 7–3）。

表 7–3　广西结对帮扶县与其他地区人均 GDP 对比

指标	人均 GDP				
年份	结对县	非结对县	东部	西部	全国
2014	18126.9	28425.0	68735.8	36265.8	47173.0
2015	20131.1	30865.0	72278.5	37970.9	50237.0
2016	21976.8	33429.9	77151.7	40878.7	54139.0
2017	24869.6	36516.4	83153.7	44714.9	60014.0
2018	25271.4	35590.3	89180.0	48663.3	66006.0
2019	25829.6	35587.8	93173.0	53200.3	70892.0
增幅	42%	25%	36%	47%	50%

资料来源：相关年份的《中国统计年鉴》与《广西统计年鉴》。

三、形成了广东扶贫协作经验

除了加快脱贫和缩小差距等直接成效外，2016年以来广东东西部扶贫协作的一大间接成效，便是在实践中形成了广东经验。

（一）形成政府、市场和社会扶贫协作合力

东西部扶贫协作的广东经验在于形成强政府、强市场和强社会的扶贫协作合力，以劳务协作、产业合作与动员社会参与为重点，促进脱贫致富与区域协调发展。强政府体现为强化和创新扶贫协作机制、平台与政策支持，高效引导动员市场和社会力量参与扶贫协作。强市场体现在以其要素、产业及需求优势，为东西部劳务、产业和消费扶贫协作提供价值创造与实现的广阔机遇和空间。强社会则体现为以企业和慈善公益为代表的社会组织积极主动参与全方位扶贫协作，衔接政府与市场，以技术、人才、创意、市场渠道等专长赋能扶贫协作。

（二）构建了劳务协作就业服务体系

在劳务协作方面，广东不仅形成了“三个三”就业体系、“三来三往”模式等常态化协作机制，而且形成了一些创新举措。佛山—凉山“互联网+”劳务协作就业服务扶贫平台，通过链接贫困劳动力信息和企业用工需求，降低信息不对称和匹配成本，实现供需高效精准对接，并初步产生了双边市场的网络效应。“怒江班”为贫困“两后生”提供免费职业教育和培训，综合精细管理、精心关怀、素质拓展、校企合作、订单式培养等措施，实现了“扶智+扶志+就业”多重效应。“怒江员工之家”为外出劳动力环境适应、稳岗转岗和服务管理提供了综合解决方案。这些创新举措助推了劳务“精准对接”“技能提升”和“稳定就业”，帮助贫困地区劳动力“走得出”“稳得住”“走得远”。

（三）经济协作发挥了全产业链协作和大湾区市场优势

在产业合作方面，江门市与龙州县合作孕育的甘牛生态循环产业链项目，将龙州富集的甘蔗尾叶资源变废为宝，发展生态养牛；采取“政府管建、企业管牛、农户管养”的组织模式和“贷牛还牛、借牛还牛”的种子模式，综合多种带贫机制将贫困户嵌入到产业链中，提升其内生动力与造血能力；通过甘牛集团的纵向一体化，逐步实现由青储饲料、肉牛养殖、有机肥生产、屠宰、深加工、冷链物流、无害化处理以及产品销售构成的全产业链协作。通过甘牛项目的带动效应，龙州引进了5家企业参与甘蔗叶养牛产业链，已覆盖12个乡镇72个行政村，2019年全县肉牛存栏3.96万头、出栏1.24万头，56%销往大湾区，实现了产业增效与农民增收同步。

在消费扶贫协作方面，珠海跨境电商服务商“跨境说”充分发挥其平台优势和粤港澳大湾区市场资源优势，用新理念（互联网和市场化运营理念）和新科技（AI引擎、大数据及反向云计算）赋能消费扶贫，为兰坪县扶贫产品提供产品整体升级服务，开展电商培训为当地培养致富带头人，助力产品走出大山。碧桂园充分发挥其自身优势，通过建立自有扶贫品牌“碧乡”整合扶贫产品，以品牌效应提升产品附加值和知名度；探索“社区＋消费扶贫”模式，创新性地把其分布全国的社区转化为扶贫产品消费场景和渠道；广泛发动其内外部资源建立社会扶贫共同体，形成消费扶贫的集群效应。二者为解决扶贫产品品质、标准、品牌、渠道等痛点难点提供了参考方案。

在企业参与扶贫协作方面，涌现了以碧桂园“4＋X”（党建＋产业＋教育＋就业＋X）立体帮扶模式和大崇村腾讯“龙布日出”项目为代表的典型成果，展现了企业带动脱贫、社会价值投资和自身业务发展的多赢局面。

（四）教育、医疗协作彰显了广东先进理念

在教育和医疗帮扶方面，以怒江维拉坝格力小学和幼儿园、“佛山班”、

“高春艳名师工作室”、珠海帮扶喜德县人民医院为代表的案例，诠释了教育和医疗领域“硬件＋软件”“技术＋管理”双轮驱动、协同提升的帮扶要义。此外，宝安区驻都安社工服务站和靖西边境村振兴之路的案例，分别展现了广东在发挥专业社工力量参与扶贫协作和乡村振兴上的探索成果。

广东东西部扶贫协作的经验和特色做法，为“十四五”时期巩固拓展脱贫攻坚成果同乡村振兴衔接、脱贫地区高质量发展以及构建新发展格局提供了启示。一方面，拓展协作内容，以东部地区的先进生产要素和消费升级引致的广阔需求，带动西部产业链、价值链和供应链升级，强化脱贫地区产业价值创造和持续发展能力，通过东西部发展协作为国内国际双循环大格局和高质量发展提供支撑。另一方面，基于脱贫攻坚期间沉淀的教育医疗等公共服务资源，提升城乡基本公共服务均等化水平，注重利用新技术盘活资源、降低成本、提高效率，注重脱贫地区人才队伍建设和发展理念更新。

第八章　浙川协作实践报告

第一节　浙江扶贫协作机制设计与创新模式

浙江省对四川省、杭州市对湖北恩施州和贵州黔东南州、宁波市对吉林延边州和贵州黔西南州等4省、15个市州、80个县开展东西部扶贫协作。浙江省不断发挥东部地区产业优势、技术优势、人才优势、市场优势和特有的电商平台优势，努力构建产业、就业、社会事业“三业模式”，推动形成消费扶贫“三育模式”，有效拓展了贫困户增收渠道，助力了协作地区脱贫攻坚工作，帮助四川、贵州、湖北、吉林4省80个贫困县全部实现脱贫摘帽。

一、浙江扶贫协作机制设计

（一）组织保障机制

浙江省委、省政府加强组织领导，把东西部扶贫协作纳入重要议事日程，建立了领导互访交流协商机制，开展扶贫调研和工作汇总。浙江省对口工作领导小组通过完善东西部扶贫协作脱贫攻坚衔接机制，统筹协调解决扶贫协作工作中的重要事项和问题，落实扶贫协作干部的生活保障、福利待遇等，对各级扶贫协作单位和工作机构进行统筹协调，建立了常态化沟通对接机制，有力推进了各项扶贫工作任务。浙江省对口工作领导小组通过建立完善考核督查管理机制，强化工作考核，以责任落实、工作开展、任务完成为标准，对责任单位开展考核，确保东西扶贫协作各项工作落到实处。

（二）产业合作机制

在东西部协作脱贫攻坚中，浙江省积极探索良性互补的产业合作机制，加快对口帮扶地区精准脱贫。一是积极开展经贸交流合作活动，2016 年以来，浙江省相关部门分批次组织有关企业赴对口帮扶地区考察对接，开展“万企帮万村”活动。支持建设一批建档立卡贫困人口参与度高的特色产业基地，培育一批带动贫困户发展产业的合作组织和龙头企业。二是以电商为主要渠道扩大农产品销售力度。开展电商帮扶活动，以电商平台资源为载体，开展产品对接、服务对接、标准对接，促进对口帮扶地区扩大农产品销售，帮扶地区贫困居民收入持续增长。三是积极推进产业融合，利用大数据、云计算、人工智能等数字技术赋能，实现与结对帮扶地区之间要素资源的良性互动和有序配置，加快产业融合，形成高质量产业合作机制，为对口帮扶地区产业发展提供大力支持。

（三）结对帮扶机制

浙江省积极深化结对帮扶机制，加快对口帮扶支持力度，促进帮扶地区脱贫。一是完善县县结对关系，加强帮扶工作的分类指导，组织有关结对帮扶工作的情况交流，推进浙江省东西部扶贫协作过程中县县结对全覆盖。二是积极探索镇镇、村村结对关系。浙江省承担东西部扶贫协作工作的市、县等地区依据实际情况，探索与对口帮扶地区开展镇与镇、村与村的结对帮扶关系，建立了长效结对机制。三是建立学校、医院结对关系。有条件的市、县的学校、医院与对口地区建立结对帮扶关系，帮助对口帮扶地区提高教育、医疗水平，解决帮扶地区贫困难题。

（四）资金扶持机制

通过增加资金投入，强化资金监管，进一步提高东西部扶贫协作扶贫资金使用效率，形成良性资金扶持机制。一是持续增加资金投入，加大对建档立卡贫困户直接支持的项目资金支持力度，确保浙江省帮扶资金帮到点上，扶到根上。二是严格资金管理。各有关工作机构严格规范帮扶资金分配与使用，确保精准帮扶，禁止资金闲置、被挪用或贪占等，督促对口帮扶地区健全公告公示制度，确保扶贫资金分配结果公开公示，接受社会和群众监督，同时要建立帮扶资金绩效考核评价机制，提高帮扶资金的使用管理水平。

（五）人才支持机制

强化人才支持，提高对口帮扶地区脱贫攻坚质量，发挥人才支持机制的积极作用。一是增派挂职干部，从省直单位、市直单位和县（市、区）领导班子中选派骨干力量，到对口帮扶地区挂职。二是根据对口帮扶地区的实际需要，选派教师、医生等专业技术人才赴当地挂职，补齐对口帮扶地区在教育、医疗等方面的短板。三是加强对口帮扶地区干部人才培训，提高人才储备，为东西部扶贫协作提供人才支撑。

（六）社会参与机制

在推进东西部协作脱贫攻坚工作中，浙江省突出强调社会力量参与的重要性，鼓励企业承担社会责任，助推帮扶地区脱贫减贫。通过积极完善社会参与方式，广泛动员社会各界参与东西部扶贫协作工作，积极开展扶贫捐资助学、慈善公益、医疗救助、社会工作、产业扶贫和志愿服务等服务活动，动员浙商将有关公益基金重点投向对口帮扶地区，开展“扶贫光彩行”等献爱心活动，发挥企业等社会各界力量，助推帮扶地区打赢脱贫攻坚战。

二、浙江扶贫协作创新模式

浙江省委、省政府认真贯彻党中央关于打赢脱贫攻坚战的各项部署要求，坚持精准扶贫、精准脱贫基本方略，紧密围绕帮扶地区的发展实际，立足当地区域特色，因地制宜，强化组织领导，提升造血能力，扩展消费扶贫，增加就业岗位。通过扶贫模式创新，取得了显著的脱贫成效。

（一）持续强化组织领导，做到“三强化”

浙江省以习近平总书记关于扶贫工作的重要论述和脱贫攻坚系列重要讲话为做好扶贫协作工作的根本遵循和行动指南，举全省之力、下精准务实之功，助力对口帮扶地区全面打赢脱贫攻坚战。一是强化组织领导。2016 年以来，浙江省委、省政府每年召开多次省委常委会会议、省政府常务会议、对口工作领导小组会议，研究部署东西部扶贫协作工作，浙江省委、省政府主要领导同志亲自谋划、亲自部署、亲自推动，每年到对口帮扶地区考察对接，强化互访交流。二是强化工作体系。浙江省成立了浙江省驻四川帮扶工作组，杭州市驻贵州黔东南帮扶工作队、驻湖北恩施帮扶工作队，宁波市驻贵州黔西南帮扶工作队、驻吉林延边帮扶工作队，实现了对口帮扶地区工作组（队）全覆盖。调整充实浙江省对口工作领导小组成员单位，进一步形成了前后联动、左右衔接、上下呼应的扶贫协作工作体系。三是强化责任落实。浙江省通过印发东西部扶贫协作工作任务书，建立完善国家指标、省下达任务、携手奔小康和年度资金项目计划等“四张清单”，组织开展省内东西部扶贫协作工作督查和考核，推动各项工作任务抓紧抓实抓到位。

（二）持续提升造血功能，建立产业合作新模式

浙江省积极探索产业扶贫浙江模式，努力提升对口帮扶地区的造血功

能。2016 年以来，全省共组织 1804 家浙商企业到对口帮扶地区投资兴业，实际到位投资 919.19 亿元。一是共建产业合作平台。加强资源共享、优势互补，有序推动浙江产业向对口帮扶地区梯度转移。如，南浔区和广安区合作打造"南浔·广安东西部扶贫协作产业园"，重点引进装备制造、智能家居、电磁线等先进制造业企业，全部投产后预计实现年产值 20 亿元。广元市浙川扶贫协作产业园，重点对接和承接以浙江为代表的先进生产力，招引吉利装潢、西奥电梯等 111 家企业入驻，完成实际投资近 100 亿元。二是打造特色专业市场。发挥浙江市场大省优势，帮助对口帮扶地区建设一批专业市场，扩大对口地区特色产品影响力。如青田县助力全国首个青花椒交易中心在平昌县开业运营，推动平昌花椒走出四川、走向世界。三是援建发展扶贫车间。结合对口帮扶地区产业发展实际，因地制宜发展扶贫车间，2016 年以来共援助建设扶贫车间 866 个。如义乌市按照"来料加工—来单加工—产业转移"三步走的模式，在汶川建设来料加工车间 12 个，帮助解决在家门口实现就业 527 人。

针对四川省一些地区工业基础薄弱问题，浙川两省携手在四川省广元市打出"6 + 1"工业发展组合拳。根据各地产业特点和优势，浙江帮扶县积极参与谋划协作县的园区产业定位，在广元市 6 个协作县每县建设 1 个 1000—2000 亩的工业产业园区。协作县派出招商小分队进驻到帮扶县，与帮扶县招商干部组团行动。如广元市朝天区派出 4 个小分队，进驻台州市路桥区在北京、上海等地的办事处，充分利用帮扶县招商平台促进共建园区招商引资。同时还创新设立"扶贫资金池"，各受扶县每年将浙江投入园区建设帮扶资金的 6%分红，主要用于公益岗位开发、残疾人帮扶等。目前已注入"扶贫资金池"7147.89 万元，设立公益岗位 1077 个，安置贫困户就地就近就业。

（三）持续拓展消费扶贫，打造浙江消费扶贫新模式

浙江省将消费扶贫行动作为推进东西部扶贫协作工作的重要抓手，持续拓展扶贫产品销售渠道和销售规模，帮助对口帮扶地区解决扶贫产品“滞销”、“卖难”问题。2018 年以来，全省累计实现消费扶贫金额达 389 亿元。

一是强化行动方案和支持政策引领带动。浙江省人民政府办公厅印发《浙江省深入开展消费扶贫助力对口地区脱贫攻坚实施方案》，重点实施单位购销、结对助销、企业带销、活动展销、商超直销、电商营销、基地订销、旅游促销、劳务帮销、宣传推销等十大消费扶贫行动。浙江省对口办等 9 部门印发《浙江省 2020 年推进消费扶贫行动方案》，明确加大政府采购对口帮扶地区扶贫产品力度，明确全省各级预算单位预留采购扶贫产品份额不低于单位采购农副产品总额的 10%、基层工会采购扶贫产品份额不低于当年发放工会会员节日慰问品总额的 20%。

二是坚持政府采购和市场购销同步推动。充分发挥省财政厅政府采购“政采云”平台“农业（扶贫）馆”作用，加大对口地区扶贫产品及供应商入驻规模，已入驻对口帮扶地区扶贫产品 9091 个，销售金额达 2.28 亿元。2020 年以来，为帮助对口帮扶地区解决疫情带来的农畜产品“滞销”、“卖难”问题，省对口办、省商务厅专门成立消费扶贫工作专班，组织有关商超、农批、电商企业第一时间对接对口帮扶地区农畜产品销售需求。2020 年 9 月 21 日，省供销社组织召开消费扶贫样本发布会暨扶贫产品联供联销推介会召开，发布了消费扶贫五大样本，推介联供联销产品 272 件。浙江广电集团整合集团下属浙江卫视、浙江之声等近 20 个广播电视频道和好易购、新蓝网等新媒体资源，开展“886 助跑行动”（聚焦 8 个对口省份、拿出 8 亿元广告资源、实施 6 项助跑行动），推销对口地区农特产品，拓宽对口地区农特产品流通、销售资源平台和信息渠道。

三是推进线上销售和线下销售统筹联动。发挥浙系电商平台和市场优

势，多渠道合力推进消费扶贫，淘宝、网易、云集、贝贝等浙江知名电商积极销售对口帮扶地区农特产品。大力推进消费扶贫“三专”建设，全省已累计开设消费扶贫专柜 261 个、消费扶贫专馆 228 家，194 个商场、超市和电商平台开设了消费扶贫专区。

四是探索产业合作和消费扶贫衔接互动。2020 年 3 月上旬，安吉县溪龙乡黄杜村捐赠的首批“白叶一号”茶苗陆续开采，采摘青叶 6000 余斤。浙茶集团与“白叶一号”茶苗种植地签订包销协议，所产茶叶由浙茶集团负责销售。浙茶集团为“白叶一号”捐赠茶苗专门打造了帮扶品牌“携茶”，并举办了“携茶”品牌发布暨“白叶一号”首采云发布会，与京东集团、中国经济信息社有限公司签署了合作协议，整合优势资源推动“携茶”品牌营销，为当地 2021 年茶叶盛产打好基础。

（四）应对新冠疫情，创新劳务协作扶贫稳岗就业

浙江省全力克服疫情影响，把推动和保障贫困劳动力就业稳岗作为推进企业复工复产的重要工作来抓，千方百计破解贫困劳动力“务工难”“稳岗难”问题。

一是加强劳务合作抓返岗。第一时间组织建立“十省百市千县”省际劳务合作机制，与四川、贵州、云南等 10 个劳务输出大省签订合作备忘录，与 20 个省建立沟通联系机制，成立省际劳务合作工作小组，制定建档立卡人员返岗流程指引。联动全省人才、就业等网站平台，向劳务输出大省推送浙江省用工岗位 100 万个，发动全省 3000 多家人力资源服务机构免费为建档立卡贫困人口提供对接服务，开展电话、视频等远程招聘。疫情期间，全省累计派出 361 个工作组，通过包车、包机、包专列接返省外务工人员 97.6 万人，其中建档立卡务工人员 14.51 万人。

二是加强政策帮扶抓稳岗。迅速启动社保减免、社保返还、费率下调等政策工具，全力帮助受疫情影响的企业恢复生产、稳定岗位，社保减负合

计623亿元，惠及企业194万家，稳定岗位1066万个。推行“政府+人力资源服务机构+企业”模式，组织全省人力资源服务机构建立省外劳务工作站130个，推荐省外人员就业24万，政府给予机构每人500元、最高10万元的补贴。浙江省第一时间印发《关于进一步做好东西部扶贫劳务协作工作稳定贫困劳动力就业的通知》等政策文件，累计发放建档立卡务工人员培训补贴、岗位补贴等5707万元。积极引导员工富余企业和缺工企业开展对接，全省调剂员工20多万人。

三是加强管理培训抓服务。围绕建档立卡人员“进、管、出”三个环节，在全国率先开发东西部扶贫劳务协作动态管理平台，实时掌握省内每个县的建档立卡人员来源地、就业状况、技能水平和就业需求等情况，提供点对点精准服务。积极开展有浙江特色的就业培训，全力帮扶对口帮扶地区建档立卡贫困人口实现就业。2020年累计举办“恩施月嫂”“花都美容”“缙云烧饼”等特色培训1359班次，为对口帮扶地区82713名建档立卡贫困人口开展就业培训。

四是加强爱心兜底抓保障。为解决劳动技能偏弱的建档立卡贫困人口“不敢来”问题，浙江省在全国率先开发了不讲年龄、不讲技能、不讲学历的爱心岗位，每月底薪4500元以上，专门用于安置来浙就业的建档立卡务工人员。2020年以来，浙江全省已累计开发爱心岗位4.77万个，如横店集团东磁股份有限公司积极履行社会责任，现有员工17153人，其中来自四川、贵州、湖北、吉林等对口帮扶地区2239人。

第二节　创新电商扶贫模式，实现协作新突破

电商扶贫是国家“精准扶贫”十大工程之一，也是浙江省助力东西部扶贫协作对口支援工作的重要抓手。相较于传统扶贫模式，电商扶贫更注重平台渠道赋能、数字技术赋能和生态培育，充分发挥平台零边际成本、网络效

应和规模经济优势，让农产品价格卖得更高，卖得更多，让农户直接增收，带动农民生产积极性。

浙江省电子商务起步早、发展快，在全国处于领先地位，在电商扶贫方面具有良好的产业基础、平台优势和技术优势。浙江省电子商务促进中心数据显示，浙江省扶贫产品总量达到3.9万个。截至2020年10月，阿里巴巴、贝店、顺联动力、云集和网易严选5家平台累计向四川、贵州、湖北、吉林销售农产品超148.56亿元，同比增长6成多，预计全年销售190亿元以上，按第一至第七批扶贫产品名录中带动贫困人口增收系数综合测算，全年带动贫困人口增收人数预计超过17.53万人。

浙江省电商扶贫注重平台建设、供应链建设、人才培育、贫困地区品牌建设和公共服务，赋能贫困地区和贫困主体，完善电子商务产业生态。浙江省不仅重视引导贫困户开设网店销售，更着力引导贫困主体参与到电商整个生态产业链中，促进贫困地区产业发展，带动当地就业，助力经济落后的贫困地区实现弯道超车。浙江电商扶贫模式主要可分为：以义乌汶川电商学院为代表的，培育乡村电商人才的模式；以飞鸡为代表的产业＋电商模式，旨在通过企业直接带动农户脱贫；以阿里巴巴为代表的，以销售渠道、数字基础设施构建扶贫电商平台，以“脱贫特派员”为抓手的全链服务模式。

一、“党建＋电商＋学院”模式

在浙江四川东西部扶贫协作的大背景下，2018年8月，义乌·汶川牵手，结合双方产业优势，创新了“党建＋电商＋学院”电商扶贫模式。两地计划利用三年时间，通过党建引领电商工程、电子商务人才培训工程、农特产品上行工程、载体建设工程和基础设施建设工程等“五大工程”，建成由若干电商园区和电商专业镇村构成的发展体系，形成汶川特色农旅融合农村电商发展生态体系。汶川电商学院是电子商务人才培训工程的核心载体，有效解决了汶川电商人才不足的问题，补齐了制约汶川电子商务发展的短板。

（一）共建汶川电商学院，培育电商人才

2018 年 10 月，义乌市商务局、汶川县经济商务和信息化局、义乌工商职业技术学院与阿坝师范学院签订四方合作协议，共建汶川电子商务学院。义乌市委、市政府为电商学院建设提供经费支持，义乌工商职业技术学院为专业建设提供智力支持，2019 年 5 月，汶川电商学院成立，并开始招生。

义乌工商职业技术学院依托自身专业和师资团队优势，全程参与阿坝师范学院电商专业建设，先后 12 次派教师团队赴汶川，参与师资培育、人才培养方案设置、实训室和创业园建设、专业申报和学生创业项目孵化等工作，两校以“一对一”结对方式组建农村电商、跨境电商、新媒体运营、视觉设计等教学团队。

协议签订以来，阿坝师范学院 10 名教师分 3 批次赴义乌工商职业技术学院参加业务培训，系统学习网店开设、运营、推广等知识，并到义乌青岩刘村等电商村、园区、基地进行实地调研，共同对接汶川当地农特产品，通过“讲座 + 电商企业游学 + 工作室体验 + 创业导师结对”的方式开展师资培育，开阔学生视野，提升学生创业意识，将电商专业知识带回汶川传授给学生的同时助推汶川农村电商发展。

义乌工商职业技术学院将师生同创和依托地方特色农产品的现代师徒制育人模式在汶川电商学院复制改良，服务阿坝州及周边民族地区农特、文旅经济发展。在师生共创模式下，学生掌握了过硬的电商技能，为后续发展成长奠定了良好基础。

（二）搭建电商创业平台，服务汶川经济

以阿坝师范学院“汶川电商创业孵化班”的学生为创业主体，以汶川的产业为载体，深挖汶川的农特产品优势和少数民族特色，分别在阿坝师范学院大学生电商创业园组建了川藏味道农特电商工作室、义汶 E 路电商工作

室、阿坝跨境电商运营工作室、直播电商工作室、新视界视觉营销工作室。

汶川电商学院建成大学生创业园，入驻创业团队5个。为创业团队联系本地企业11家，积极与汶川本地合作社建立合作关系，对接汶川特色水果、茶叶、蜂蜜、竹笋、腊肉等农特产品；联系顺丰、中通、圆通等物流企业，对接物流事宜；与义乌市场发展委员会推荐的品连科技合作，组织师生参与“春笋计划”跨境电商宣讲会，助力学生步入跨境电商行业；指导学生在扶贫832平台注册（中国供销电子商务有限公司在财政部、国务院扶贫办、中华全国供销合作总社的指导平台），4项农产品进入产品销售目录助力脱贫攻坚工作，践行服务汶川经济社会发展的社会使命和责任担当。

（三）借力义乌智慧，开展特色办学

在人才培养模式上，汶川电商学院采取“1 + 1 + 1”培养方案：第一学年，以阿坝师范学院师资开展电商专业基础课教学；第二学年，以义乌工商职业技术学院专业教师结合当地的优势产业开展专业核心课程讲授和专业能力的培养，孵化创业团队；第三学年，学生赴义乌工商职业技术学院完成实习实训任务，学生毕业以回当地就业为主，学生创业大多以当地产业为主。

阿坝师范学院遴选30名学生组建创业孵化班，组建5个创业团队，组织学生73人分3批次赴义乌游学，义乌资助游学费用约49万元。义乌工商职业技术学院派出师资12人次到阿坝师范学院指导学生创业实践。威州民族师范学校组织学生51人次分3批次到义乌实习实训。

2019年5月，第一批阿坝师范学院共建电商特色班的30位学子抵达义乌工商职业技术学院参与研学，并与学院10位导师分别结对，进一步巩固电商创业实践技能，为自主创业打基础。学习内容包含直播电商、跨境电商、网店运营、农村电商等方向实操课程。

（四）电商学院实现成效，为汶川孵化电商新经济

2019 年 6 月，汶川电子商务学院正式成立。确定了“2 + 2”的合作模式和“一年建电商班，两年建电商专业，三年建电商学院”的工作目标。学院成立，一是完善了阿坝师范学院的学科专业结构，二是增强了师范院校服务地方的显性能力，三是扩大了校地合作空间。

充分协同互动，开启电商专业招生。义乌工商职业技术学院和阿坝师范学院积极互动协同，2018 年 12 月，电子商务专业在四川省教育厅成功备案。2019 年、2020 年分别招收专业学生 28 名，招收创业孵化兴趣班学生 2 批次共计 60 人。

努力践行使命，育德行兼备电商人才。电商学院学生主动把所学应用于社会公益和电商实践，服务阿坝经济发展，支持汶川脱贫攻坚，助力汶川乡村振兴。2019 年孵化班学生深入“8·20”强降雨特大山洪泥石流灾害中，针对包括草坡片区金波村的 7 个受灾贫困村组织义卖，共售出红脆李 6.6 万余斤。此外，孵化班学生销售苹果 20000 余斤，核桃 200 余斤、藏羌工艺品 300 余件，实现销售额近 38 万元。注册“一绿到胃”淘宝店和微店，在“新冠”疫情期间，线上销售汶川高品质车厘子、茶叶、蜂蜜 100 余单，实现销售额 2.4 余万元，销售汶川猕猴桃 500 余斤，参与助农活动学生 32 人，其中贫困学生 3 人，帮助困难群众 16 户。有效助力汶川脱贫攻坚。

扎实电商实践工作，电商人才培养成效初现。在 2020 年全国大学生“互联网 + ”创新大赛暨第七届“发现杯”全国大学生互联网软件设计大奖赛中，汶川电商学院师生团队积极参赛，在与全国 844 所高校，9038 支项目团队参赛竞争中，以网络营销赛道第 1 名的优异成绩获得一等奖。

二、“数字农业 + 村资服务 + 农户养殖”模式

浙江宗泰农业发展股份有限公司（以下简称“浙江宗泰”），通过垂直电

商平台，将农民饲养的龙游麻鸡和鸡蛋销售至城市，解决供需两端对接难的问题。截至 2020 年 9 月，该项目已经取得很好的成效，消费者遍及浙江、上海、江苏、深圳、北京等地，养殖农户每年户均增收 2 万—5 万元。为进一步扩大数字技术释放的普惠效应和扩散效应，浙江宗泰将成熟的平台模式复制到四川省贫困地区，与当地优越的自然环境，低廉的劳动力价格，广阔的消费市场相结合，带动当地贫困户脱贫致富的同时，也实现营收，完成双赢。

（一）“三免、两保、十统一”模式，打消农户生产顾虑

四川省叙永县，由于之前产业发展不成功，农民对产业发展已经失去信心，为了打消农户生产顾虑，浙江宗泰提出了“三免、两保、十统一”服务模式，“三免”指的是免费搭建标准化鸡棚，免费提供三个月鸡苗，免费安装配套设施；“两保”是为每只鸡上保险，保护价兜底收购鸡和鸡蛋；“十统一”指的是统一飞鸡种苗发放、统一质量标准、统一防疫检疫、统一搭建鸡棚围栏、统一环保要求、统一技术指导、统一喂养标准、统一上保险、统一监控管理、统一回收包销。

为了达到“精准扶贫”，瞄准贫困户的目标，飞鸡项目还专门对贫困农户养殖提出了具体要求：一是必须是实际贫困户；二是不能外出就业但是有养殖劳动能力；三是有符合养殖要求的场地；四是个人人品端正、信誉度高。让少数贫困户致富带头人先富起来，影响其他贫困户参与的积极性。

（二）“互联网＋区块链＋物联网”赋能，构建数字农业平台

通过养殖保障服务、数据监控系统、农业金融服务、电子商务平台、产品溯源系统，企业构建了“互联网＋区块链＋物联网”数字农业平台，实现对养殖场、养鸡场的监控，对飞鸡的生长环境、生态喂养、检疫防疫、安全保障进行全链监测。在区块链的加持下，为每个农户、每只鸡、每枚鸡蛋建

立了身份标识，达到可追溯、可追踪，极大地保障了产品品质及安全。通过数字农业平台，根据需求端数据，动态调整定价策略和生产战略。同时，依据数字农业平台构建了一套完整的数字征信系统和风险警示系统，为农民从育苗、养殖、生产、销售做到全产业链大数据信贷佐证，以便为农户提供金融贷款和保险服务。

（三）“党建引领+公司投资+村资服务+农户生产”打破资金困局

在党建的积极引导和支持下，浙江宗泰通过东西协作资金300万元，加上公司自有资金解决了公司初期在生产上资金不足的困境，顺利搭建起了数字农业和电商平台，通过数字农业平台上的全链征信系统，银行依此对贫困户提供了免息的小额贷款，解决了从农户到企业资金不足的问题。

（四）“电商+品牌+文旅结合”精准营销提升产品附加值

浙江宗泰通过自建电商渠道，直接将产品销售给一线城市的客户，使产品获得较高的附加值。目前每只“飞鸡”售价200元，150元直接给到农户，公司收入50元。同时，与keep平台合作，联结推出健康健身飞鸡套餐等形式，将健身达人与飞鸡产品进行有效结合，拓展消费场景。

浙江宗泰积极利用文化综艺、新闻媒体推广飞鸡品牌，推广参与浙江卫视综艺节目“蓝莓孵化营”拍摄。通过新华社、央视CCTV13新闻直播间、CCTV2财经频道、CCTV10科教频道等新闻媒体，宣传“飞鸡”创业的故事。创业案例也被收录到中国管理案例共享中心，入选浙江省大学生经济管理案例，提升品牌形象。

2018年至2020年，浙江宗泰在四川贫困地区养殖20万只飞鸡，每个贫困户养殖200只，户均增收1.3万元以上，帮助1000多户、3000多建档立卡贫困人口脱贫。飞鸡因此被列入浙江省东西部扶贫协作重要产业提升项目，也被国务院扶贫办作为精准脱贫重点案例在全国推广。

三、“脱贫特派员”模式

2017 年 12 月 1 日，阿里巴巴公司（以下简称“阿里”）脱贫基金正式启动，计划利用 5 年时间投入总计 100 亿元人民币帮助贫困地区发展。除了利用淘宝为贫困地区提供销售渠道，阿里通过脱贫特派员深入到有一定产业基础，但产业链成熟度不足，有销售阻力和“好货卖不上好价格”的贫困地区，助力当地电商扶贫和产业发展。

（一）脱贫特派员核心工作

从 2019 年 6 月开始，两批平均在阿里工作 10 年以上的员工驻扎到山西、甘肃、贵州、湖南、甘肃等省份的 11 个国家级贫困县，带去阿里农村数字化的一整套思考方式、数字技术、运营经验，围绕教育脱贫、健康脱贫、女性脱贫、生态脱贫、电商脱贫这五大脱贫方向，对贫困县域进行全方位助力。

阿里脱贫特派员的 5 项核心工作。一是依托大数据平台，运用大数据技术分析市场供需关系，为当地产业决策提供参考依据，通过技术手段帮助贫困县域优化供应链，打造智慧农业；二是对贫困地区产品线进行完善。通过菜鸟物流的大数据，优化贫困地区的物流网络结构，降低物流成本；三是协助贫困县做产品的品牌设计；四是协助搭建贫困地区电商人才培育体系。通过村播计划、电商创业大讲堂、魔豆妈妈培训、淘宝大学青橙计划培训、脱贫攻坚县域示范班、县域数字化转型培训等网络扶智项目，帮助贫困县域培育电商人才，增强贫困地区自我造血能力；五是确保项目落地和销售成果。整合聚划算、淘宝直播、兴农脱贫、优酷大文娱、支付宝公益等平台资源，形成电商脱贫资源矩阵，帮助贫困县产品提升销量及品牌影响力。

（二）“脱贫特派员”助力普安县电商扶贫

在贵州省普安县，阿里脱贫特派员牛少龙，派驻贵州普安县任脱贫攻坚指挥部副指挥长，于2020年6月到期时被县里争取继续留任一年。其在任期间，通过电商直播等资源带货，售普安红茶等农特产品近千万元，带动千余贫困户脱贫增收。其主要做法如下：

一是品牌宣传。利用优酷大文娱《益起追光吧》大型公益节目、天猫双十一晚会明星脱贫助力官等全网媒体传播“普安红”。

二是产品设计。根据大数据分析，合理定价，阿里公益包装设计推出明星产品正山堂普安红－扶贫优选、公益专线（红罐和金罐和白罐），累计销售5万罐以上。

三是电商培训。累计培训当地干部、电商创就业者2000人次以上。引入沿海优秀淘大培训专家任普安县域新经济顾问，培养当地电商带头人，从一颗红心的淘宝店铺一年多成长为一颗蓝冠店铺，并培养出普安县第一家天猫店。

四是数字基建。建设基于阿里云技术和蚂蚁区块链的普安数字农业大屏和溯源中心，利用数字新基建促进了普安电商产业升级。

五是人才培养。引入淘大青橙计划、英才计划提升当地电商专业人才培养水平。

六是基础教育。把钉钉“洋葱”课堂引入十所小学，松果公益课堂覆盖百余所学校，引入马云公益基金会3000万元资金建设5所马云乡村寄宿制学校，为解决代际贫困助力。

四、电商扶贫经验启示

（一）市场化导向

浙江电商扶贫以市场需求为导向进行产业谋划，积极发展具有贫困地区资源禀赋优势且市场需求前景广阔的农特产业，加强特色优质农产品供应。坚持农村产业市场化运作，利用电商发展优势，加快线上与线下相结合，积极推进农产品消费市场和生产市场的有效对接，进一步拓宽农民就业渠道，提高农民收入水平，缩小城乡差距。充分发挥“脱贫特派员”优势，促进贫困地区产业生产、加工、流通、管理全过程全产业链发展，拓宽农村产业销售渠道，实现全面小康“内循环”，借助电商扶贫，为贫困地区产业发展提供差异化、定制化服务，提高贫困地区产业发展质量和效益，促进当地产业可持续发展。同时，借助互联网技术和数字化平台渠道，充分发挥市场对资源配置的决定性作用，优化资源配置，提高电商扶贫质量。

（二）加大数字基础设施投资

加大数字基础设施建设投资，积极推进乡村产业数字化和数字化乡村产业发展。加强乡村信息基础设施建设，合理布局乡村产业发展新基建，大幅度提升乡村网络设施水平，加快乡村宽带通信网、移动互联网、数字电视网和5G发展，鼓励和支持企业加大投资，持续完善信息终端和服务供给，开发符合乡村地域特色的信息终端、技术产品、移动互联网应用APP等，推进信息进村入户，构建数字农业农村发展的综合服务载体平台。同时，推进农村生产、加工、流通等环境数字化、智能化转型，推进智慧水利、智慧交通、智能电网、智慧农业、智能物流建设，积极推进乡村数字基础设施建设，提高互联网、大数据、云计算、5G、人工智能等数字技术应用，强化配套设施建设，满足农村产业数字化转型需求，加快乡村产业高质量发展，提高扶贫质量。

（三）推进产业融合发展

积极构建农业现代化生产体系、产业体系、经营体系，提高农业综合生产能力和发展质量效益，进一步激活产业扶贫质量。要以产业融合为途径，推进数字经济与农业产业深度融合发展，以大数据、云计算、人工智能、区块链等数字技术为手段，以电商平台为支撑，加快数字技术与产业融合发展，提高农村产业发展质量。要以产业融合为引领，催生数字农业、电商农业等新产业、新业态，激活农村产业发展动力，加快农村产业数字化转型发展，加快农村生产技术体系变革，进而提升农业全要素生产率，转变农业管理模式，实现智能化管理，提高农村产业发展质量效益，为农村脱贫扶贫提供高质量的产业支持。

（四）依托平台打造特色品牌

充分依托电商平台、产业基地等平台打造农村地方特色品牌，提高农村产业发展质量。一是要推进“农户＋电商企业＋平台”模式，借助电商企业成熟的市场渠道和运作机制，实现贫困地区农产品生产者和消费者有效对接，减少中间成本，提高农民增值收益。二是要推进“农户＋合作社＋电商企业＋产业基地”模式，实现产业的规模化、标准化、品牌化建设，提高农产品质量，拓宽农产品销售渠道，为农村产业发展提供有力支撑。三是要借助互联网电商平台渠道，打造具有农村地区文化特色或少数民族特色的产品品牌，完善农村产业发展体系，进一步加快农村扶贫。

（五）加强人才培育

一是加强农村电商产业人才培养，通过新农科建设，加强农经专业课程体系改革，加强农业经济专业课程与大数据、信息化的有机融合，适应社会经济发展需求，培养专业化复合型人才。二是通过多主体、多模式、多渠道、多方式加强电商人才培养，助力农村电商产业发展。三是加强电商培训，政府应与高校展开积极合作，委托高校进行农村电商人才培养，提高农村产业就业人员综合素质。

（六）促进数字经济与高质量发展

要积极推进乡村数字经济发展，实现乡村产业兴旺，加快乡村振兴战略步伐，提高乡村经济发展质量和效益。要以数字技术为手段，积极培育乡村产业新业态、新产业、新技术、新模式，推进乡村产业数字化转型和乡村数字化产业经济发展；赋能乡村产业，推进乡村种植业、养殖业、畜牧业、林业等产业经济部门数字化、智慧化发展，进一步转变乡村产业发展方式，实现乡村产业经济高质量发展。同时，加快共享农业、订单农业等新业态发展，加快农业现代化产业体系建设，实现数字经济与农村产业的有机融合，推进农村产业高质量发展，进而提高农村产业扶贫质量。

第三节　“互联网＋医疗健康”：赋能健康扶贫

浙江省依托大数据比较优势，在健康扶贫工程中打造了“互联网＋医疗健康”平台，助力实现医疗健康服务下沉基层、提供更加便捷的医疗服务。浙江微医集团（以下简称“微医”）充分发挥互联网医疗服务平台优化配置资源、网络效应、规模经济等优势，在甘肃、四川、陕西、山西、山东、广东、河北、新疆、西藏等省区市的五十多个贫困县，实施了“互联网＋医疗健康”扶贫项目。微医在四川省凉山州喜德县创新试点“互联网＋健康扶贫”基本医疗保障项目。打通县乡村医疗系统，在县里建设县域智慧医疗中心软硬件平台，在乡镇配置“流动医院”云巡诊车，在村里配备云巡诊包和远程一体机，在当地提供运维服务，实现健康扶贫目标。

一、“互联网＋医疗健康”扶贫项目

以微医在四川省凉山州喜德县创新试点“互联网＋健康扶贫”基本医疗保障项目为案例，说明“互联网＋医疗健康”的做法。

（一）打通县乡村三级医疗网络，打好县域数字化医共体平台“组合拳”

“互联网＋医疗健康”扶贫项目向下打通县、乡、村三级医疗卫生体系，向上连接东部发达地区优质医疗资源，将发达地区医疗资源链接到对口支援地区的县域智慧医疗中心，通过点对点线上方式，为对口支援地区的医院医生提供远程会诊服务，为患者提供远程问诊服务，做到让村民“小病不出村，大病不出县”。县域智慧医疗中心通过对区域医疗资源进行整合，引导优质资源下沉，为居民提供疾病预防、诊疗、康复的全流程医疗健康服务。

截至 2020 年 12 月，四川省凉山州喜德县人民医院 10 个科室接入平台，服务范围覆盖全县 8 个乡镇 42 个村 96071 人，其中贫困人口 25514 人。在推进县乡村三级医疗网络会诊治病的同时，充分发挥数字流动巡诊车的作用，从 2019 年 12 月到 2020 年 12 月，数字流动医院在喜德县扶贫车间、居民小区、自然村社开展免费体检 2999 人次，使居民群众小病早发现、早诊治，大幅度提高了基层医疗服务能力，增强了基层群众在医疗健康方面的健康获得感和幸福感。

（二）数字化赋能，智能升级农村卫生室，下好农村医疗卫生服务能力“先手棋”

微医与美国哈佛大学公共卫生学院联合研发了覆盖两千多个病种、五千多个症状，命中率达到 90%的“21 世纪赤脚医生”智能医疗辅助诊断系统，帮助村医对 50 种常见病进行标准化诊断，实现 50 种小病在村诊疗。“互联网+医疗健康”扶贫项目通过为村医配备具有体温、血压、血氧、12 导联心电、脉搏、血糖、尿液检测和结果分析及数据上传功能的云巡诊包，赋能基层村医，帮助其做好电子签约建档、数据实时上传、做好慢性病管理，未病先防等工作。对村医进行线上全科培训，提升村医水平，为当地建设一支带不走的医疗队伍。

（三）精简贫困人口就医体检流程，练好流动医院快速诊疗“基本功”

数字流动医院配备全自动生化分析仪、彩色超声机、心电图机、远程一体机等设备，可为老人、儿童、孕产妇、慢病患者等重点人群提供 7 大类 53 小项检验检查，有效提升了乡镇卫生医疗机构的疾病筛查和诊疗能力。流动医院巡回诊疗，在基层推进疾病筛查、流行病防控、常见病诊疗、家医签约、会诊转诊、健康宣教等工作，将相当于二级医院的检查检验能力送到贫困户的家门口，精简了看病流程，基层群众在村里就能完成常见病的检查检验和基本治疗。

（四）分类健康管理+本地运营，筑牢因病致贫、因病返贫“防火墙”

“互联网+医疗健康”扶贫项目将健康扶贫与智能家庭医生签约和公共卫生服务绑定，对建档立卡贫困户患者根据健康状况筛选分类，进行精准化、标签化、动态化的全方位健康管理，做到早发现、早诊断，早干预、早治疗。每年为贫困户和已脱贫但继续享受政策的人口免费做一次健康体检，每季度对患有慢性病的贫困人口开展一次随访，减少大病的发生。建立贫困群众看病就医兜底救助六道保障线，实现建档立卡贫困人口县内住院合规费用零花费，慢性病门诊全报销。达到精准目标识别，精准措施到位，精准跟踪服务，精准责任到人，精准成效评估，精准资金使用等六大精准扶贫成效。

组建本地运营服务团队，负责项目覆盖地的软件和硬件升级维护以及集中式和持续的手把手式培训服务。通过提供持续性的运维服务，保障项目功能完全发挥、迭代更新，实现项目可持续发展。

二、“互联网＋医疗健康”扶贫成效

“互联网＋医疗健康”扶贫项目以政府为主导，依托互联网医疗服务平台，实行“政府＋企业＋医院＋贫困户”多方参与、合作共赢的健康扶贫模式，以赋能基层医生，实现基层医疗机构服务流程再造，方便人民群众就医，提高群众获得感、实现医疗卫生服务的可及性、普惠性发展为主要目标，在坚持项目公益性的前提下，引入市场化运营机制，借助数字化手段，通过本地化运维服务，推动项目良性发展。

（一）提高基层群众的健康获得感和幸福感

“互联网＋医疗健康”扶贫项目通过数字流动医院云巡诊车将优质的体检服务送到百姓家门口，显著提高了基层群众的健康获得感和幸福感。同时，积极开展健康教育，宣传居民健康基本知识和技能，提升农村贫困人口健康意识，使其形成良好卫生习惯和健康生活方式。

74岁的孙贤寿是喜德县新桥村的一名贫困户，常年患有高血压和糖尿病，村里的医务室只能提供一些治疗头疼脑热的常用药，遇到像孙贤寿这样稍微复杂的病情就得走一两个小时山路去镇上或县里的医院。微医流动医院开到新桥村，对村民进行健康体检。孙贤寿接受了免费体检，并参加了流动医院现场发起的远程会诊，县医院的医生诊断后建议他换药服用，解决了他血压一直降不下来的问题。孙贤寿高兴地说：“体检车方便了我，也方便了我身边的人，我年纪大了行动不方便，去一趟县里都得孩子回来带我去，一个人头晕不敢走远路，感谢政府让农民享受到了这么方便的检查健康的车。”

（二）提升基层医疗卫生机构的服务水平和质量

“互联网＋家庭医生签约”，在大范围内实现了患者与医生的精准对接，充分调配和合理应用了基层医疗资源，加强了贫困地区远程医疗能力建设，有助于实现各级医疗卫生服务机构互联互通。在赋能村医方面，一是提高了村医的工作效率，避免村医在查表、填表上浪费大量时间；二是村民能够在村里检查和诊疗常见病，增加了村医的收入；三是智能医疗辅助诊断系统和线上培训，帮助各级医生及时更新知识和技能，提升了村医的能力。截至2020年12月，微医在喜德县开展远程会诊急性病、慢性病240余例，家庭医生签约随访98户，为42个村的村医进行了医技培训。

思古久村的村医谢玲在2019年从凉山卫校毕业之后就来到思古久村。由于刚参加工作，谢玲碰到村民稍微复杂一点的病症无法下手，严重一点的症状难以做出准确诊断。微医提供的“21世纪赤脚医生”医疗辅助系统和云巡诊包有效辅助村医对病症的诊断，大大减轻了谢玲的压力。谢玲说：“远程会诊平台方便了村民，村民不用到镇上或者县城看病，在村里就可以联系乡镇或县医院的医生，针对行动不便的老人还可以到病人家里实时诊断，通过观摩会诊也对我的职业水平有了很好的提升。”

（三）为政府公共卫生决策提供可靠依据

“互联网＋医疗健康”项目的落实，使医疗服务可查询、可追溯，加强了政府卫生监管的手段，增加了信息统计的来源，提升了信息统计的速度和准确度，政府监督检查也越来越到位。通过大数据分析，能有效减少骗保，减少过度医疗，并且对地方政府的公共卫生决策提供了快速全面的数据支持。

（四）充分利用大数据，有利于科学防控疫情

家庭医生、流动医院巡回式支持贫困地区的疾病筛查、流行病防控、健

康宣教等工作，有助于迅速发现、及时预警疫情。网上咨询、网上问诊、网上医疗等“不见面”医疗服务，承接并分流了群众的医疗健康需求，减少人员集聚，有效降低疫情期间轻症患者交叉感染的风险，实现患者就医行为上的“物理隔绝”。“互联网＋医疗健康”项目构建集区域内的家庭医生签约、基本公共卫生服务、居民健康体检、居民医疗服务等各个流程于一体的健康管理数据库，有助于实现对健康流动人员与潜在疾病风险的实时查控，为预测疫情走势和防控疫情提供数据支撑。

三、“互联网＋医疗健康”扶贫经验总结

从“互联网＋医疗健康”扶贫案例中，我们可以得到以下几点经验。

第一，“政府＋企业平台＋医疗机构＋贫困人口”模式，提高财政资金健康扶贫成效。以政府为主导，以企业为运营主体，依托互联网平台，引入发达地区优质医疗资源，为贫困地区搭建起医疗保障网络，以较少的政府资金实现良好的扶贫成效。

第二，以健康为中心，提升基层群众健康意识水平。依托“互联网＋医疗健康”平台开展的家庭医生签约、疾病诊治和健康宣传等服务，在满足贫困地区群众医疗服务需求的同时，促进基层群众健康管理意识从被动医疗到主动进行健康管理的转变。

第三，县乡村医疗系统打通，为医疗健康数据共享共通提供经验。围绕分级诊疗制度建设，以县域智慧医疗中心为抓手，推动优质资源下沉，打通县乡村医疗系统，打造医疗健康数据共享共通的体系，借助互联网优势重构贫困地区就医服务。

第四，互联网＋医疗健康，为健康扶贫提供新思路。建医院、派专家等健康扶贫方式面临着如何变“输血”为“造血”的挑战。“互联网＋医疗健康”依托数字化平台，实现医疗资源的优化配置，“大医院”的“大医生”不用“下基层”即可进行远程会诊、远程培训。

第四节　携手奔小康：持续强化合作力度

浙江省在扶贫协作中，与协作地区携手奔小康，在产业合作、劳务协作等方面展开全方位、多领域的合作，促进协作地区产业链延伸、产品附加值提升，并带动大量贫困人口脱贫增收。

一、白茶扶贫：一片叶子富一方百姓

2018 年 4 月，浙江安吉县黄杜村 20 名农民党员给习近平总书记写信，希望捐赠 1500 万株“白叶一号”茶苗帮助西部贫困地区群众脱贫。5 月，习近平总书记回信表示肯定并作出指示。按照指示，安吉县组成考察小组到实地走访踏勘，选择在四川省青川县、湖南省古丈县和贵州省沿河县、普安县的 34 个贫困村新植茶园 5000 亩。以上三省四县，在 2017 年人均 GDP 不足 3 万元，贫困发生率分别为 4.29%、10.2%、11.9%和 7.75%。在经济发展过程中，虽有一定的产业支撑，但受自然地理环境差、产业规模小、技术水平低等因素的影响，往往致使其拥有的经济资源并不能被有效开发利用，对贫困人口的增收效果并不理想。“白叶一号”项目的实施，在农民增收、就业扩大、产业优化上取得了显著成效。截至 2020 年 9 月，安吉县已累计捐赠茶苗 1900 余万株，覆盖建档立卡贫困村 34 个，受益贫困群众 1862 户，共计 5839 人。2020 年 3 月，青川首批白茶苗成功试采试制；5 月 22 日，全国人大代表、青川女孩徐萍把小茶包带进人民大会堂，向两会代表委员们讲述先富帮后富的“白叶一号”故事。

（一）饮水思源不忘党恩，结对帮扶产业扶贫

长期以来，安吉县也属于欠发达地区，人均耕地少，山林遍布，如今发展为人均 GDP 超 7.8 万元的先进县，其中白茶产业起到了重要作用。2003

年，黄杜村村民人均年收入就已破万元。同年4月9日，时任浙江省委书记的习近平到黄杜村考察，赞叹道“一片叶子成就了一个产业，一片叶子富了一方百姓”。在得到习近平同志的肯定和鼓励后，村民们发展白茶产业的信心更加坚定，党委政府出台更加优惠的扶持政策，不但在资金技术、土地等要素上给予政策帮扶，还帮助建市场、树品牌、谋销路，白茶产业发展驶入快车道。

2019年，黄杜村白茶种植经营面积达到近5万亩，白茶产业的产值突破4亿元，人均收入4.9万元。2018年3月，黄杜村开展“不忘初心、感恩奋进”主题党日活动，有党员提出“黄杜有今天的好日子要感谢党恩，要发挥自身优势回馈社会”，得到全村党员的一致响应，于是向习近平总书记写信。5月18日，总书记收到信后作出重要指示强调，“吃水不忘挖井人，致富不忘党的恩”，这句话讲得很好。增强饮水思源、不忘党恩的意识，弘扬为党分忧、先富帮后富的精神，对于打赢脱贫攻坚战很有意义。在得到指示后，黄杜村全力以赴开展结对帮扶工作，组织农业、交通、供电、气象等部门，成立工作专班，组建考察调研小组，三进西部地区，分赴四川、贵州、湖南、云南、重庆等14个县进行实地考察选址。历时1个多月，在充分了解各个地区的土壤环境、气候、海拔等因素基础上，最终确定四川省青川县、湖南省古丈县和贵州省普安县、沿河县四个县作为第一批扶贫茶苗种植地。

（二）统筹资源联合发力，党政企研结对共建

在正式确定三省四县34个建档立卡贫困村为第一批茶苗种植受捐地之后，安吉县开始积极对接中茶所、浙茶集团等企业，促成政企研党组织结对共建，助力“白叶一号”帮扶工程。为确保茶苗种活种好，更好地生根生“金”，黄杜村将种茶大户分成3组，每组8人，轮流去受捐地义务蹲点，现场解决技术难题。同时，安吉县组织“茶博士”团、农业局高级农艺师、中

茶所茶叶研究员、浙茶集团核心技术员等精干力量组成技术指导小组，分赴三省四县开展茶苗种植前的土地翻耕、土壤优化、茶园规划、加工技术等一系列技术指导，协助普安县、沿河县完成“白叶一号”工程茶园整体规划方案。其次，安吉县还协调县农业局与本地著名茶企重点参与配合，邀请57名受捐地“白叶一号”帮扶工程负责人和技术人员，到安吉开展集中参观考察、授课培训。最终形成了以安吉县党员干部、茶农为主体，以中茶所、浙茶集团茶叶专家为技术支撑的工作合力。截至2020年9月，已累计派出干部和专业技术人员51批320余人次赴受捐地指导工作。

（三）实现“四个到位”，打造高标准茶叶基地

一是技术帮扶到位。建立“线上＋线下”双向巡回指导模式，通过实地“一对一”指导和线上远程“一对多”培训，对受捐地开展全方位种植养护技术支持。2018年以来，分批次组织受捐地茶园基地负责人57名到黄杜村茶园基地、龙头企业、白茶市场等实地学习。在对青川的帮扶中，组建由中茶所白堃元教授任组长，中茶所、川茶所、安吉县以及广元、青川茶叶专家为成员的技术团队，为茶苗管护、茶叶加工等提供技术支撑。与中茶所合作编制《“白叶一号”高效栽培技术方案》，当地茶农编写《幼龄茶园管护顺口溜》，解决风力较大、土肥不足、低温霜冻等问题。

二是培育跟踪到位。创新沟通协调方式，发挥专家指导组技术帮扶作用，抢抓时机节点强培育，突出白茶基地管护全过程帮扶。技术指导组通过对受捐地相关组织、管理体系、人员配置和种植管理情况等资料调研分析，先后编印茶苗种植情况通报并附管理意见7期，送交受捐地县委县政府及技术部门，为解决培育难题提供决策参考。

三是茶园管护到位。立足“白叶一号”生长特性，按照“三分种、七分管”要求，严格落实“三看四要”茶苗管护办法，形成茶苗生长状况简便化检测。同时，全面做好追肥、亮脚、揭膜、清沟等关键环节，确保茶苗到茶

树科学管护。

四是资金保障到位。青川县构建起财政资金引导投入、金融资金信贷投入、社会资金开发投入、农民主体投入的多元化投入机制，累计投入资金2200余万元，扎实推进茶园土地整理、配套基础设施建设等工作。将“白叶一号”产业纳入特色农业保险范围，降低产业经营风险。

（四）落实“三项升级”，推动高水平产业发展

第一，利益联结升级。青川县坚持以群众增收为出发点和落脚点，着力构建更紧密、更有效的利益联结机制。一是建立基地减贫机制。探索建立土地流转收租金、务工就业挣薪金、委托经营拿酬金、量化入股得股金、集体收益分现金“五金”利益联结机制，形成利益共享、协作共赢的发展格局。二是创新“飞地”带贫机制。大力推行“飞地扶贫”模式，基地外的贫困户通过委托代管、茶苗折资入股分红等方式，带动项目村和周边贫困户参与“白叶一号”产业发展。三是实行长效分红机制。茶园投产后，当年产值净利润由受捐贫困户、企业、基地村、飞地村按股分红。参照浙江经验探索建立白茶项目“4∶4∶1∶1”的利益分配机制（企业40%、受赠茶苗贫困户40%、基地村10%、“飞地”村10%），解决群众缺本钱、缺技术、缺市场等难题。预计到2023年盛产期，年利润可达750万元，将带动9个乡镇18个村663户2084人（其中贫困村11个、贫困户512户1544人）户均增收4300元以上。

第二，产业融合升级。浙茶集团利用标准化组织体系和产加销一体化的全产业链人才团队等综合优势，着力打造扶贫公益茶专用品牌——“携茶”。黄杜村党员在传授茶苗种植技术的同时，协助茶苗受捐地区完善村庄、茶园规划建设，积极向青川县传授美丽乡村创建、“茶旅一体化”融合发展等经验。在“白叶一号”项目种植基地内，交通设施建设，景区、景观规划设计已经全面启动，特别是当地的农家乐项目已经自发地在建设之中。青川县坚

持茶旅深度融合发展，标准化、规模化、示范化，抓好白茶一号产业项目的实施，切实发挥好白茶一号产业的经济效益、生态效益、社会效益，依托茶产业实现高质量发展。使茶产业从第一产业（茶叶生产）向第二产业（茶叶精深加工）和第三产业（茶文化、茶旅游）不断延伸扩展，在践行“绿水青山就是金山银山”理念的同时，续写“一片叶子富了一方百姓”的新故事。

（五）项目成效

第一，贫困地区产业结构得到优化。青川县“白叶一号”项目建设按照“政府投资基础，企业投资产业，贫困户茶苗折资入股”的模式建基地，引进项目投资 900 万元。茶产业发展与乡村振兴、文旅融合发展的雏形已现。

第二，农民素质实现整体提升。白茶产业扶贫项目的实施，在白茶技术人员的指导下，种植贫困农户学会了白茶种植技术、管护技术，以及进一步了解了白茶全产业链。四川省青川县固井村，以前只能种一些土豆和玉米，每亩年收入 200—300 元，如果扣除劳动力成本和化肥农药等各方面的投入，这种传统的农作只能维持温饱，村民想脱贫增收十分困难。现在，固井村村民光在茶园除草一项工作，每个劳动力每天的收益就有 80 元，一个劳动力 3 天的收益就超过了以前整个一亩地的年收入。如果家里没有劳动力输出，也有各种股金收入。在最忙的季节，本村劳动力不够时，还大量雇用附近村的劳动力，这就吸引了许多外出打工的劳动力回流。白茶产业扶贫项目的实施，改变了农民传统在家务农的观念，提升了贫困农户的茶园管护技能，激活了贫困农民的脱贫致富信心，实现了贫困户的持续增收，推动了农民的思想观念积极向上发展。白茶产业扶贫项目的实施，捐赠的不仅仅是“白叶一号”茶苗，同时带去的还有志（脱贫增收的希望）与智（茶苗种植与管护技术）。青川县创新“家庭道德积分激励机制”，制定了《“白叶一号”茶苗受赠者道德积分考评机制实施办法》，将遵纪守法好、孝敬老人等“10 个好”，作为“白叶一号”茶苗受赠农户积分考评的 10 个指标，与基地减贫机制等相衔接，在股权量化分红、集体收益分红中实行“股份＋道德积分”，让道德积分高的多分红，让道德积分低的少分红，引导农村形成良好的社会风尚。

第三，协作受益范围逐步扩大。2018年，庆祝新中国成立70周年大型直播特别节目《共和国发展成就巡礼》中，安吉县“白叶一号”白茶产业扶贫项目的实施，帮助三省四县1862户5839名建档立卡贫困人口脱贫增收事件成为焦点之一，浙茶集团为“白叶一号”白茶专门打造帮扶品牌“携茶”正式亮相。2019年，安吉县在全力做好三省四县“白叶一号”茶苗帮扶工作的基础上，进一步谋求放大白茶产业帮扶工作示范效益，启动雷山县“白叶一号”白茶帮扶扩面工程。同年9月，两地县政府签订“白叶一号”茶苗捐赠协议，确定一期捐赠300万株1000亩“白叶一号”茶苗。截至2020年2月底，300万株“白叶一号”茶苗全部在雷山县扎了根，受益农户319户1222人，其中贫困户110户462人。

（六）经验启示

第一，党政企研多方协同，发挥扶贫合力。从促进全社会整体协调发展的角度来讲，扶贫攻坚是当前的一场宏大战役，而要打赢这场战役需要各方面的协同作战。白茶产业扶贫项目中，安吉县的党员茶农提供了捐赠的茶苗，安吉县政府与茶苗受捐地区政府在宣传动员、物资保障、技术推广、组织协调等方面发挥了积极作用，中茶所在技术上给予支持，浙茶集团回收青叶保证销路，才使该项目得以顺利实施，使茶苗受捐地贫困农户获得了很大的收益，使“白叶一号”茶苗成为“友谊之苗、脱贫之苗、致富之苗、幸福之苗”。

第二，深入调研，因地制宜培育特色产业。深入调研是白茶产业帮扶的成功保障，因地制宜发展特色产业，创新产业发展模式，切实提高贫困地区自我发展能力是脱贫攻坚的重点与难点。安吉县“白叶一号”帮扶工程的一系列成效，源自项目实施前对茶苗受捐地区的土壤环境、气候、海拔等因素进行的科学考察。因地制宜才能实现产业帮扶的长效性和可持续性，真正让群众脱贫致富不返贫。同时，该扶贫项目在经营机制上，按照市场经济规律处理，采用资产折股拿分红、土地流转拿租金和集体收益分现金等多种利益联结方式，因地制宜建立激励机制，提升贫困农户参与白茶扶贫产业发展积极性。

第三，龙头企业带动，富民富企实现双赢。产业扶贫是以市场为导向，以经济效益为中心，以产业发展为杠杆的扶贫开发过程，是促进贫困地区发展、增加贫困农户收入的有效途径，是扶贫开发的战略重点和主要任务。白茶产业扶贫项目在做好茶苗捐赠过程中，始终坚持扶贫与扶智、扶志相结合，通过对白茶受捐地的技术帮扶，为受捐地带去了专业化规模化的生产组织方式、现代化的经营方式，推动贫困地区资源变资产、资金变股金、农民变股东的“三变”改革，能够帮助茶苗受捐地贫困户拓宽多元化的收入渠道。此外，加大引入茶企参与经营，积极帮助茶苗受捐地区开展茶叶品牌培育、经营理念树立、茶产品研发，也为受捐地输出了可持续性的市场发展理念。

二、扶贫协作重燃“广元窑”千年窑火

文化产业能够推动贫困地区经济发展动能转换，带动贫困群众就近就业，实现长期稳定增收，是助力脱贫攻坚的重要抓手。2018 年文旅部与国务院扶贫办相继出台文件推进文化扶贫工作，强调要大力振兴贫困地区传统工艺，发挥传统工艺在助力精准扶贫方面的重要作用。浙川东西部扶贫协作为广元窑文化扶贫注入了一股强有力的“龙泉力量”，助力广元窑复烧、复兴。

（一）案例背景

龙泉青瓷名列国家级非物质文化遗产名录及联合国人类非物质文化遗产

代表名录。龙泉窑是中国六大窑系之一，是我国陶瓷史上寿命最长、规模最大的青瓷名窑。新中国成立后，在周恩来的指示下，濒临失传的青瓷得以复烧，并在接下来的市场化进程中不断创新，逐渐成为龙泉的一张“金名片”。

广元窑历史悠久，据载始烧于晚唐，盛于两宋，衰于元初。广元市地处秦岭与嘉陵江的交汇之处，是古代巴蜀连通陕西、中原的必经之路，广元窑也因此得以吸收融合各地不同陶瓷烧造技艺的特点，集南北瓷窑特点于一身。1953 年宝成铁路建设期间，考古调查队在沿线发现了广元古窑址，并于 20 世纪 70 年代和 90 年代先后多次组织抢救性挖掘。但由于历史原因，广元窑址遭受严重破坏，探索恢复广元窑烧造工艺与传承发展广元窑文化成为摆在研究人员与当地政府面前的一道难题。

2018 年，按照国家东西部扶贫协作战略决策部署，浙江省丽水市龙泉市与四川省广元市昭化区两地建立结对帮扶关系。龙泉市充分发挥其青瓷烧制技艺恢复和产业化、市场化方面的经验与优势，积极推动广元窑烧制技艺恢复，以交流促创新，以特色树品牌，建立了“文化＋业态＋人才＋文创(产品）＋旅游”的文化产业扶贫模式，为广元窑文化传承与产业化发展打下坚实基础。

（二）科研攻关助力“广元窑”恢复生产

广元窑瓷器是传承复兴中华瓷器文化的重要载体。然而广元窑于明清时期断烧，复烧成本与技术难度极大。为实现广元窑复烧，广元市委、市政府牵头成立广元窑烧制技艺恢复领导小组，与市浙广扶贫协作领导小组办公室合署办公，统筹推进项目实施。从档案资料整理，黏土样品搜寻，烧制工艺研究，烧制人才培养，成果运用转化等多角度多途径共同推进广元窑烧制技艺恢复研究。

为加快恢复广元窑烧制技艺，推进广元窑文化传承和产业化发展，龙泉市先后组织 5 批次 23 名来自浙江大学、景德镇陶瓷大学、丽水学院青瓷学院的陶瓷专家，谋划组建广元窑陶瓷研究院，深入开展广元窑烧制技艺恢复研究，系统收集整理古代广元窑陶瓷产品特点及相关数据，遍访广元市四县三区寻找合适的瓷土，终于接连攻破釉料配制、配方合成等关键技术难点，于 2020 年 7 月成功试制出黑釉、玳瑁纹等一批广元窑陶瓷产品。随后，两地共同举办了广元窑古今作品展，广元窑复烧新品专家座谈会暨新品品鉴会，成立了广元窑烧制传承基地。同时筹备出版《广元窑传统烧制技艺》一书，详细记录广元窑生产技艺与历史发展，为广元窑的产业化发展打下坚实的基础。

（三）人才培养坚持立足优势谋长远

龙泉市积极推动广元窑文化扶贫拓宽贫困户就业渠道。帮助贫困人口学习传统技艺，掌握一技之长，是激发内生动力的有效手段。依托青瓷产业优势，龙泉市在龙泉中职学校开设“龙泉·昭化青瓷班”，建立“教学团队＋教学空间＋创作实践基地”人才培养机制，先后输送 82 名昭化贫困学子赴龙泉学习青瓷技艺。首批选派的 19 名学子已学成归来，推动昭化职业教育更加契合本地经济、社会、文化发展需要。

2019 年 5 月，昭化区共选派 19 名贫困家庭学生赴龙泉参加学习，他们将成为昭化区第一批青瓷工匠，杨正东便是其中一名学员。19 位“门外汉”在学院青瓷专业教师手把手地教导下，渐渐熟悉着“龙泉青瓷”。陶土揉泥成型，技法之外还要有“爱”，有“美”。临近学期结束，学生们的进步很大，已经烧制出了第一批作品。①

（四）企业对接注入文化产业新活力

龙泉市充分发挥剑瓷文化产业发展经验与市场优势，为广元窑产业化发

① 参见王菲菲：《东西协作绽芳华，文化扶贫结硕果》，《广元日报》2019 年 8 月 23 日。

展凝聚智慧和力量。在昭化古城引进东西扶贫协作项目“剑瓷阁”，将龙泉剑瓷文化与昭化三国文化深度融合，以昭化古城为灵感，创作出主题为张飞战马超、山水太极、凤凰对鸣等精美文化特色青瓷器品，深受当地群众与游客的喜爱。2020 年 8 月，在广元窑复烧新品品鉴会现场，浙江磐至科技有限公司与广元窑陶瓷研究院签订了战略合作协议，旨在加大新品研发、市场推广力度，进一步推动广元窑文旅融合发展，为广元窑文化产业发展做出新的更大贡献。

（五）案例成效

第一，以文拓文，打造广元文化强符号。广元窑复烧的过程中坚持采用本土原料，合理调控配方，成功恢复烧造了一批瓷器。其中黑釉釉质光亮仿制水平极高，黑釉玉壶春瓶、黑釉盏、黑釉荷叶盖罐等器型与古代同类产品非常相近，黑釉剔花装饰既有传承又有创新，极具亮点。酱釉、青釉、玳瑁釉、茶叶末釉也尤为出色。广元窑的复烧，为广元的瓷器文化、旅游文化注入了新的活力，弥补了广元旅游资源丰富但缺乏文创产品的短板。两地将继续加强文化交流与产业支持力度，研发新产品，拓展新形式，做出广元窑特色，打响广元窑品牌，形成广元市新的文化符号。

第二，以文兴产，带动地区经济发展新动能。以广元窑复烧为契机，广元市文化创意与旅游产业发展相得益彰。一方面积极参加石家庄“广元造”展销会，举办广元窑复烧新品专家座谈会，广元窑复烧新品品鉴会，广元窑古今作品展，不断扩大广元窑的知名度与影响力。另一方面，龙泉市与昭化区紧紧依托两地悠久的历史底蕴、良好的生态环境，深入挖掘旅游资源优势，推动双向“文化游”，开发龙泉·昭化精品疗养线路 5 条，极大促进昭化文旅产业发展。当地计划以现有的广元窑烧造基地为中心，未来两年内建设完成 100 亩陶艺村，陶艺村依照功能实现分区，包括陶瓷文化体验区、陶瓷烧造区、中国现代陶瓷艺术馆等，形成一个集产、研、学、游、览一体的完备陶瓷发展产业链。

第三，以文促帮，推动传统文化传承与发展。两地的瓷器文化交流自古有之，传承至今焕发出新的强大活力。以扶贫协作为媒，以瓷器文化为介，龙泉与昭化积极推动两地学校、企业、社会组织及个人层面的文化交流。“当世界非遗遇上千年古城”、“龙昭协作杯”等文创大赛的开展，极大地鼓励了各类社会主体以昭化特色文化进行青瓷创作，形成“张飞战马超”等一系列精品青瓷器品。两地文旅企业积极参加龙泉“剑瓷节”，昭化“大蜀道文化节”等重要节会，合作挖掘文旅资源。龙泉市新阶层联谊会、青瓷和宝剑行业协会等社会组织与爱心企业、爱心人士积极参与百名剑瓷工艺师爱心拍卖会(昭化站)、龙泉新联会剑瓷联盟剑瓷作品捐赠等活动，筹集物资善款。龙泉市社会捐赠建设昭化区实验小学“剑瓷楼”，有效改善750余名（建档立卡贫困学生57名）学生的就餐及教学条件。设立“龙泉剑瓷新力量”助学金，在疫情期间为12名昭化在龙泉就读学生提供了全方位防疫保障。传承弘扬了两地悠久的历史文化与深厚的协作情谊。

（六）经验启示

第一，充分发挥贫困地区特色文化优势资源。特色文化产业有助于调整优化产业结构，激活贫困地区消费市场，增强地区文化自信，拓宽脱贫道路，有望培育成为经济发展的新动能。东西部扶贫协作有效弥补了贫困地区科技研发、产业规划、市场营销等方面的不足。龙泉市与昭化区携手推进以“广元窑”为代表的文化扶贫，有效促成了扶贫就业、产业发展和文化振兴的多赢格局。

第二，发展文化产业要保证社会效益优先。2020年10月党的十九届五中全会通过的《中共中央关于制定国民经济和社会发展第十四个五年规划和二〇三五年远景目标的建议》，强调文化产业要“坚持把社会效益放在首位、社会效益和经济效益相统一”。龙泉昭化文化扶贫牢牢把握两地资源优势，正守脱贫攻坚精神与东西扶贫协作情缘，创新内容与形式，为昭化区巩固拓展脱贫攻坚成果、与乡村振兴有效衔接筑牢了文化繁荣发展的根基。

三、产业扶贫释放“链式效应”

自实施东西部扶贫协作和对口支援工作以来，浙江涌现出一批先进企业代表，在全面助力川、贵、鄂、云等省区实现产业脱贫，衔接乡村振兴工作中做出大量有益尝试，取得了积极成效。其中，明康汇生态农业集团有限公司（以下简称“明康汇”）即为产业扶贫的典型代表之一。从 2013 年开始，明康汇依托自身全产业链的农业经营模式，围绕产业扶贫、技术扶贫、人才扶贫、渠道扶贫、社会扶贫等诸多方面，以湖北建始、云南泸西等种养基地为根据地，开展产地农业生产精准扶贫，并逐步惠及周边地区。截至 2020 年 9 月，明康汇扶贫项目（基地及设施建设扶持）累计投资达 2.2 亿余元，直接惠及贫困户 3000 余户，累计聘用农户务工人员超 18 万人次，其他间接带动农户 3 万余户就业。

（一）案例背景

明康汇是世界 500 强海亮集团旗下农业品牌，以生鲜供应链为核心业务，是集科研、种植、养殖、加工、物流、仓储、销售为一体的全产业链运营的集团公司，为消费者提供涵盖肉类、禽类、蛋类、水产、蔬菜、水果、粮食、豆制品等多品类的生鲜产品。目前旗下拥有 15 个种植、养殖生产基地，6 个物流仓储中心，1 个检测中心，1 家现代农业研究院，近 200 家生鲜便利终端门店。2016 年，明康汇成为 G20 峰会主要生鲜供应商。明康汇定位社区居民“买菜就到明康汇”，通过自控源头基地、自主标准生产、自有质量检测、自配冷链物流、连锁经营终端构建起了一个完整的生态农业全产业链运营体系。现有职工近 2000 人，预计年总销售规模达 11.4 亿元。

湖北恩施州，位于武陵山腹地，为全域深度贫困地区，脱贫攻坚的坚中之坚。2016年10月，恩施州被纳入国家东西部扶贫协作范畴，明确由杭州市结对帮扶。4年来，杭州市累计投入财政援助资金12亿元，社会捐赠2.5亿元，精准投建951个帮扶项目，覆盖恩施全州88个乡镇和111个深度贫困村。2019年，恩施州八县市全部脱贫摘帽，贫困发生率从杭州结对帮扶之初的14.88%降至0.23%，贫困人口从52.5万人减少到不足1万人。2018年度和2019年度，全国东西部扶贫协作成效考核，杭州和恩施连续两年取得“好”的等次，位居全国第一方阵。

恩施建始县是国家级贫困县，也是杭州市滨江区东西部扶贫协作对口帮扶县，该县有建档立卡贫困村92个，其中87个村集体经济为“空壳”，为破解农村集体经济发展难题，该县贫困村共同出资组建了建始滨建农业发展有限公司，引进明康汇进行生产经营。明康汇充分利用自身优势，打造出“集体经营公司+市场化运营”的产业扶贫机制，用一枚鸡蛋串起“产业链式”帮扶模式，带动了贫困群众深度参与，真正实现了让产业促经济、管长远，让农民持续受益。

（二）培育产业发展引擎，破解村集体经济发展难题

建始全县92个重点贫困村集体经济“空白”，且无明显主导产业。2018年以来，滨江与建始共同组建调查组，逐村走访调查，发现由于大多数村子地处偏远，受地理、信息等多种因素制约，撒钱式一哄而上式发展，“村村点火，户户冒烟”但大多收效甚微。因为全部扶持资金看似“一大锅粥”，实则分到近百个重点贫困村仅有“一小碗”。之后两地达成共识，走“集体经营公司+市场化运营”之路，着力打造村集体经济“联合体”产业协作扶贫。为此，注册资本1000万元，以滨江、建始前一个字命名的湖北滨建农业发展有限公司（以下简称“滨建农业”）应运而生。该公司由建始县扶贫开发协会为87个贫困村代持股，出资占比95%，5个贫困村集体经营公司各占1%。公司成立后，东西部协作投建的资产统一划由滨建

公司运作，所得收益用于助力 92 个贫困村集体经济的发展和所属贫困村贫困户增收脱贫。

（三）“集体经营公司＋市场化运营”模式

“集体经营公司＋市场化运营”模式，通过招商方集中投入、集中发展和集中管理的方式，把分到各村的较少资金集中起来，发展大产业。滨建公司全部采用固定资产投资后对外出租的模式，不参与具体运营，避免经营风险。在这一模式指导下，总投资 2050 万元的现代化滨江蛋鸡产业园项目敲定，其中杭州滨江区出资 1757.5 万元。栽下梧桐树，引得凤凰来。通过滨江区牵线搭桥，引进明康汇在建始当地注册分公司，并租赁该养殖场进行生产经营，打造“集体经营公司＋市场化运营”的产业扶贫新路径，被当地人形象地比喻为“筑巢引凤，下金蛋分红利”。

滨建公司蛋鸡项目由明康汇负责规划、监督建设，技术标准由明康汇提供，具备国内先进水平。蛋鸡场项目分为三期建设，总占地面积约 75 亩，投资 1.2 亿元左右，建成后可提供就业岗位 1000 余个，年产值 2.1 亿元左右，预计蛋鸡养殖总规模达百万羽，所产鸡蛋全部销往杭州市场。一期已于 2019 年建成投产，项目占地 35 亩，投资总额 2200 万元，可养殖蛋鸡 15 万羽，年产鸡蛋 3800 万枚，是一个“鸡舍智能化温控、饲养机械化完成、鸡蛋自动化分拣、粪污无害化处理”的现代集约化畜禽养殖场。二期项目计划用地35亩，总投入达5163万元，可养殖蛋鸡40万羽，年产值约10200万元，预计 2021 年 2 月底全面竣工交付使用。

（四）打造产业发展利益共同体，实现“地权＋工资＋公益奖补”三重收益

租金收益。2019 年，明康汇向滨建公司交纳 110 万元租金，按占股份额分到建始县 92 个贫困村，实现了该县贫困村集体经济“零”的突破，所

得红利主要用于贫困户公益性岗位、发展产业奖补以及因病因学因残等特殊困难人群的扶持，惠及贫困人口 891 户 3208 人。2020 年，蛋鸡养殖场二期项目建成后可为建始县 92 个贫困村分红 300 万元。

劳务收益。蛋鸡合作养殖基地的建立，使得当地农户不仅得到土地流转收入，还能通过劳务外包增加劳务收入，如养殖、基地管理、包装、运输等用工人员，成为新型农业产业工人。

公益收益。明康汇还设立“扶贫爱心鸡蛋”公益金，每出售 1 枚鸡蛋，给专项扶贫基金账户上存 1 分钱，用于公益性岗位补助或贫困户发展产业奖补。

（五）“一枚鸡蛋”串联延伸产业链条，辐射带动产业引导就业

在市场端，明康汇旗下有 200 多家生鲜便利终端门店，有其母公司海亮集团近 10 万内部员工和学生的消费市场；明康汇还与世纪联华、物美、三江、盒马、叮咚卖菜等大型线下线上连锁超市形成战略合作，每天供应需求量已突破 150 吨。杭州本土餐饮巨头外婆家、全国餐饮领军企业海底捞等均是明康汇长期战略合作伙伴；同时明康汇还发力各大教育学校、政府机关及企业单位食堂，供应生鲜产品。

在供应端，明康汇精准匹配建始特色农产品，盘活带动区域特色农产品产销全链条协同发展，助推特色农业产业化发展。建立以水果、蔬菜等为主的种养专业合作社。实行“一村一品”“多村一业”，签订合同订单，约定托底收购价、数量和质量标准，公司负责收购农产品。借助蛋鸡物流渠道销售终端优势，将优质特色产品运往浙江。加大产品宣传力度，帮助建始其他农特产品实现“硒品入杭”。仅鸡蛋一项，目前借助明康汇成熟的销售网络，每天可销售约 10 万枚土鸡蛋，惠及当地建档立卡贫困户 4378 人。

为更好地迎合市场需求，提升农副产品附加值，辐射带动贫困户发展产业，引导就业。明康汇与建始县高位谋划、高效统筹、分步推进，计划投资

4.65 亿元，全力打造以蛋鸡养殖为核心、占地面积 490 亩的金凤一体化扶贫产业园，建成后将形成集蛋鸡养殖场、育雏场、粮食及饲料加工厂、纸箱（蛋托）厂、有机肥（猪牛羊鸡）厂、屠宰厂（猪牛羊鸡）、老母鸡食品加工厂、物流产业于一体的金凤一体化全产业链。建成投产后年产值可达 12 亿元，可提供以贫困户为主的就业岗位 1000 余个，创税 2000 万元以上，真正使之成为一体化集约扶贫产业项目。

其中，纸箱厂委托给当地一家合作社建设生产，每年可以带来 4000 多万元的业务量。明康汇还与建始县其他公司在产业链上实现互补，将蛋鸡产业园的鸡粪与茅田乡太和街滨建食用菌产业园的废菌棒一起制作成有机肥，既环保又实现增收。

在蛋鸡养殖的基础上，明康汇参与建始县扶贫特色产业发展，将该县作为其西红柿、芜湖椒、大红泡椒等产品的供应基地，对接指导当地农业产业市场主体带动贫困户开展规范化种植，与建始县慧民科技有限公司等签订了农产品采购协议，累计采购番茄 2000 吨、大红泡椒 300 吨、芜湖椒 500 吨。通过员工福利、大客户礼盒销售、线上团购、打造杭州示范门店销售专柜等多重渠道，促进建始特色农产品入杭，销售土豆、腊肉、香菇、茶叶、小水果等扶贫产品，真正实现以点带面，借助消费扶贫，持续造血，助推“硒品入杭”。

（六）经验启示

第一，两地政府联动，探索打造“集体经营公司＋市场化运营”产业扶贫新模式，破解村集体经济发展难题。由杭州市滨江区牵线搭桥，引进明康汇到建始县建设蛋鸡养殖合作生产基地，建始县组建“湖北建始滨建农业发展有限公司”，打造“集体经营公司＋市场化运营”的产业扶贫新路径。明康汇向滨建公司缴纳的租金按占股份额分到贫困村，实现村集体经济“零”的突破。明康汇通过租赁养殖场进行产业发展，为当地带来产业的同时，使农户获得“地权＋工资＋公益奖补”三重收益，惠及贫困人口891户3208人，提供就业岗位近1000个，并带动大量贫困人口从单一务农转变为新型农业产业工人，为巩固脱贫成果打下基础。

第二，引进先进管理模式和经营理念，提升当地农业产业化经营水平。明康汇借助自身稳定的生鲜农产品销售渠道和网络，通过蛋鸡养殖场的建立，积极培育区域合作基地，打造综合农产品供应链，与当地农业企业、专业合作社、农业大户合作，严格按照公司的产品标准、生产标准等植入高效生产流程管理，推动地方农产品标准化商品化生产，帮助建始农特产品实现“硒品入杭”。

第三，以商招商补齐强化产业链条，助力产业扶贫一体化发展。明康汇坚持全产业链发展理念，依托蛋鸡养殖产业基础，以商招商，补齐上下游产业链，帮助企业降成本、提效益。截至目前，已成功引进正大集团、一鸣禽业、天佑华牧等3家企业入驻，分别从事饲料加工、蛋鸡育雏、有机肥生产等产业。随着正大集团的入驻，产业链条正向生猪育仔、育肥、屠宰加工等领域延伸，预计2021年底，可建成“百万生猪”养殖产业链。届时，建始县将形成由海亮集团、正大集团两家世界500强企业领航的蛋鸡、生猪养殖“双百万”产业集群。

四、劳务协作数字平台精准就业扶贫

为准确掌握并跟踪服务贫困劳动力来浙就业情况，浙江省围绕“进、管、出”工作环节，在全国率先开发了东西部扶贫劳务协作动态管理平台（以下简称“就业平台”），对中西部22省213万贫困劳动力实行动态精准管理。为精准识别劳动力、精准匹配劳务协作提供动态数据依据，开启浙江就业扶贫直通车。2018年，浙江省人力资源和社会保障厅等三部门联合颁布《关于进一步推进东西部扶贫劳务协作的通知》，进一步强化东西部扶贫劳务协作，加大政策支持力度，提高对口帮扶精准性，促进中西部地区建档立卡贫困劳动力在浙江省稳定就业。

（一）数据多维整合，动态展示趋势，做到精准识别

围绕“进、管、出”工作环节，平台利用国家贫困人口数据库与公安流动人口数据库进行自动比对、初步筛选，对来浙建档立卡贫困人口，按各省输出地、浙江输入地、统计周期三个维度，围绕本期建档立卡人员人数、本期就业三个月以上人数、本期新增人数三个主题，动态展示中西部每个省市县的建档立卡贫困人口在浙就业分布和明细，实时显示就业人员身份信息、务工企业、养老、工伤参保、个税申报等信息，自动生成各类图表及趋势变化曲线，准确掌握贫困劳动力基本信息和就业去向，为精准识别贫困劳动力、跟踪服务提供精准翔实的数据依据。

舟山市人力社保局基于结对地区劳动力富余、舟山市用工紧缺的情况，找准互利共赢点，积极改革创新，针对舟山产业需求，利用就业平台，培育和引进适用劳动力，促进两地劳动力资源供需精准对接，加快了劳务协作数字化，取得显著成效。2020 年以来，舟山市克服疫情影响，成功帮助中西部 22 省贫困人员在该市稳定就业 5883 人、帮助对口帮扶四省贫困人员在该市稳定就业 1539 人，分别完成省定指标的 925%、1061%。

实施“全员就业动态登记制度”，主要依托网格化基层劳动保障平台，对全市范围内的劳动力实施动态管理，并落实对重点人员的跟踪服务。目前，已形成覆盖全市的人力资源数据库。为提高对口帮扶精准性，舟山市人力社保局创新构建了“政策扶持、驻站服务、动态跟踪”三位一体的服务保障机制，促进对口地区建档立卡贫困劳动力稳定就业。

一是政策扶持，创新“市场化劳务协作参与”机制。出台《关于切实做好东西部扶贫劳务协作的通知》和相关实施细则，鼓励企业大力开发爱心岗位并吸纳对口扶贫地区建档立卡人员就业，引导人力资源服务机构、职业中介机构等市场主体参与扶贫劳务协作。目前，舟山市浙江海中洲集团、浙江

大洋兴和食品有限公司和舟山英海丰船舶工程有限公司因吸纳建档立卡人员数量较多、成效较好，已获评舟山市首批市级“东西部扶贫劳务协作就业扶贫基地”。

二是驻站服务，创新“多元化劳务合作联络”机制。为提供在舟务工人员家庭式服务，舟山市专门挂牌成立了“舟山－达州劳务协作联络服务站”，定海—宣汉、普陀—万源也分别设立了对口帮扶联络点，驿站中的“家人”由同乡务工人员、舟山市相关职能部门负责人、在舟挂职的达州干部、企业联络员等共同构成，形成了“1 + 2 + N”的联络站模式。联络站主要以达州籍在舟务工人员为服务对象，形成从招聘、输送到就业、跟踪的一条龙式服务链，对两地劳务对接起到一个关键的枢纽作用。

三是动态跟踪，创新“网格化动态跟踪管理”机制。依托“全员就业动态登记制度”，将对口帮扶地区来舟就业人员全部纳入重点人员，逐一落实到社区劳动保障平台进行跟踪管理服务，并通过社保数据比对、电话沟通联系、上门入户走访等方式，对在舟山就业建档立卡人员名单进行逐一摸排，全面掌握对口帮扶地区贫困人口及就业情况。

（二）创新联动机制，数据动态更新，把握精准对接

平台建立部门联动机制，通过浙江省大数据局，以月为单位，与公安、税务、社保数据动态比对、更新，及时梳理新增来浙和离浙建档立卡人员。建立省际劳务合作机制，以县为单位，联合结对关系、当地劳务工作站、驻村干部，电话访谈或实地了解贫困劳动力家庭背景、工作能力、就业需求等，全面完善来浙贫困劳动力档案。另外，对已入库而没有就业记录的建档立卡贫困人口，各地及时开展就业情况核查，及时录入、动态更新，为劳务协作精准对接夯实基础。

2019 年一辆四川通江—遂昌的东西部扶贫协作劳务输出专车搭载来自四川省通江县的务工人员，开往浙江省丽水市遂昌县方向。离开家乡赴遂昌

县务工的他们，想通过自己的双手改变命运，通过就业实现脱贫。

为扎实推进东西部扶贫协作工作，通江县依托东西部扶贫劳务协作动态管理工作平台，对建档立卡贫困人员实行“进、管、出”动态精准管理。在前期，通江县通过电话联系的方式对建档立卡贫困人员进行逐一调查与核实，了解他们的工作经历和来遂就业意向。此外，通江县还深入企业调研，摸排企业用工需求。通过精准识别，为用人单位和务工人员搭建连心桥梁，努力实现“人岗匹配”。

“希望在遂昌县工作和生活都能越来越好。”其中一位来遂人员说出了自己的愿望。他的愿景，也正是四川通江、遂昌两地人社部门的追求。在两地的东西部扶贫协作结对帮扶座谈会上，遂昌县人力社保局局长雷伟东指出：就业是民生之本，创造美好生活，需要在平凡岗位上踏实工作。来遂人员要虚心学习，明确职责做合格员工；用心工作，提高脱贫致富能力；安心工作，干部会主动联系及时解难题。

（三）因人因户精准施策，跟踪服务精准稳岗

各对口帮扶地区依托基层平台，及时将建档立卡贫困户信息导入动态管理平台，线上采集用工信息，线下组织技能培训、精准推送就业岗位，组织企业到对口帮扶地区开展劳务协作专场招聘会，联合人力资源服务机构在浙召开招聘专场帮助就业。根据系统平台显示信息，对在浙稳定就业的建档立卡人员中有住房、子女教育、就医、残疾帮扶等需求的人员，开展一对一精准帮扶。同时，对来浙后又离开的建档立卡人员，系统平台自动发出提示，各地能及时跟踪了解建档立卡人员离浙的原因及诉求，及时改进工作，精准跟踪服务、稳岗，多举措并进，保障在浙建档立卡人员的稳定就业、持续脱贫。

台州市路桥区、广元市朝天区抢抓新一轮东西部扶贫协作机遇，以劳务协作为突破，通过在路桥、朝天分别建立劳务协作工作站，探索推行市场化

运作模式，打造集就业帮扶、权益保障、教育培训、亲情服务等多项功能于一体的劳务协作综合服务平台。2018 年以来，朝天区共转移建档立卡贫困劳动力 3291 人，其中转移到浙江就业 648 人，占全区贫困劳动力的 19.7%，2019 年转移 351 人，同比增长 18.2%；就近转移到浙商企业就业 742 人，占全区贫困劳动力的 22.6%，2019 年转移 398 人，同比增长 15.7%。实现人均增收 4550 元，同比增长 12.5%。

一是完善"跟进式"服务保障体系。建立日常巡视监察机制，完善工资支付监控制度，有效监控企业工资发放和规范用工情况，保障务工人员权益。开展岗前学习，讲解安全生产和《劳动法》等知识十七场次，提升务工人员法律意识和自我保护意识。适时开展个性化服务，落实专人帮助务工人员排忧解难各类困难和问题二十余个，保障务工人员安心就业、长效增收。

二是强化政策保障。针对转移到路桥务工人员，朝天区在 2018 年出台《劳务转移专项奖补政策》，对人力资源服务机构、劳务经纪人、村代办站给予 100—1100 元转移补贴，对稳定就业三个月以上的劳动力给予 1500—2500 元稳岗补贴。落实农民工子女教育政策，帮助协调异地就学难问题。免费提供培训政策，为朝天籍务工人员免费提供师资力量，提升专业技能，为企业培养优秀人才和业务骨干。通过政策保障，帮助 327 名务工人员实现长期稳定就业。

三是强化服务保障。实施"前方 + 后方"全方位亲情服务行动，广泛开展节日慰问、定期回访。加强对外出务工人员家庭留守老人、儿童的人文关怀，帮助解决具体困难和问题，消除后顾之忧。2018 年以来，已开展劳务人员集中专项回访慰问 15 次、员工家属走访慰问 12 次，为 20 多个家庭送去"娘家人"的温暖。

四是强化维权保障。为朝天籍务工人员发放便民卡 648 份，通过驻点受理、上门服务等方式，帮助务工人员解决劳务仲裁、工资追讨、子女教育、保险征缴、工伤兑付等具体问题18起。开办维权知识大讲堂12场次，不定期、多形式组织务工人员积极参与权益保障知识学习，掌握基本知识，合理维护自身权益。①

（四）案例成效及启示

第一，减贫成效突出。借助平台力量，浙江省摸清来浙贫困劳动力的基本数据、背景情况和就业需求，做到“心中有数、手中有术”，联合两千余家人力资源服务机构深度参与劳务协作，对中西部二十二省213万贫困劳动力实行动态精准管理，帮助来浙建档立卡户实现稳定就业。

第二，为“主动发现、关怀”提供平台支撑。平台可以自动完成数据整理、甄别，实现从发现问题到解决问题的无缝对接，让东西部扶贫协作有科学抓手，确保把建档立卡贫困人口的情况明晰化，做到因户施策、因人施策，使数据成为贫困务工人员的“经纪人”，为政府“主动发现、关怀”提供了平台支撑，让扶贫对象实现“服务有门，门里有人”，从“最多跑一次”到“一次不用跑”，直接感受到“精准扶贫”带来的“主动关怀”。

第三，创新数据交换机制，破解信息不对等。平台将贫困人口数据与公安、社保、税务等进行跨部门数据比对，通过多部门、多层级联动，实现小范围的跨省数据共享，有利于破解信息不对称导致的“该帮的被遗漏、不该帮的重复帮扶”弊端，也为跨省（区、市）建立政府间贫困人员电子数据交换机制提供了重要参考。

第四，通过劳务协作平台建设，进一步加强了浙江东西部劳务协作承接转移，有效解决了四川等地区贫困人口就业问题，加快了劳务协作数字化。打造劳务协作平台，解决企业和劳动者之间的衔接，为求职者精准匹配就业

① 《念好“就业扶贫经”——路桥·朝天携手推进东西部扶贫劳务协作见实效》，《四川省扶贫开发局〈脱贫攻坚简报〉》2019年第115期。

岗位，确保了招聘就业有平台。利用市场化运营模式，将政府、市场、就业群体有效衔接，实行精准招聘、精准培训、精准指导，优势互补，实现共赢，确保转移输出有门路。

后 记

党的十八大以来，以习近平同志为核心的党中央把脱贫攻坚摆在治国理政突出位置，充分发挥党的领导和我国社会主义制度的政治优势，充分动员全社会力量，历经八年精准扶贫、五年脱贫攻坚，中国如期完成新时代脱贫攻坚目标任务，创造了人类减贫史上的奇迹，丰富了世界反贫困理论，开拓了人类社会发展新天地，为世界实现联合国2030年消除贫困目标提振信心并注入动力。

在中国消除绝对贫困的进程中，东西部扶贫协作作为逐步迈向共同富裕目标的一项重要制度创新，坚持“优势互补、互惠互利、长期合作、共同发展”的方针，不断开拓创新，特别是2016年习近平总书记主持召开银川座谈会之后，东西部扶贫协作进一步升华，助力西部协作地区打赢脱贫攻坚战，彰显了中国贫困治理的政治制度优势，在世界反贫困事业中具有原创性、独特性，也为其他发展中国家通过国内区域合作实现消除贫困目标提供了中国方案。

总结中国脱贫攻坚经验，将为人类社会反贫困事业提供国际公共知识产品，丰富世界反贫困理论和实践。原国务院扶贫开发领导小组办公室组织专家开展了“脱贫攻坚典型案例总结”研究，经公开招标，复旦大学六次产业研究承担“东西部扶贫案例总结”研究工作，并于2020年9月底正式立项。

2020年9月29日，原国务院扶贫办主任刘永富及相关办领导听取了项目实施方案，对案例研究给予指导，希望专家团队做出精品，讲好中国扶贫故事。

为高效完成这一任务，复旦大学六次产业研究院常务副院长、上海（复旦大学）合作发展研究中心执行主任王小林教授牵头，联合西北大学经济管理学院院长吴振磊教授（现任西北大学副校长）、具有多年从事扶贫工作经历的中国财政科学研究院博士研究生冯宇坤、复旦大学六次产业研究院青年副研究员张晓颖博士、北京师范大学互联网发展研究院研究员冯贺霞博士、复旦大学六次产业研究院郎有泽博士后、西北大学经济管理学院吴丰华副教授，以及博士和硕士研究生等二十多人组成的研究团队，执行这一研究任务。

尽管我们这支队伍长期从事贫困治理研究，在理论和实践方面都拥有较好的积累，但在总结脱贫攻坚东西部扶贫协作经验的过程中，团队所有人对脱贫攻坚战有了更加深刻的理解和领悟。在实地调研中，我们有幸再次见证即将载入史册的波澜壮阔的脱贫攻坚场景，特别对于团队中“90后”甚至“95后”的研究生，更是一次接受国情教育的重要机会，大家无不被各行各业的“扶贫人”尤其是基层扶贫工作者、挂职交流干部、支教支医支农的专业技术人员、扶贫协作的企业家、志愿者等的职业素养和坚强毅力所感动。正是这种坚韧不拔、不惧艰险的扶贫精神，让干沙滩变为金沙滩，让放牛娃成为致富带头人，让无业农民成为职业工人，让无法走出大山的千万病患残疾者重拾对生活的信心。

回顾半年来的研究，从项目立项、方案制定、政策研究、实地调研、初稿讨论到视频制作，以及最后的报告修改，都得到了原国务院扶贫开发领导小组办公室党组、综合司、社会扶贫司、规划财务司、中国扶贫发展中心等单位的悉心指导和大力支持。原国务院扶贫开发领导小组办公室刘永富主任、中国扶贫发展中心黄承伟主任等领导，多次听取课题组汇报，并提出宝贵的意见和专业指导。特别是中国扶贫发展研究中心的领导和同事们的高效组织协调是本课题如期完成的切实保障。2020 年 9 月至 2021 年 1 月，原国务院扶贫开发领导小组办公室、中国扶贫发展中心共组织召开线上线下研讨会 16 次，其中大多是在周末或晚上召开，正是这种脱贫攻坚的精神，激励我们的团队日夜奋战，如期完成案例研究任务。

东西部扶贫协作包括组织领导、人才支援、资金支持、产业合作、劳务协作、携手奔小康等诸多内容，为了在短期内能够更加充分地总结脱贫攻坚期东西部扶贫协作经验，课题组分为四个组开展实地调研。课题组赴福建、宁夏、广东、广西、浙江、四川、上海、云南、北京、内蒙古、天津、甘肃等 12 个省（自治区、直辖市）的 31 个县（市、州）开展实地调研。经过近半年的调查研究，完成了 30 多万字的《东西部扶贫协作案例研究报告》，经中国扶贫发展中心组织论证，通过结题验收。遗憾的是，由于时间和人力所限，课题组无法在短期内调研所有的东西部扶贫协作结对地区，北京、天津、江苏、辽宁、山东等地的东西部扶贫协作实践未能系统地反映在本项研究中，课题组期待着在今后的进一步研究中能够补上缺憾。

2021 年 1—2 月，在《东西部扶贫协作案例研究报告》的基础上，课题组组建本书统稿组，按照人民出版社的出版规范对研究报告进行大幅修改完善，历时近两个月，形成现在的书稿。全书分为两部分，第一部分为总论，主要阐释东西部扶贫协作的理论框架、顶层设计、机制创新、实践经验启示。第二部分为地方实践案例报告，包括闽宁协作、粤桂协作、浙川协作。

作者分工：王小林负责全书统稿并在研究报告的基础上撰写一至五章，张晓颖、史婵、谢妮芸、常小莉协助全书统筹；吴振磊负责总论篇统稿，粤桂协作篇研究指导，并参与第一、二章撰写；冯宇坤组织完成浙川协作篇实地调研，案例统筹编写及后续修改工作，相关实地调研及报告撰写指导，撰写第八章第一节“浙江扶贫协作机制设计与创新模式”；吴丰华组织完成粤桂协作实地调研及报告撰写，参与第一章“东西部扶贫协作理论框架”的理论源起、重大意义撰写，撰写第七章第一节“粤桂协作的发展历程与工作机制”。

张晓颖为本课题协调联络人，负责沪滇协作实地调研和报告撰写，参加宁夏调研，并撰写第四章第四节“沪滇协作：大市场连接贫困户”、前言及后记；郎有泽为闽宁协作实地调研及报告撰写负责人，参与第二章“东西部协作顶层设计”撰写，撰写第六章第一节“闽宁协作的发展历程及工作机制”，负责视频制作工作；奚哲伟撰写第六章第二节“东商西赴：八万闽商越六盘”，参与第三章“东西部扶贫协作机制创新”撰写；史婵撰写第六章第三节“智志双扶：全面提升内生发展动力与能力”，参与全书统稿，参与第一章“东西部扶贫协作理论框架”第二节“实践历程”撰写，参与第三章“东西部扶贫协作创新”撰写；谢妮芸参与第六章第一节“闽宁协作的发展历程及工作机制”撰写，参与全书统稿；张秀梅参与沪滇协作案例整理及宁夏调研，李志敏参与福建、内蒙古调研，刘倩倩博士，参与福建调研；王靖带领完成云南调研。

冯宇坤、冯贺霞、赵锦玉撰写第八章第一节“浙江扶贫协作机制设计与创新模式”；李果、冯贺霞、乔翰撰写第八章第二节“创新电商扶贫模式，实现协作新突破”；罗寒、冯贺霞撰写第八章第三节“互联网＋医疗健康：赋能健康扶贫”；卢楚函、刘鑫、杨富田撰写第八章第四节“携手奔小康：持续强化合作力度”，其中，卢楚函撰写第四节中“白茶扶贫：一片叶子富一方百姓”和“产业扶贫释放‘链式效应’”，刘鑫撰写第四节中“扶贫协作重燃‘广元窑’千年窑火”，杨富田撰写第四节中“劳务协作数字平台精准就业扶贫”。

王泽润撰写第七章第四节“粤桂扶贫协作成效”，协助粤桂扶贫协作调研报告统稿，参与第一章“东西部扶贫协作理论框架”第二节“实践历程”撰写；陈静撰写第七章第二节“经济协作：地缘优势助力协作共赢”中“劳务协作：最直接的脱贫方式”；周博杨，撰写第七章第二节“经济协作：地缘优势助力协作共赢”中“产业合作，龙州甘牛生态循环产业链”；徐聪撰写第七章第二节“经济协作：地缘优势助力协作共赢”中“企业帮扶：东西部协作的重要力量”，撰写第七章第三节“社会协作：建立广泛动员参与体系”中“技术管理双飞翼，喜德医院扶摇起”；韩佳凝，撰写第七章第二节中“消费扶贫：短期见成效，长期可持续”；李慧撰写第三节中“引入先进理念，彰显教育协作力量”，第三节中“都安社区服务站，助力扶贫协作”。

在书稿付梓之际，国家乡村振兴局挂牌，这标志着我国脱贫攻坚目标任务完成，全面转向乡村振兴战略的实施。坚持和完善东西部协作和对口支援、社会力量参与帮扶等机制，对于巩固拓展脱贫攻坚成果同乡村振兴有效衔接，提升欠发达地区和低收入人口的可持续发展动力和能力具有重大意义。希望本书的出版记录一段波澜壮阔的东西部扶贫协作史，开启迈向现代化新征程东西部协作研究新篇章！

责任编辑：池　溢
装帧设计：胡欣欣
责任校对：苏小昭

图书在版编目（CIP）数据

中国脱贫攻坚的区域协作：东西部扶贫协作 / 中国扶贫发展中心组织编写；王小林 等 著. 一北京：人民出版社，2023.3
（中国脱贫攻坚典型案例）
ISBN 978－7－01－025291－9

I. ①中…　II. ①中…②王…　III. 扶贫－案例－中国　IV. ①F126

中国版本图书馆 CIP 数据核字（2022）第 222787 号

中国脱贫攻坚的区域协作
ZHONGGUO TUOPIN GONJIAN DE QUYU XIEZUO
——东西部扶贫协作

中国扶贫发展中心　组织编写
王小林　吴振磊　冯宇坤　等　著

人民出版社 出版发行
（100706　北京市东城区隆福寺街 99 号）

北京九州迅驰传媒文化有限公司印刷　新华书店经销

2023 年 3 月第 1 版　2023 年 3 月北京第 1 次印刷
开本：710 毫米 ×1000 毫米 1/16　印张：17.75
字数：243 千字

ISBN 978－7－01－025291－9　定价：66.00 元

邮购地址 100706　北京市东城区隆福寺街 99 号
人民东方图书销售中心　电话（010）65250042　65289539